야만 시대의 귀환

야만 시대의 귀환

박노자 지음

팍스 아메리카나의 몰락과 무한 각축의 시작

미국 패권의 몰락,
위기와 기회

현재 미국의 패권은 쇠락과 몰락의 길을 걷고 있습니다. 2026년 벽두의 베네수엘라 침공과 그 대통령 불법 납치, 그리고 그린란드 영토의 무법 강탈 협박 등은 바로 패권 몰락의 신호들입니다. 이 책의 주된 주제는 바로 미국 패권 몰락의 배경, 원인, 그리고 과정입니다. 우리는 종종 '패권' 과 '군사력'을 혼동해서 씁니다. 즉, 군사력이 강한 국가의 경우 그 '패권' 을 이야기하는 경우가 있는데, 정확히 이야기하면 근대적, 자본주의적 의 미에서 '패권'은 '군사력'도 포함하는 개념이지만, 결코 군사력에 국한되지 않습니다. 과거의 소련이나 오늘날 러시아는 막강한 군사력의 소유자긴 해도, 자본주의 세계 체제에서 패권을 누린 적도 누릴 일도 없습니다. 자본 축적 과정을 중심으로 작동하는 자본주의 세계 체제에서는 전 지구적 축 적 과정을 총체적으로 조절하고, 가장 뛰어난 생산력과 기술력, 학지學知 생산 능력 등을 가지고, 세계 금융 시장을 주도하고 세계 시장에서의 '규칙'을 정하면서 동시에 그 담론들을 세계인들의 상식으로 만들 수 있는 국가야말로 '패권 국가'입니다. 역사적으로 최초의 패권 국가는 17세기의 네덜란드였으며, 그 뒤를 이은 것은 바로 영국, 즉 19세기의 대영제국이었습니다. 1945년 이후에 그 바통을 이어받은 것은 바로 지금 쇠락해가고 있는 패권 국가 미국입니다.

패권의 유효기간

중국사에서 왕조들의 교체가 주기적이듯이, 세계 자본주의 체제에서 패권도 주기적입니다. 그 주기의 후기에 일어나는 과정들은 대개 엇비슷합니다. 외부적으로 생산을 보다 저렴하게, 그리고 보다 효율적으로 할 수 있는 도전 세력들이 생기고, 내부적으로 밑으로부터의 불만을 더 이상 억제하기가 불가능해집니다. 게다가 기존의 집권층은 효율적으로 대응하지 못하고, 대응을 시도했다가 상황을 더 악화시킵니다. 영국 패권의 말기도 그랬고, 지금 미국 패권의 말기도 비슷합니다.

일단 패권 국가의 제조업이 먼저 무너집니다. 이미 1893년에 도전 국가인 독일은, 쇠락하는 패권 국가인 영국보다 철강을 더 많이 생산했습니다. 1913년에 이르러 세계 제조업 생산에서 독일의 비중(약 14%)은, 영국(약 13%)을 압도했습니다. 거의 100년 후인 2010년 또 다른 '제조업 패권 교체'의 순간이 왔습니다. 그 해 중국 제조업은 세계 제조업에서 19.8%를 차지해, 미국(19.4%)을 압도했습니다.

다음은 기술력입니다. 20세기 초반의 도전 세력인 독일과 미국은 그 당시 첨단 사업이었던 화학 공업과 전기 공업 등에서 영국을 압도하는 형국이었습니다. 지금 도전 국가인 중국은 기존의 패권 국가인 미국보다 최첨단 분야인 신에너지(전기차, 태양광), 인공지능의 일부 응용부문, 그리고 고속철도 등에서 월등히 좋은 기술력을 보유하고 있습니다.

그리고 제조업과 기술력 등과 함께 패권 국가의 지배 담론도 세계적으로 힘을 잃고 맙니다. 1914년까지 영국의 세계 지배력을 뒷받침하고 있었던 자유무역론 등이 전간기戰間期, 1918~1939에 의미를 잃었듯이, 2007~2008년 세계 공황 이후 미국산 신자유주의도 세계적으로 신용을 잃고 말았습니다. 반대로, 1930년대 미국의 뉴딜식 수정 자본주의(국가 주도 자본주의)가 대안으로 제시됐듯이, 이제 중국식 국가 자본주의가 또 하나의 대안처럼 거론됩니다.

제조업 생산력, 기술력, 그리고 담론적 지배력은 먼저 무너지지만, 군사력에 의한 영토 지배나 제해권 또는 제공권은 상당히 오랫동안 버틸 수 있습니다. 영국의 세계 패권은 1945년 이후에 더 이상 존재하지 않았지만, 대영제국의 해체 과정은 1960년대 초반이 되어서야 어느 정도 최종 단계에 이르렀습니다. 영국의 최후의 식민지(홍콩 등)들은 1990년대까지 버텼습니다. 마찬가지로 패권은 쇠퇴해도 과거의 패권 국가는 예컨대 금융시장에서 여전히 상당한 힘을 발휘할 수 있습니다. 영국의 패권이야 80년 전에 다 없어지고 말았지만, 지금도 세계 외환거래의 3분의 1 정도가 런던에서 이루어집니다. 마찬가지로, 패권은 없어져도 영국의 명문대(옥스퍼드, 케임브리지 등)는 여전히 세계 학계의 주도 세력 중의 하나로 남아 있습니다. 그러니까 미국의 세계적 군사기지 네트워크가 여전히 대체로 건재하다는 것(단, 동유럽으로부터 점차 철수 중인 듯합니다)이나, 미국이 여전히 세계 최대의 자본 수출국(2024년 자본 수출의 16% 정도를 차지합니다)으로 남아 있다는 것, 미국 대학들이 (아무리 트럼프가 하버드대 등에 대해 공격을 해도) 여전히 세계 학계의 정점에 있다는 것 등은 충분히 예상할 만한 일이라고 하겠습니다. 굳이 이야기하자면, 우리는 지금 20세기 초반의 전간기와 같은 시점에 서 있습니다. 그 당시 영국 패권이 쇠락에 쇠락을 거듭하고 있었듯이, 지금 미국 패권이 그렇습니다.

전간기의 영국 상황과 오늘날 미국의 상황을 비교할 수 있듯이, 1930년대 영국의 연립 내각들의 정책과 오늘날의 트럼프주의를 충분히 비교해볼 수 있습니다. 둘 다 수세에 몰려 있었고 둘 다 '보호주의'를 그 기조로 삼았습니다. 1930년대에 도입된 영국의 보호주의적 고율 관세는 대개 10~20% 정도였으며 일부 민감한 품목(철강 등)의 경우 30% 이상이었습니다. 트럼프의 집권 첫해인 2025년 말 미국의 평균적인 수입 관세는 16% 정도로, 1930년대의 영국과 대동소이합니다. 즉, 오물덩어리인 트럼프의 각종 '기행(선정적인 포스팅, 상대방에 대한 모욕 등)'과 별도로, 트럼프주의 정치의 기조인 경제 민족주의와 보호주의는 미 제국의 궁극적 쇠락의 국면에는 아마도 정권이 바뀌어도 대체로 지속될 것으로 보입니다.

패권 위기의 국내 사정

한데 이 패권 몰락의 국내적인 정치적 맥락에서는 1920년대의 영국과 2020년대의 미국은 달라도 너무 다릅니다. 2025년 1월 22일 미국에서 극우 트럼프의 시대가 개막했다면, 똑같이 쇠락하던 영국에서는 1924년 1월 20일 사상 최초의 노동당 내각이 출범했습니다. 트럼프는 '사회주의'를 내건 베네수엘라에 최고 수위의 군사적 압박을 가하고 대통령 납치 등 각종 범죄 행위를 저지르고 있지만, 100년 전 영국의 노동당 내각은 사회주의를 지향하는 소련과 수교했습니다. 트럼프는 복지 지출을 삭감하지만, 영국의 최초 노동당 내각은 '주거법'을 통과시켜 전국 각지에 시영 영구임대주택들을 증설했습니다. 즉, 1917~1923년 세계 각처에서 혁명들이 일어난 뒤 영국 대중들의 불만은 유권자들의 '좌파적 전환'으로 표면화했다면, 세계적으로 신권위주의가 기승을 부리는 2010~2020년대 미국 유권자들의 불만은 극우 민족주의자를 뽑는 것으로 나타났습니다.

영국 패권이 사실상 소멸한 1945년 이후의 역사를 상기해보면, 극우 민족주의의 광풍이 몰아치는 오늘날 미국과의 대조는 더욱더 명확합니다. 1945~1951년, 인도 등이 독립하고 대영제국이 해체의 수순을 밟고 있었는데, 영국에서 집권하고 있었던 것은 바로 클레멘트 애틀리Clement Attlee, 1883~1967 수상이 지도하던 노동당이었습니다. 당시 노동당이 집권한 6년은 영국을 본질적으로 바꾸었습니다. 1948년 은근슬쩍 소련을 모방한 무상의료 체계가 탄생하고, 주요 핵심 기업들이 국유화되고, 복지 국가의 골격이 만들어진, 그런 시기였습니다. 두 차례 세계대전의 희생에 대한 억울함과 1930년대의 위기에 대한 민중의 분노 등을, 노동당이 집권해서 복지 대개혁으로 수습하고 있었습니다. 그리고 '이민 통제'에 이성을 상실한 듯한 트럼프 정권과 대조적으로, 전후에 집권한 영국의 노동당도 그 후속 보수당 정권마저도 과거 영국 식민지 주민 등의 영국으로의 자유 이민 권리를 1962년 이전까지 제한하지 않았습니다. 미국이나 영국이나 인력과 인재의 유입으로 결국 번영을 이루는 '인간 수입형' 경제 모델이기에, 이런 모델에서 이민을 타이트하게 통제하는 것은 역효과밖에 없습니다.

애틀리 정권 등을 이상화할 생각은 없습니다. 많은 노조 활동가 등 노동당의 골수 지지층의 반대를 무릅쓰고 영국을 한국전쟁에 참전시키는 등 새로운 패권 국가인 미국을 따라다니는 외교 정책도 노동당 전후 집권 시기의 역사에서 뺄 수 없습니다. 한데 굳이 그렇게 이야기하자면 그 모든 한계에도 불구하고 애틀리와 그 당시의 노동당은 오늘날의 트럼프보다 오늘날의 맘다니Zohran Mamdani, 1991~에 훨씬 더 가깝습니다. 그렇다면 왜 하필이면 미국은, 복지개혁을 해가면서 세계 패권을 '질서 있게' 포기하는 대신에 극우화의 길을 걷게 됐을까요?

제2차 세계대전 시기에 영국은 여전히 제조업 대국이었습니다. 1945년 당시, 제조업은 영국의 국민총생산에서 30% 이상을 차지했습니다. 오늘날 중국(25%) 이상으로 더 제조업 본위의 경제 구조였습니다. 많은 대공장에서 큰 집단을 이루고 일하는 노동자들은 대개 노조원들이었습니다. 전체 노동자들의 노조 가입률은 40% 이상이었죠. 오늘날 노르웨이(약 50%)에는 미치지 못하지만, 좌우간 오늘로 치면 차라리 북유럽에 가까운, 그런 구조였습니다. 노조 조합원들은 대개 노동당을 찍고, 노동당 당직자의 상당수는 노조 간부 출신이었습니다. 그리고 영국의 제조업이 국제경쟁력을 여전히 보유하고 있었던 그 시절 영국 노동자들이 굳이 고율 관세의 장벽을 희망할 이유도 없었습니다. 일단 노동당의 복지개혁 비전은 노동자 다수에게 안성맞춤이었습니다. 극우는 오랜 싸움 끝에 결국 영국 등 연합국에 패배를 당한 히틀러와 비슷한 이미지를 가진 이상 크게 선호될 리도 없었고, 조지 오웰George Orwell, 1903~1950 등 노동당 지지층을 대변하는 지식인들이 비판한 소련식 시스템의 비민주성 등은 그 매력을 크게 떨어뜨렸습니다. 그렇게 해서 노동당은 패권/제국 해체와 복지국가 건설을 동시에 관리할 수 있었습니다.

그 당시의 영국과 판이하게, 미국의 제조업은 이미 쇠락의 길을 한참 걸었습니다. 지금 미국 총생산에서 제조업이 차지하는 비율은 불과 10% 정도입니다. 제조업의 대공장들이 거의 해외로 이전되거나 폐쇄된 지금의 상황에서 미국의 민영부문에서 노조 가입률은 6%도 안 됩니다. 그나마 공공부문에서 32% 정도 되지만, 공공부문의 고용은 미국에서 그렇게 큰 비중을 차지하지 않습니다. 전체적인 노조 가입률 역시 10% 정도인데, 한국보다 훨씬 더 낮습니다. 거기에다가 미국 제조업이 이미 경쟁력을 많이 잃은 상황에서는, 노동자들이야말로 보호주의 의제를 긍정적으로 수용할 자세가 되어 있습니다. 트럼프의 고율 관세 도입을 자동차와 운수 등 일부 부문의 노조들이 지지한 것도 결코 우연이 아닙니다. 한데 일단 다수의 노동자들은 이미 노조와 인연이 없고, 그저 '개인'으로서만 사회적으로 존재하고 있습니다. 그들이 타자와 그나마 만날 수 있는 기회는 종교 시설이고, 그나마 타자들과의 공통분모는 '정체성' 같은 것입니다. 다수의 종교 지도자(특히 부흥주의적 개신교)는 매우 보수적이고, 백인 남성의 경우 '정체성'에 매달려 있는 상황에서 그들은 미국 사회에서 자신들의 패권의 상실에 대해 일차적으로 우려하게 됩니다. 궁극적으로 이 제조업 퇴락, 경쟁력 상실, 노조의 약체화, 노동자층의 원자화와 보수화, 종교와 '정체성' 정치의 등장 같은 것이 바로 트럼프라는 괴물을 탄생시킨 '상황'입니다.

영국 패권 상실의 시기와 미국 패권 쇠락의 시기는, 여러모로 사뭇 다릅니다. 신자유주의의 시기를 거친 오늘날의 미국은, 1920~1940년대의 영국보다 훨씬 더 보수화된 사회입니다. 트럼프라는 괴물적 캐릭터는 아니더라도, 이런 사회에서 모종의 극우 정객이 정권을 잡는 것은 아마도 시간의 문제였을 것입니다. 이제 패권을 상실하고 극우화돼가는 이 미국을 어떻게 다룰 것인지 고민해야 합니다.

미국 패권의 몰락: 위기와 기회

미국의 극우적 퇴락은 분명히 미국인들에게도, 미국의 하위 동반 국가 격인 한국인들에게도 하나의 '위기危機'입니다. 한데 '위기'는 동시에 '기회機會'가 될 수도 있습니다. 그것도 여러 차원에서 그렇습니다. 국가적인 차원에서는, 심한 고립주의 지향의 트럼프 정권 통치 시기에 전시작전권 환수(또는 전환)를 이루어내는 것이 어쩌면 더 쉬울 수도 있습니다. 본래 노무현 정권 시절인 2007년에, 그 환수의 시기를 2012년으로 못 박은 바 있었습니다. 한데 이명박, 박근혜 정권 때에 수 차례 연기되고, 문재인 정권 때도 표면적으로 다른 이유들을 내세웠지만 '중국 위협론'과 북핵 등 때문에 계속해서 전시작전권 환수가 성사되지 못했습니다. 지금으로서는 유엔에 가입한 193개의 주권 국가 중 이렇게 전시작전권이 없는 나라를, 한국 말고 찾기가 힘들 정도입니다. 전시작전권을 환수하면 한국으로서는 주권을 완성한다고 할 수 있습니다. 그렇게 되면 주권 국가로서 동북아시아의 안보 판도 재편에 한국이 훨씬 더 능동적으로, 적극적으로 참여할 수 있습니다.

미국 패권의 몰락이 시작되기 이전에는 한국으로서는 한미 동맹이야말로 안보의 '부동의 축'이었습니다. 한데 과거와 같은 팍스 아메리카나Pax Americana(미국 패권의 세계)가 더 이상 존재하지 않을 오늘날, 한미 동맹이란 트럼프 같은 고립·보호주의자들에게는 그저 한국으로부터 '대미 투자' 명목으로 거액의 돈을 뜯어내기에 필요한 '카드' 정도입니다. 이 '카드'를 상쇄시킬 수 있는 한국 측의 '카드'로 무엇이 적절할까요? 저는 지역적 안보 구도의 청사진이라고 생각합니다. 본래 주한미군 주둔은 대북 대립과 관련이 있었으며, 지금은 표면적으로 여전히 북한을 거론하고 있지만 중국에 대한 대비의 차원이 크다고 볼 수 있습니다. 한데 과연 남북 관계나 한·중 관계에 어떤 본격적인, 적대적인 모순이 존재하는가 하면, 저는 아니라고 생각합니다.

'적화 통일'은 물론이고, 통일 자체를 이미 포기하고, 단독 국가, 단독 민족('태양의 민족', '김일성의 민족')으로서의 정체성을 확립한 북한은, 현상 변경보다는 현상 유지를 더 선호하는 세력이라고 생각합니다. 중국의 경우, 한반도에서의 현상 유지를 강력하게 희망할 뿐만 아니라 한반도에서의 그 어떤 무력 충돌도 중국의 핵심이익에 대한 침해라고 규정하기도 합니다. 중·북의 당 국가Party-state 체제는 한국인들로서는 이질적이지만, 중·북의 국가 (관료) 자본주의 경제는 사실 많은 면에서 1960~1980년대의 개발 독재 국가로서의 한국을 방불케 하기도 합니다. 중국은 한국의 최대 무역 파트너이며, 한국 국내에서 약 100만 명에 가까운 중국 국적자들이 살고 있습니다. 중국과 외국 시장에서 경쟁하는 부분들이 있는 만큼 협업하는 부분들도 매우 큽니다. 미국의 미래, 그리고 한미 동맹의 미래 등이 불투명해지는 시기에, 적어도 또 하나의 '카드'를 손에 쥐자는 차원에서라도 중국군과의 신뢰를 구축해보고, 나아가서는 중국 등을 파트너로 하는 지역적 안보 구도의 틀을 탐색해보는 것이 과연 의미 있지 않을까요? 그리고 한국이 한미동맹의 '덫', 즉 전적인 대미 종속의 틀에서 벗어나는 것을 보면, 북한도 남북 관계 정상화 문제에 대해 더 친화적인 태도를 가질 수 있지 않을까요?

최악의 극우인 트럼프가 대통령으로 미국 위기의 '관리자'를 자임하고 있지만, '트럼프'와 '미국'을 동일시해서는 안 됩니다. 트럼프의 반동이 심한 만큼, 뉴욕 시장에 맘다니 같은 사회주의자의 당선이 상징하는, 극우에 대한 좌파적 저항도 만만치 않습니다. 다문화 사회, 국제 연대, 그리고 교통, 주거 복지 등을 하나로 묶어서 호소력 높은 공약을 발표한 맘다니의 전술

등을, 한국 진보 정당들도 충분히 참고할 만합니다. 사실 맘다니를 포함해서 현재 미국 도시의 시장으로 재임하거나, 당선돼 2026년 초부터 취임할 사람들이 무려 10명이나 됩니다. 진보당 계열 1명의 기초자치단체장 이외에 진보, 혁신 정당들이 아직도 기초자치단체장을 당선시키지 못하고 있는 한국보다는, 트럼프주의 반동에 직면한 미국 사회주의자들이 지금 훨씬 더 역동적인 활약을 벌이고 있습니다. 트럼프주의 광풍이 부는 그 기간 동안 미국 전역 각 대학에서 이스라엘의 가자 학살을 반대하는 시위들의 열기가 대단히 뜨거웠습니다. 2024년 5월의 한 조사에 따르면 전체 미국 대학생의 8% 정도가 가자 학살 관련 데모에 나섰는데, 이건 베트남 전쟁 반대 운동 이후로 미국에서 일어난 최대의 반제, 반전 운동입니다. 미국에서 베트남 전쟁 반대 운동이 벌어졌던 그 시절, 박정희 치하의 한국에서는 그런 운동과 연대할 만한 상황은 당연히 아니었지만, 지금은 아주 다릅니다. 트럼프에 맞서고 있는 '또 하나의 미국'은, 한국 시민 사회의 벗이어야 하고, 벗일 수 있다고 봅니다.

한때 미국은 한국인들에게 거의 '세계' 그 전체였습니다. 기술이나 과학은 물론이거니와, 기독교부터 서구적 마르크스주의까지, 거의 다 미국을 통해서 배워야 했습니다. 그 시대는, 미국의 쇠락해가는 패권과 함께 이제 점차 과거가 되고 있습니다. 전 세계가 포스트 서구 시대로 나아가고 있는 지금, 한국은 점진적으로 포스트 미국 시대를 향해 가고 있습니다. 한데 그러면서도 미국은 여전히 한국에 핵심적으로 중요한 외부적 변수 중의 하나입니다. 미국이 휘청거리면서 내리막길을 걸어가겠지만, 그 과정에서 트럼프가 어마어마한 대미 투자를 요구한 것처럼 한국에 계속해서 직접적인 악영향을 끼칠 수 있습니다.

저는 이 책에서 미국 패권의 태동, 성장, 그리고 위기와 쇠락 등에 대한 각종의 사실들과 그 사실들에 대한 나름의 해석을 모아 놓았습니다. 미국 패권의 계보와 궤도 등을 제대로 파악해야 좌충우돌하면서 쇠락의 길을 걷고 있는 미국을 제대로 상대할 수 있다고 믿기 때문입니다. 미국이라는 커다란 외부적 변수는 한반도 평화와 같은, 한국인으로서는 생명적인 문제들과 직결돼 있기 때문에 미국 패권의 위기, 미국 관련의 불확실성이 증폭하는 시대일수록 미국의 과거와 현재를 잘 통찰하고, 그 미래를 내다볼 줄 알아야 합니다. 본서가 이 과제에 약간이라도 도움 되기를 기대합니다.

CONTENTS

1장

퇴행하는 세계

중고의 시대,
퇴보의 시대

이건 아마도 모든 시대의 인간들이 공동으로 공유하고 있는 착각 중의 하나일 것입니다. 우리는 꼭 우리가 살고 있는 시기를 '역사상 가장 역동적'이라고 보고 싶고, 이 시대에 접어들어서 인류가 전례 없이 미래로 진보를 이루었다고 믿고 싶어 합니다. 100년 전이나 지금이나, 본인들이 살고 있는 시대에 대해서 이런 말을 하고 싶어 하는 사람들은 많습니다.

  하지만 우리 시대의 경우 100년 전인 1920년대에 비해서 이런 말을 할 만한 근거는 없습니다. 사실, 비교 역사학의 입장에서 우리 시대, 즉 1990년대 이후의 신자유주의 시대는 기술 발전, 정치 발전, 사상 발전 등 모든 영역에서는 말기적이며 이차적입니다. 노벨상을 받은 벨라루스 작가 스베틀라나 알렉시예비치 Svetlana Alexievich, 1948~ 는

'second-hand epoch', 즉 '중고의 시대'라는 표현을 소설(한국에서는 '붉은 인간의 최후'라는 제목으로 출간되었다) 제목으로 사용했지만, 이건 소련 몰락 이후 벨라루스에만 해당하는 것도 아닙니다. 저는 1991년 이후 세계사 전체가 거의 'second-hand' 수준이라고 봅니다. 일단 생산력 기반이라고 할 기술부터 보지요.

지금 우리 삶의 기초를 이루는 기술은 대체로 1914년 이전, 즉 그야말로 자본주의의 가장 역동적 시대인 1871~1914년 사이에 발명된 것입니다. 자동차(1886년 발명)나 비행기(1903년 발명), 영화(1896년 발명)부터 가정 필수품인 에어컨(1902년 발명), 플라스틱(1905년 발명), 세탁기(1907년 발명), 그리고 티백teabag(1904년 시판)까지. 오늘날의 전기차는 20세기 초반에 이미 만들어져 팔린 전기차와 비교 못 할 정도로 첨단화됐지만, 전기차를 만드는 원칙 자체는 이미 1914년 이전에 잘 알려져 있었습니다.

IT 쪽 우리 주위의 필수 기술은 대체로 전간기(1918~1939년)나 전후 자본주의 황금기(1945~1970년대 초반)의 산물입니다. 텔레비전 수신기(1927년 발명)는 전간기, 디지털 컴퓨터(1945년 발명), PC(1975년 출시), 컴퓨터 게임(1958년 생산 본격화), 초기의 인터넷인 아파넷ARPANET(1969년 공개), 그리고 휴대전화기 단말기(1973년 발표) 등은 황금기의 산물입니다. 물론 1970년대와 비교하면 우리가 지금 사용하는 컴퓨터나 휴대전화, 프린터, 인터넷, 게임 등은 엄청난 진척을 이루었지만, 일단 1970년대 말쯤에 우리가 지금 알고 있는 우리의 디지털 환경이 대체로 발명된 상태였습니다. 로널드 레이건Ronald Reagan,

^{1911~2004} 시대(1980년대) 이후 마이크로소프트나 애플, 구글, 모토롤라 등의 기업이 1970년대 말까지의 발명품들을 상업화한 것에 불과합니다. 21세기의 발명품은? 3D 프린터나 터치스크린 유리 등 일부 있지만, 그것도 따져보면 이미 존재했던 발명품의 연장선상입니다.

신자유주의 시대의 정치는 어떤가요? 정말이지 새로울 게 하나도 없습니다. 대체로 지금까지 익히 알려졌던 레퍼토리를 그냥 필요에 따라 재탕, 삼탕 한 것입니다. 예컨대 레이거노믹스는 군사 케인스주의와 국채 발행을 통한 자금 조달의 조합인데, 이 수법은 결코 새롭지 않습니다. 1990년대의 세계화는 1914년 이전 구미권의 대외투자 확대, 무역 확대 등의 전례를 거의 그대로 따르고 있습니다. 조지 부시_{George Bush, 1946~} 시대 이라크나 아프간 침공은 지정학적 요충지나 자원지대에 대한 전형적인 신식민주의적 침략이었으며, 오바마 이후 동아시아로의 회귀는 중국 견제라는 차원에서 보면 이미 1914년 이전에 흔했던 제국주의적 열강 사이의 상호 각축, 견제 정도였습니다. 마찬가지로 중국의 '일대일로'는 제국주의 열강들의 자본 수출 전략, 인프라 구축 전략과 다르지 않았습니다. 중국의 초고속 전략의 상당 부분(재벌에 대한 국가 통제와 계획적인 고부가가치 산업으로의 이동, 관치 금융, 건설업의 비대화 등)은 1970년대 한국의 발전 모델을 활용한 것이었고, 지금 도널드 트럼프_{Donald Trump, 1946~}는 제대로 하고 있지 못하지만 발전 국가 시대의 보호주의 정책을 부분적으로 모방하려고 하고 있습니다. '급진적' 이민자들에 대한 마녀사냥 및 묻지 마 추방 등은 100여 년 전 악명 높았던 팔머 레이드스_{Palmer Raids, 1919~1920} 같은 '외국인

급진주의자' 사냥을 어설프게 모방한 것으로밖에 보이지 않습니다.

과거의 모방, 재탕 삼탕은 사상의 영역에서도 마찬가지입니다. 요즘 누구나 미국 관료 출신 나이Joseph Nye, 1937~ 의 연성 권력soft power론을 인용하는데, 사실 상대가 나를 좋아하게 유도하고, 상대가 나에게 자발적으로 복종하게 하는 그람시의 헤게모니 이론을 재포장한 거나 마찬가지입니다. 자크 데리다Jacques Derrida, 1930~2004 의 '해체론'이나 미셸 푸코Michel Foucault, 1926~1984 의 '생명 권력'이나 '감시와 처벌' 등은 페르디낭 소쉬르Ferdinand de Saussure, 1857~1913 의 언어론이나 니체의 급진적인 개인주의·근대 사회 조직에 대한 비판을 구체화한 것으로 그다지 새롭지 않습니다. 그리고 사실 데리다나 푸코의 사상 역시 이미 1970년대 말에 거의 완성된 상태였습니다. 네오마르크시즘의 가장 중요한 발전이라고 할 세계체제론도 마찬가지로, 이미 1970년대 말에 완성됐습니다. 한데 세계체제라는 용어는, 이미 블라디미르 레닌Vladimir Lenin, 1870~1924이 1916년 《자본주의의 최고 단계로서의 제국주의》에서 처음 사용합니다. 1920~1930년대 코민테른 분석가들은 '세계 자본주의 주변부' 같은 표현을 즐겨 썼습니다. 과연 1991년 이후 우리가 확보한 새로운 이론이라는 게 있나요?

20세기 초반의 인간들과 비교해 우리가 개인적으로 열등하지는 않을 것입니다. 단, 거시적 차원에서 보자면 1991년 이후는 자본주의 말기, 즉 위기와 체제 몰락의 시대라는 점이 다릅니다. 지금 이윤 추구, 자본 축적 시스템의 주된 엔진은 기술 혁신보다는 저임금, 불안화한 노동력의 초착취와 금융화 시대의 각종 투기입니다. 순수하게 투기만을 위한 비트코인 등 암호화폐의 등장은 참 의미심장합니다. 생산과 아무런 관계가 없는 순수 투기가 이제 새로운 시대의 정신이 되는 것입니다. 크고 작은 자본가뿐만 아니라 미국이라는 (몰락해가는) 패권 국가마저도 일종의 피라미드라고 할 수 있는 국채 발행을 통해서 국가 운영 비용을 마련하는 것을 보면, 이 시대에 왜 혁신이 이토록 더딘지 쉽게 알 수 있습니다. 금융화된 자본주의에 혁신은 부차적이고, 이미 발명된 기술을 이용해 개개인의 시간을 식민화함으로써 광고 소득 등을 올리는 것(소셜 네트워크 등)이 그들의 이윤 창출 모델입니다.

아주 급진적으로 들릴지 모르지만, 자본주의의 개혁은 이미 불가능하다고 생각합니다. 크게 봐서 이 시스템의 유효 기간은 이미 지났습니다. 우리가 밑으로부터의 운동을 통해 가급적 평화적으로 탈자본주의로 나아가지 않으면, 결국 이 시스템은 스스로 붕괴하고 지금보다 훨씬 더 퇴보적인 사회·경제 시스템들이 출현할 겁니다.

역사적 '초퇴행'의 시대

저를 포함한 다소 좌파적인 신념의 소유자들은, 종종 스스로를 진보라고 부릅니다. 진보라면 '앞으로 나아간다'는 이야기인데, 그렇다면 세상이 무엇을 향해 앞으로 나아가야 하느냐고 진보주의자에게 물어보면 대체로 평등, 재분배, 복지, 기후정의, 더 많은 자유라고 정의하곤 합니다. 그러면 일단 보다 자유로운, 보다 평등한, 보다 지구적 마인드가 강한 세계를 향한 움직임을 '진보'라고 부릅시다.

역사가 늘 진보하는가, 하는 좀 진부한 질문이 있습니다. 아주 거시적으로 본다면 '엄청난 대가를 수반하는 진보' 같은 과정이 그려집니다. 예컨대 1780년대 이후의 산업화는 궁극적으로 대중들의 생활 수준의 향상, 그리고 신분 상승의 가능성, 학력 제고의 가능성 등을 의미했습니다. 산업화 확산의 과정에서 노예제 등 최악의 인신 구속형 착

026

취가 완전히 없어지지 않았다 해도 그 규모는 세계적으로 상당히 축소됩니다. 한데 1780년대는 이산화탄소의 배출량이 비약적으로 커진 원년이기도 합니다. 지금 지구를 곧 삼키려 하는 기후 재앙의 뿌리가 인간 해방의 가능성을 열어준 산업혁명의 시대에 있었다는 것입니다. 즉, 진보와 그 역사적 대가는 대개 동시에 이루어집니다. 그리고 진보의 폭이 클수록 역사의 대가도 큽니다. 이대로 간다면 2050년에 이르러 기후 재앙으로 발생하는 '기후 피난민'이 10~12억 명에 이를 것으로 추산합니다. 예컨대 목포 등 한국의 일부 해안 저지대 주민들에게는 이 문제가 절실할 수 있습니다. 우리의 편안한 삶의 값은 무서울 정도로 비쌉니다.

조금 더 자세히 보자면, 역사의 거시적인 진보는 미시적으로는 일진일퇴와 같은 운동으로 나타납니다. 대체로 자본주의 세계 체제의 콘드라티예프 파동 Kondratieff wave(경제의 장기 주파 운동)의 초기 단계에서는, 비교적 높은 성장률과 비교적 높은 이윤율이 가능해 상당한 수준의 재분배가 이루어질 수 있습니다. 사회 임금(복지)이 아직 뿌리 내리지 못했던 19세기에는 그냥 노임의 향상으로 나타났지만, 사회 임금 지불이 가능해진 20세기 콘드라티예프 파동의 초기 단계에는 '복지의 황금기'로 기억될 정도로 재분배 규모가 커집니다. 사실 지금 구미권과 일본이 각종 불경기나 침체 등에도 불구하고 비교적 안정된 형태의 사회를 유지할 수 있는 이유 중의 하나는, 바로 자본주의 황금기, 즉 전후 콘드라티예프 파동의 초기(1945~1973년)에 만들어 놓은 복지 체제의 기초 덕이기도 합니다. 제도적으로 남녀 평등의 기초 공고화(여성 참정권 등의 보편화), 탈식민화, 동성애 해방의 시작, 환경 운동의 본격화 등도 대체로 1970년대 말까지 거의 어느 정도 이루어집니다. 사실, 구미권(일본)의 역사에서 진보의 시대는 대체로 1981년 레이건이 대통령으로 취임하면서 끝납니다.

1980년대 신자유주의 모델의 도입은, 전후 콘드라티예프 파동의 후기에 이르렀다는 것을 의미했습니다. 이윤율 하락과 함께 재분배 규모가 축소됩니다. 동시에 세계화로 자본주의 체제의 공간적 테두리가 엄청나게 넓어졌습니다. 2000년대 말 신자유주의 모델이 본격적으로 고장이 나자, 중국이나 러시아와 같은 구미권 바깥의 자본주의 열강들이 서방을 상대로 패권 쟁탈 게임을 벌일 정도로 성장했습니다. 결국 2010년대 말 중국과 미국이라는 세계 자본주의 체제의 가장 큰 경제 사이의 갈등으로 미국 단독 패권 시대의 쇠락 역시 본격화했습니다. 2022년 러시아의 우크라이나 침공 이후 글로벌 사우스와 러시아 사이의 정상적인 관계는 미국의 패권 영역으로 이제 구미권(그 외 한국, 대만 등)만이 남아 있다는 사실을 극명하게 보여주었습니다. 다원화된 세계는 패권 이동의 시대에 접어든 것입니다. 전 세계적 경기 하락 국면(콘드라티예프 파동의 말기)에 패권 이동, 즉 열강 사이의 싸움까지 겹친다면 이건 무엇을 뜻하는 것일까요? 바로 최악의 반동 정치가 판을 친다는 것을 의미합니다. 그러니까 트럼프의 미국부터 시작해서 이탈리아와 네덜란드, 핀란드 등 초강경 우파가 이미 집권한 것입니다.

1980~2000년대가 그냥 퇴행의 시기였다면 지금 우리가 경험하는

것은 '초퇴행', 아예 최악의 퇴행 시대입니다. 우크라이나나 팔레스타인에서 지금 벌어지는 야만의 광경을 봐도, 누구나 직감할 수 있는 부분입니다. 그렇다 하더라도 낙담하고 포기할 수 있는 노릇도 아닙니다. 결국 평화 운동, 기후 운동 속에서 국유화 만능이나 성장의 환상을 벗어난, 탈성장·기후정의 본위 시대의 어떤 새로운 진보 운동의 그림을 그려야 하겠지요.

전쟁, 죽음의 불평등

전쟁이란 여러모로 '진실의 순간'에 해당합니다. 전쟁 과정에서 참전 국가들의 실력이 그대로 드러나고 전쟁의 결과에 따라 국가들의 비공식적 랭킹이 매겨집니다. 동시에 전쟁에서 인간의 급도 바로 뚜렷해집니다. 이런 의미에서 전쟁은 인간 사회의 계급성을 심화, 가시화시킵니다.

아주 쉽게 이야기하면 근현대 사회 징병제는 전쟁에서 남성 사이에 딱 두 가지 계급을 만듭니다. 전장에 끌려가서 죽이고 죽는 상황에 놓여야 하는 남성과 그렇지 않은 남성입니다. 평상시의 신분 차이는 전쟁의 상황에서는 생과 사의 차이가 됩니다.

가끔 제 가족사를 떠올려봅니다. 외가 쪽 할머니의 친척의 남편은 소련 시절 지질학 분야에서 간부로 생활하며 지질부 차관에 오른 적이 있습니다. 그는 본래 지질 탐사 전문가였습니다. 1941년 6월 22일 파쇼들이 소련을 침략한 바로 그날 낮 그는 이발관에 갔다고 했습니다. 어차피 군에 입대해서 전쟁판에 가야 할 터이니, 머리를 미리 빡빡 깎고자 했던 것이죠. 그런데 머리를 깎고 병무청에 가자 "당신은 면제"라고 했답니다. 국가로서는 그의 우라늄 탐사 '스킬'이 '총알받이'인 몸뚱이의 가치보다 더 높았던 셈입니다. 결국 그는 살아남아서 전후 북한의 우라늄 매장 등을 탐사하며 북한 지역의 지질 지도 제작에 참여했습니다. 만약 그 스킬이 그 정도로 높은 평가를 받지 못해 그가 1941년 6월 보병으로 전선에 갔다면? 소독 전쟁 때 전체적으로 소련 군인들의 사망률은 약 32~33%였지만, 1941년 퇴각 작전 때 소련 보병 부대들의 사망률은 80~90%에 이르기도 했습니다(포병 등 기술력이 높은 부대들은 조금 달랐습니다). 결국 스킬과 그 스킬에 대한 국가의 인정은 이렇게 생과 사를 극적으로 결정짓습니다.

오늘날 우크라이나 전쟁은 어떤가요? 양쪽을 봐도 지리적 위치성과 재력, 그리고 전문성 등 계급적 위치의 요인들이 개개인의 생사를 여전히 가르고 있습니다. 어느 쪽도 인명 손실의 규모에 대해 정확한 정보를 제공하지 않아 사망률 등을 계산할 수 없지만, 우크라이나의 전직 검찰총장에 따르면 우크라이나 측 사망자와 중상자는 한 달에 약 3만 명 정도라고 합니다. 그렇다면 2024년 3월 현재 지난 약 2년간 사망자·중상자 총수는 적게 잡아도 60만 명 가까울 텐데, 그중 사망자가 약 20만 명이라는 일부 서방 외신 보도는 아마도 어느 정도 신빙성이 있어 보입니다. 그렇다면 사망률은 약 20~25%에 이릅니다.

한데 징병 연령에 해당하는 약 60만 명의 우크라이나 남성들이 – 그런 남성들의 출국을 불허하는 전시 동원 관련 법률에도 불구하고 – 현재 주로 서유럽에 거주하고 있습니다. 서방 외신 보도에 따르면 전쟁 초기에 병무청에서 병역 면제 서류를 만들어주는 값은 지역에 따라 6000달러에서 1만 달러 정도였다고 합니다. 결국 1만 달러 보유 여부가 한 남성이 살 것인지 죽을 확률이 20~25%인 사지로 끌려갈 것인지 가릅니다. 러시아도 마찬가지로 '빈민 군대'를 운영합니다. 현재(2024년 3월) 통계에 따르면 찢어지게 가난한 부랴트 지역에서 전쟁 사망자는 1만 명 남성당 36명이지만, 제 고향인 상트페테르부르크는 2명, 그리고 가장 부유한 도시인 모스크바는 1명 정도입니다. 부자들이 살기 좋은 푸틴 제국은, 가난뱅이들의 시체로 만들어지고 있습니다.

대한민국도 마찬가지입니다. 한국 사학의 역사를 공부하면서 나중에 한국 사학계의 원로가 된 분들이 한국전쟁 때 뭘 했는지 확인해 본 적이 있었는데, 참전하고 나중에 사학과 교수가 되거나 현직 교수들이 참전한 경우는 거의 없었습니다. 서울대 등 학생들의 징집은 보류되어 학생증이 있으면 '생존'하는 데 유리했고, 교수들도 이공계 등의 경우 군사 관련 연구 등에 강제로 종사하기는 했지만, 대개 일반 징집은 피할 수 있었습니다. 특히 사학계의 경우 국방부 산하 전사 편찬위에서 이병도李丙燾, 1896~1989, 김상기金庠基, 1901~1977, 신도성愼道晟, 1918~1999, 이용희李用熙, 1917~1997 교수 등이 위원을 맡고, 그 밑에 김원룡金元龍, 1922~1993, 한우근韓㳓劤, 1915~1999, 전해종全海宗, 1919~2018, 민석홍閔錫泓, 1925~2001 등이 실무를 맡아 전선 근무 대신 사학자로서의 본업을 계속 이어갈 수 있었습니다. 나중에 그들이 한국 사학의 주력 부대가 됩니다. 과연 학계뿐인가요? 예컨대 법조계나 기업계에서 참전해서 전사한 분들이 많이 있나요? 결국 목숨을 내놓고 치러야 하는 최전선에서의 전쟁은 마찬가지로 전문성과 재력 등이 없는 가난뱅이들의 몫으로 돌아옵니다.

앞으로도 분명히 그럴 것입니다. 혹시 북한과 국지적 무력 갈등이 일어나면 그 사망자 명단에 재벌 임원이나 법조계 유력자들의 자녀들의 이름이 보일 확률은 제로에 가깝습니다. 그런 의미에서 한국의 노동자나 영세민들에게는 남북 관계 개선을 주도할 후보에 투표해서 평화를 기대하는 것이 계급적 이해관계에 맞는 일입니다. 그런데 여태까지 저소득층의 유권자들이 오히려 평화 노선과 인연이 없는 극우를 찍는 경우들을 너무나 자주 볼 수 있었습니다. 조직이 되지 않은 대중들이 계급적 이해관계를 자각하기는 그만큼 힘이 듭니다.

1930년대,
우리 시대의 거울

세계 체제의 역사를 보면 대체로 글로벌화를 향해서 달려간 것을 대부분 시대에서 확인할 수 있습니다. 자본의 입장에서 '탈국경' 지향성은 자연스럽습니다. 한국에서 인건비가 오르면 방직 공장을 방글라데시에 짓고, 휴대폰을 사주는 고객들이 주로 외국에서 산다면 삼성, LG처럼 휴대폰의 90% 이상을 해외에서 만들고, 하는 것은 자본의 생리입니다. 《공산당 선언》은 "노동자들에게 조국은 없다"고 성명했지만, 실은 자본가들에게야말로 궁극적으로 조국이 없습니다. 글로벌 생산, 소비 체계가 그들의 진짜 조국이고, 그들에게 '행정 서비스'를 제공하는 국가는 그저 필요한 요소 중 하나입니다.

그런데 자본주의는 필연적으로 위기나 공황에 봉착합니다. 공황을 수습할 수 있는 유일한 조직체는 결국 국가입니다. 그래서 대규모 위기나 공황 이후에는 종종 국가 본위의 시대가 다시 나타납니다. 지금 우리가 살고 있는 시대가 바로 그런 상황입니다. 2008년 국가들이 공적 자금 퍼붓기라는 미봉책으로 땜질해서 세계 공황을 통과했는데, 그 이후 국가 본위의 경제라는 새로운 그림이 그려지기 시작했습니다. 세계사에서 이와 같은 시대가 이미 한 번 있었습니다. 바로 1929년 세계 대공황 이후의 시대, 즉 1930년대였습니다. 그 시대를 보면 어쩌면 우리를 기다리는 미래가 어떤 모습일지 약간의 시사를 얻을 수 있습니다.

1930년대는 일단 기술이 대단히 빨리 발전하는 시기였습니다. 군비의 상당 부분이 연구개발비로 들어가기에 군사화의 시대들은 대개 기술 발전이 빠릅니다. 1930년대도 그랬습니다. 1930년에 제트엔진이 발명되어 1930년대 말에 제트 전투기들이 이미 나오고 있었고, 1936년부터 헬기를 실용적으로 사용했습니다. 레이더가 발전하고, 텔레비전도 진화해 1940년에 세계 최초의 컬러TV까지 나왔습니다. 디즈니와 일본 스튜디오들이 주도하는 애니메이션의 발전도 괄목할 만했습니다. 1939년 미국에서 최초로 자동화된 세탁기의 특허가 나오는 등, 우리가 익히 아는 가전제품이 1930년대에 속속 나왔습니다. 다만 세탁기, 세척기, TV, 청소기 등 가전제품들의 대량 생산과 대량 소비는 제2차 세계대전이 끝난 1945년 이후 '자본주의 황금기'에 이르러서야 가능했습니다. 여담이지만, 가전제품은 특히 1950~1953년 한국전쟁 시기에 성장 속도가 빨랐습니다. 전쟁은 자본주의 경제로서 '최고의 특수 시대'인 셈입니다.

우리는 1930년대를 무엇보다도 '국가화된 경제', 즉 국가가 (소련처럼) 공업 경제를 아예 국유화하거나 대기업들을 통제, 지휘하는 시기로 기억하고 있습니다. 1945년 이후에 패권 국가가 된 미국에서는 1940년까지만 해도 정부 지출이 GDP의 10%밖에 안 되었는데, 사실 미국은 다소 예외적이었습니다. 당시 패권 국가로 아직 남았던 영국만 해도, 존 케인스John Keynes, 1883~1946의 《고용, 이율, 화폐의 총론》이란 기념비적 저작이 나온 1936년 당시 정부 지출이 이미 GDP의 29.3%였습니다. 패권 국가가 이 정도였고 도전 국가들은 더 했습니다. 1936년 나치 독일에서 정부 지출 비율은 30% 정도였는데, 그중 군비가 70% 이상 차지하기에 그 성장도 아주 가팔랐습니다. 도전 국가들의 경우, '국가화된 경제'는 대개 전략 물자의 중앙집권적 배분, 국채 발행, 배당금 지급의 통제와 주주 권리의 정지, 그리고 대기업의 전략 산업 투자 유도와 물가 단속 등의 형태로 나타났습니다. 동아시아에서 국가화된 경제의 모델은 바로 (일본인) 관료들이 기업의 투자와 생산 등을 치밀하게 지휘, 감독했던 만주국이었습니다. 이 '만주 모델'은 박정희 시대 한국 경제 모델의 청사진이었습니다. 만주국만이 그런 것도 아니었습니다. 국민당 치하의 중화민국에서도 1937년 전면전 발발 이후부터 공업 국유화 바람이 일어나, 1944년에 이르러 공업 생산의 절반 정도가 국영 공장에서 이루어졌습니다. 그러니까 오늘날 중국형 '당-국가 주도 자본주의' 모델은 이미 중화민국 시대에 형성된 것이죠.

국가화된 경제는 '인민'들에게 과연 득일까요? 군사화된 국가의 경우, 1970년대 박정희 시대의 한국도 그랬듯이, 국가적인 경제 성장이 다수에게 주는 혜택은 매우 제한적입니다. 1930년대도 대체로 그랬습니다. 1933~1937년 나치 독일의 실질 GDP 성장은 미증유의 55%에 이르렀지만, 잉여의 대부분은 무기 생산 등에 재투자되어 노동자들에게 돌아가는 몫은 1929년에 비해 소폭 하락했습니다. 개인 소비량은 19% 정도 늘어났다지만, 그건 주로 중산층 이상의 소비 증가분이었지, 노동자들의 경우 실업 해소나 관에서 조직해주는 휴가 여행 등으로 혜택을 받았을지 모르지만, 소비는 별로 늘지 않았습니다. 이오시프 스탈린Joseph Stalin, 1878~1953의 소련 역시 매우 빠르게 GDP가 성장했지만, 노동자들의 소비는 줄어들고 상당수 농민들은 아예 아사 지경으로 몰렸습니다(1931~1933년 우크라이나에서만 200~300만 명이 아사했습니다). 조선에서는 조선소작조정령(1932년)이나 소작료통제령(1939년) 등으로 국가가 다수 농민들의 삶에 훨씬 더 깊이 개입했지만, 농민들의 실질적 생활 수준은 결코 나아지지 않았습니다. 1933~1940년 사이에 드물게 제조업 노동자들의 실질 임금이 약 20~25% 오른 경우는 바로 지금의 중국처럼 그 당시 떠오르는 공업 대국 미국이었습니다. 한데 실업률이 너무 높아 1938년만 해도 여전히 20%였습니다. 실업을 해소하고 실질임금의 가파른 인상을 더욱더 촉진한 것은 제2차 세계대전의 발발이었습니다.

빠른 기술 발전, 국가화되는 경제, 점차 굳어지는 국경들, 그리고 계속 벌어지는 격차와 대중들의 생활 수준의 동결이나 하락, 그리고 결국에는 경제 문제들을 해소하는 큰 전쟁의 도래, 오늘날과 겹치지 않나요? 한데 오늘날 여론 조작 등 대중들에 대한 주체적 행위 능력의 박탈은 소셜 미디어 알고리즘 조작, 댓글 공작 등 소프트한 방법으로 이루어지고 적어도 제도적 민주주의가 남아 있는 사회들에서는 반대자들이 고립되어도 신체적인 위해를 당하지 않지만, 1930년대는 프로파간다 국가와 경찰국가, 수용소 국가 등이 공존했던 시기였습니다. 소련이나 나치 독일 같은 초강경 권위주의 국가뿐만 아니라, 인도네시아 민족주의를 박멸하려 했던 네덜란드령 인도네시아 등에서도 수용소가 나타났습니다. 오늘날 소셜 미디어를 통해 퍼져나가는 각종의 국가적 메시지와 비슷한 것을 찾자면, 1930년대의 포스터들을 주목할 수 있습니다. 오늘날 틱톡 비디오처럼, 1930년대에는 이데올로기적 메시지를 내면화하기 쉬운 이미지 형태로 포스터들을 대중화했습니다. 사실 북한의 반미 포스터도 남한의 반공 포스터도, 미학적으로 봤을 때 1930년대 일제의 전쟁 동원, 내선 일체 포스터들을 거의 그대로 계승한 것입니다.

2008년 이전과 같은 대기업 본위의 탈국경적 신자유주의는 이미 퇴조기입니다. 새로운 국민 국가 본위의 시대가 오고, 이 시대의 모습을 좀 더 깊이 이해하자면 1930년대라는 근대사상 최초의 '국가화된 자본주의' 시대의 모습을 떠올려볼 수 있습니다. 물론 과거가 그대로 돌아오는 것은 결코 아닙니다. 그런데 오직 '큰 전쟁'만이 누적된 경제 문제들을 '해소'할 수 있었던 1930년대 말기의 상황은, 전쟁들이 지속되고 새로운 전쟁의 위험성이 심화하는 이 시대의 상황을 이해하는 데 중요한 참고가 될 수 있다고 봅니다. 1930년대 말기의 인류는 제2차 세계대전과 홀로코스트를 예방하지 못했습니다. 이 역사적 경험을 이미 알고 있는 우리들은 과연 더 잘할 수 있을까요?

1970년대,
세계적 보수화의 분수령

1991년에 고려대에서 잠시 공부할 때 젊은 나이의 '진정한 좌파'들을 평생 처음 보고 무척 놀랐습니다. 공산주의를 국가적 목표로 설정한 나라에서 나고 자랐지만, 1980년대에 성장하면서 동년배나 20대 등 젊은 층에서는 진정한 의미에서 좌파적 개인들을 거의 본 적이 없었습니다. 물론 입당을 지향하고, 입당하기 위해서 입으로는 "레닌의 유훈을 실천하는 데 인생을 바치겠다"고 이야기하는 이들이 수두룩했습니다. 한데 그들은 좌파라기보다는 단순한 출세주의자들이었죠. 한국으로 치면 검사 되겠다고 사시를 준비하는 이들과 큰 차이가 없었습니다. 정말로 레닌에 대해 애정을 갖고, 레닌이나 마르크스Karl Marx, 1818~1883의 노작을 읽는 1980년대의 소련인들은 대체로 60~70대 이상의 베테랑들이었습니다. 1983년에 작고한 미하일 리프시츠Mikhail

Lifshitz, 1905~1983는 1970~1980년대의 소련에서 보기 드문 다소 창조적인 마르크스주의 철학자입니다. 그는 한때 죄르지 루카치György Lukács, 1885~1971의 동지로 1905년생인데, 그에게 학생은 있어도 '철학의 계승자'와 같은 의미의 '제자'는 없었습니다.

1980년대 중후반 소련의 지식 사회에서 좌파는 대단히 미약했으며, 주류는 고전적 자유주의(사회학자 유리 레바다Yuri Levada, 1930~2006, 철학자 메라브 마마르다슈빌리Merab Mamardashvili, 1930~1990)나 근대화론(역사 사회학자 이고르 클럄킨Igor Klyamkin), 아니면 종교나 민족 문화로의 회귀(문학사학자 드미트리 리하체프Dmitrii Likhachev, 1906~1999) 정도였습니다. 소련은 여전히 나라로 존재했지만, 지식 생산의 장에서 소련을 뒷받침해온 좌파 사상은 이미 거의 밀려난 상태였습니다. 학생 사회도 마찬가지로 89학번으로 저와 함께 레닌그라드 국립대학의 동양학부에 입학한 이들 중에서 좌파 사상에 관심을 가진 이는 저 말고는 아무도 없었습니다. 그래서 고려대에서 막심 고리키Maxim Gorky, 1868~1936의 《어머니》(1907년)를 읽고 노학연대를 실천하기 위해 공장에 취업하여 평생 민주 노조 건설에 삶을 바치겠다고 진지하게 말하는 한국 젊은이들을 보고 잊을 수 없는 충격을 받았습니다. 소련의 1920년대나 1960년대를 다시 보는 것 같았습니다.

1960년대 말까지 소련에서 좌파는 사상이나 문예의 핵심이었습니다. 1960년대의 소련에서 가장 인기 있는 문학인은 노래 시인 불라트 오쿠자바Bulat Okudzhava, 1924~1997였는데, 그는 어딜 가든 1957년에 자신이 지은 〈센티멘탈한 행진곡〉을 불렀습니다. 가장 유명한 마지막 구절은 이렇습니다.

나는 그래도 그 유일한 전쟁, 내전에서 꼭 전사하고 싶다.
먼지투성이 군모를 쓴 정치 위원들은 말없이 나의 시체를 굽어볼 것이다.

스탈린의 대숙청으로 유명한 공산주의자인 아버지를 잃은 오쿠자
바는, '그래도' 본인이 시간 여행을 할 수 있다면 적백 내전 시대로 돌
아가서 전장에서 전사라도 하고 싶다고 못 박곤 했습니다. 그게 1960
년대 소련의 시대정신이었습니다. 전 세계 젊은이들에게 그랬듯이,
소련의 1960년대 세대에게도 체 게바라'Che' Guevara, 1928~1967와 피델 카스
트로Fidel Castro, 1926~2016가 최고의 영웅이었습니다. 한데 1970년대에 접
어들어 판은 완전히 바뀌고 말았습니다. 오쿠자바는 노래보다 애수
넘치는 역사 소설을 쓰기 시작했습니다. 1970년대 소련에서 가장 인
기 있는 소설가인 유리 트리포노프Yuri Trifonov, 1925~1981의 주요 주제는 '출
세주의'와 '혁명 사상의 배신'입니다. 1970~1980년대의 필독서 트리
포노프의 소설《강변의 주택》(1976)에서 간부가 되겠다는 일념으로
출세 가도를 달리는 한 노동자층 출신은, 내전에서 볼셰비키를 위해
목숨을 아끼지 않았던 자신의 스승을 냉정하게 배신하고 그 덕으로
학계의 권위가 됩니다. 트리포노프의 소설 주인공 중 내전에서 전사
하고 싶어 하는 사람은 아무도 없고, 출세 등을 통해 '잘 살아보세'를
실천하는, 추해도 너무나 추한 인물들이 대다수입니다. 이건 혁명 사
상을 이미 다 포기한 소련 사회의, 슬픔에 찬 자화상이었습니다. 소련

의 외형은 1991년에 무너졌지만, 소련이라는 사회의 핵심을 이룬 좌파적 이념은 이미 1970년대에 거의 빈사 상태였습니다.

소련만 그랬을까요? 1970년대에 이미 산업화를 이룬, 비교적 안정된 제1·2세계 사회들을 보면 우경화를 겪지 않은 사회가 거의 없었습니다. 프랑스에서는 이미 1970년대에 1968년의 혁명 열정에 극좌파적 입장을 취한 일각의 신진 철학자(베르나르 앙리 레비Bernard-Henri Lévy, 1948~) 등이 보수화되어 '신흥 철학자nouveaux philosophes'의 이름으로 신보수주의적 철학을 이끌었습니다. 1980년대 이후 서구 학계를 석권하게 된 미셸 푸코Paul-Michel Foucault, 1926~1984 철학의 정치적 근저 중의 하나는 바로 전통적 마르크스주의나 사회주의에 대한 반감과 반발이었습니다. 영미권이나 독일 등에서 1970년대는 사회적 변혁에서 개개인의 인권으로 초점이 옮겨지는 시대였습니다. 인권 담론은 당연히 필요했으나, 보수적 시각에서 전개된 1970년대의 인권 담론에서 사회적 변화에 대한 관심은 대단히 저조했습니다. 이런 분위기에서 1979년 영국에서, 1980년 미국에서, 그리고 1982년 서독에서 각각 신보수 정치인들이 집권합니다. 1970년대에 시작된 보수화는 그 뒤의 신자유주의 정책으로 한층 더 공고화합니다.

보수화를 거부한 사회들은 대개 제3세계, 특히 신흥 공업 국가나 주변부 산업 사회들이었습니다. 한국, 아르헨티나, 브라질, 남아공 등에서 민주화 투쟁의 화염 속에서 보수화가 아닌 사회의 상당한 급진화가 이루어진 시기는 1980년대였습니다. 산업화도 해내지 못한 극빈국(에티오피아, 니카라과 등)의 경우 1970~1980년대는 혁명의 시대였습니다. 한데 미국이나 유럽, 소련에서는 1970년대에 대중의 욕망이나 일상적 권위주의에 대한 반발(1968년 혁명의 '대항문화') 등을 어느 정도 충족시킬 수 있는, 다수가 비교적 편하게 살 수 있는 '대중 복지(소비) 사회'를 거의 완성했습니다. 그 분위기에서 더 이상 대중적인 저항은 어려워졌고, 끝까지 저항하겠다는 급진파들은 무장 투쟁을 선언한 일본의 일부 신좌파처럼 그저 대중으로부터 고립만 자초하고 말았습니다. 그리고 이런 대중적인 복지, 소비 사회의 경제적 기반이 전후 황금기의 종식으로 유지하기 어려워지자 미국과 영국부터 시작해서 1980년대 선진권은 극단적 개인화를 특징으로 하는 신자유주의로 선회했습니다. 그런 극단적 개인화는 대중적인 집단적 저항을 더 어렵게 만들었습니다.

이제는 선진권에서 신자유주의마저도 파산했습니다. 장기 침체에 빠진 경제를, 전쟁과 군비 증강 등으로 인위적으로 부양하려 하지만 성장 둔화를 막을 수는 없습니다. 인플레이 등으로 실질 소비량은 줄고, 설상가상으로 이제 기후 참사 등으로 인류 전체가 위기에 빠진 느낌이 전반적으로 확산합니다. 신자유주의 파산, 기후 참극의 도래, 그리고 2023~2025년의 가자 학살과 같은 미국의 지역적 하위 파트너들의 노골적인 전쟁 범죄 등이 과연 다시 한번 선진권에서 대중적인 급진성의 회복을 가져다줄까요? 그 정도를 미리 알 수 없지만, 분명히 일부 구미권 사회에서 젊은 층의 급진화를 볼 수 있습니다. 위기 심화에 따라 그 정도가 더 커질 수도 있고 어쩌면 새로운 좌경화의 시대를 머지않아 볼 수 있을지도 모릅니다.

비교 심리,
몰락과 수렴

사회에 대한 한 가지 흔한 착각은, 가장 고통을 많이 받는 약자들이 가장 치열하게 체제와 싸우게 돼 있다는 생각입니다. 이는 부분적으로만 역사적 사실에 부합합니다. 사회적 고통을 받는 계층이 체제에 대해 부정적 의식을 갖는다는 것은 경험적으로 확인된 사실입니다. 한데 투쟁에 나서려면 부정적 의식 공유만으로는 부족합니다. 어느 정도 결집력도 있어야 하고, 또 투쟁의 사회적 파급 효과가 크려면 투쟁의 장소 역시 체제의 중심에 있거나 중심 가까이 있어야 합니다. 그리고 투쟁에 나서는 계층 역시 사회적으로 어느 정도 가시성이 있어야 아주 유리합니다. 단적인 예로는, 현재 미국에서 가장 고생하는 노동자라면 아마도 중남미 출신의 미등록 노동자들이고, 그중에서도 서비스 부문이나 농장에서 일하는 사람들입니다. 그야말로 노예처럼 일하고 박봉으로 살아가고 거기에다 이민청으로부터 계속 위협을 받습니다. 한데 그들이 수십만 개의 작은 업소, 직장, 농장으로 분산돼 있고 대개는 미국 사회의 그늘진 주변부에서 고생하는 만큼 크게 투쟁에 나설 만한 결집력이 부족하고, 설령 국지적 투쟁에 나선다 해도 그게 체제의 중심에서는 그다지 감지되지 않습니다. 반대로 어느 정도 조직돼 있는 소수자(밀집 거주지의 흑인 등)나 엘리트 대학생(컬럼비아대 등), 아니면 대공장(자동차 공장 등) 노동자들의 시위, 파업 등 집단행동은 정말 미국을 뒤흔들 수 있는 힘을 갖고 있습니다.

1980년대 동유럽에서 잠재적으로 체제에 영향을 끼칠 수 있는 계층은 어느 쪽이었을까요? 가장 고생하는 쪽은 아마도 소련 집단농장의 농민같이 과중한 육체노동에 시달리는(집단농장 농사에다 개인적 텃밭 농사도 지어야 하는) 주변부적 계층이었을 겁니다. 한데 분산돼 있고 결집력 없는 농민들의 불만은 동유럽을 흔든 적이 없었습니다. 정권에게 잠재적으로 위험한 계층이란 딱 두 개 정도였습니다. 하나는 대도시 고학력 중산층이었고, 또 하나 역시 대도시 대공장 노동자들이었죠. 엔지니어나 대학 교원 없이는 기술 집약적 생산, 특히 무기 생산이 불가능했고, 대도시 대공장의 공업 생산은 고도로 산업화한 동유럽 사회에서 사회적 생산의 중심이었습니다. 한데 동유럽의 '경쟁 업체' 격이 바로 서구이기 때문에 동유럽의 노동자나 엔지니어들은 늘 자신들과 서구인의 처지를 비교하곤 했습니다. 인지상정입니다. 지금도 같은 업계의 종사자들끼리 만나서 한잔하게 되면 보수부터 노동조건까지 다 이야기하면서 비교하곤 하니까요. 유럽이 세계 공업의 하나의 중심이었던 '중국 등장 이전의 시대'에는, 예컨대 1970년대만 해도 2만 명의 노동자들을 고용한 폴란드 그단스크Gdańsk의 그 유명한 레닌 조선소의 종사자에게 경쟁 업체는 북부 독일의 조선소들이었습니다. 서로의 상황을 계속 비교하는 것은 동유럽 공업 지대 종사자들의 집단의식을 형성하는 주된 요소였습니다. 특히 체코슬로바키아나 헝가리 등 옛 합스부르크 제국의 후계 국가들은 계속 옛 종주국 오스트리아의 상황을 지켜보면서 살았습니다.

1960년대 중반까지는 그나마 동유럽의 성장 속도가 비교적 빨라 당장은 좀 못살아도 머지않아 잘 사는 세상에 이를 것 같았습니다. 1960년대 폴란드의 연간 성장률은 6%, 동유럽 평균은 6.5% 정도였습니다. 단, 단순 양적 생산 확산의 한계에 이미 부딪힌, 기존에 이미 공업화한 고도의 산업 국가 체코슬로바키아는 이미 1960년대 중반에 성장률 둔화 경향을 보이는데, 이는 머지않아 정치 위기와 개혁의 시도로 이어지고 결국 소련의 침공을 초래하기에 이르렀습니다. 체코슬로바키아보다 더 늦게 산업화한 폴란드가 양적 성장의 한계에 부딪힌 것은 1970년 전후였습니다. 더 이상 시골 출신의 유휴 공업 노동력이 없어 더 많은 공장을 지을 수 없게 되고, 기존의 공장에서 생산력을 높이려면 서방의 고급 기술과 직접 투자가 필요했는데, 그게 '동구권'이었기에 정치적으로 불가능했습니다. 유일하게 가능한 건 국가 간의 차관 제공이었는데, 그렇게 해서 폴란드는 곧 채무 국가가 되고 말았습니다. 한데 차관 형태의 외자를 통한 성장도 한계를 보이자, 1970년대 초중반부터 폴란드의 1인당 소비력은 성장을 완전히 멈추고 말았습니다. 늘 스스로와 독일, 즉 서독 노동자나 기술자들과 비교하는 폴란드의 노동자, 기술자들은 독일인만큼 일해도 독일인보다 3~4배 적은 보수를 받는 '후진 업체'의 종사자가 된 겁니다. 1970년대 중반 이후 폴란드에서는 정치적 위기가 이어졌고, 결국 1989년 총선에서 자유 경쟁이 가능했던 161석 중 여당(폴란드 통일 노동자당)은 단 한 석도 갖지 못합니다. 폭망도 이런 폭망이 없었습니다. 정치적으로 주도적 입장에 있는 고학력층과 노동자층의 '완전한 민심 이탈'의 결과는 체제 전환이었습니다.

폴란드는 후발 공업 국가에다 자원이 많지 않은 나라였습니다. 공업으로 주로 먹고사는 사회인데, 임금에서 서구에 뒤지고, 생산성이나 경쟁력에서 신흥 동아시아(한국, 대만 등)에 밀리게 된 동유럽 공업계의 위기를 그대로 대변하는 나라였죠. 폴란드와 달리 당시 폴란드의 후견 국가였던 소련은 자원도 공업도 동시에 보유했습니다. 그래서 일단 자원(석유, 가스 등)을 팔아서 그나마 대공장 노동자들의 불만을 무마할 수 있었습니다. 페트로그라드(레닌그라드, 현 상트페테르부르크) 대공장(특히 금속 공장) 숙련공들의 힘으로 1917년에 집권한 소련 공산당은 일단 집권의 동력이었던 공장 노동자들을 비교적 잘 챙겨주었습니다. 비교적 고임금에다 광활한 국토에 가능했던 무료 별장 제공 등 '사내 복지'를 최대화했죠. 그래서 그단스크의 레닌 조선소와 달리 1970~1980년대 레닌그라드의 발틱 조선소 등에서는 그 어떤 쟁의도 없었습니다. 한데 소련 공산당은 대도시 대공장 숙련공들은 잘 챙겼지만 엔지니어 등 고학력자 집단까지 챙길 만한 여력은 없었습니다. 1962년의 노보체르카스크처럼 과감하게 집단행동에 나서는 노동자들과 달리 엔지니어들은 집단행동이 어려운, 즉 더 '만만한' 계층으로 분류됐습니다. 1980년대 후반 소련 대도시의 대학이나 연구소 등은 그야말로 불평불만 천지였습니다. 세계적 수준의 지식을 생산하는 학자나 구미권에 자주 불려 다니는 교향악단, 발레단 등의 예술가들은, 왜 그들의 보수가 서구보다 4~5배 적고 미국보다 6~7배 적어야 하는지 도무지 이해할 수 없었습니다. 결국 이 '불만 지식인'들이 소련 와해의 과정에서 상당히 큰 역할을 하게 됩니다.

그러면 오늘날 중국이나 러시아의 대공장 노동자나 고학력자 집단의 입장에서는 지역적 준거 집단과의 비교가 어떤 결과를 가져다줄까요? 지금(2024년 6월 현재) 중국 상해의 경우 평균 임금은 인민폐 1만 3486원, 즉 약 200만 원에 가깝습니다. 서울보다 낮긴 하지만, 여태까지의 추격 속도로 봐서 머지않아 한국과 비슷해지지 않을까 싶습니다. 고학력자의 보수는 이미 한국과 대동소이한 경우가 허다합니다. 물론 지방 도시라면, 또한 육체 노동자라면 비교의 결과가 전혀 다를 것입니다. 한데 노동자의 경우라 해도 30년 전에 30배에 달했던 미국과 중국의 제조업 노동자 임금의 차이는, 지금 3.5배에 불과합니다. 즉, 추격의 속도가 엄청 빠릅니다. 중국만큼 빠르지 않지만, 중국 영향권의 다른 국가들도 발전도상에 있는 만큼 외국과 비교해도 그렇게 크게 불만을 가지지 않을 정도일 수 있습니다. 예컨대 약 12만 7000루블(약 180만 원) 정도인 모스크바의 평균 소프트웨어 개발자 임금은, 서울보다는 분명히 낮지만 여전히 남아 있는 무상 의료나 교육, 비교적 높은 주택 자가 보유율(러시아 전국 89%) 등을 감안하면 그렇게 큰 '불만'을 유발하지 않을 수도 있습니다. 대도시 고학력자의 경우 소련 말기 적어도 4~5배였던 서방과의 '갭'이 상당히 줄어들었습니다.

　세계는 이제 점차 양극체제, 즉 미-중 양극과 그 영향권으로 나누어지는 체제로 진입하고 있습니다. 러시아 등을 포함한 중국 영향권은 이미 그 기술적 수준이 미국 영향권과 거의 차이가 없습니다. 즉, 생산성 향상에 따른 기술 집약적인 성장이 중국 영향권에서도 가능합니다. 중국 영향권에서 지속적 성장의 가능성이 커지고 그만큼 중국 영향권 국가들의 대도시 고학력자나 노동자층의 불만이 있다 해도 국지적 차원에 국한돼 체제 자체를 겨냥하지 않을 수도 있습니다. 실질 임금의 인상을 포함한 지속적 개발의 여지가 남아 있는 체제라면 그 체제에 대한 불만을 가지기가 그리 쉽지 않습니다. 한데 그 어느 자본주의도 다 그렇듯이, 중·러 식의 국가 관료 자본주의 역시 기후 위기를 심화시키며, 각종의 격차, 과도한 착취, 환경 파괴 등을 자행합니다. 지금 당장은 아니더라도 기후 위기 등 환경 재앙에 대한 자각과 수직적인 명령-복종 관료 체제, 계속 벌어지는 격차 등에 대한 불만 등이 겹쳐서 중국이나 러시아에서 새로운 시대에 맞는 새로운 전투적 좌파가 다시 탄생할 수도 있습니다.

'핏줄'로 퇴행하는 세계

저는 페북에서 유대인 역사나 문화, 그리고 우리 가족(대가족인 만큼 아마도 한국식으로 하면 문중 같은 표현이 더 맞겠죠?)의 가족사 등 여러 그룹에 소속돼 있습니다. 그래서 그런지 제 타임라인을 보면 유달리 이스라엘의 국가적 프로파간다나 각종의 친이스라엘 단체들의 광고 같은 게 많이 들어옵니다. 차단하려 해도 차단할 수 있는 길이 없어서 일단 연구 삼아 열심히 지켜보고 있는데, 한 가지 괄목할 만한 점이 있습니다. 이 광고들의 대부분은 그 잠재적 독자를 혈통적 유대인으로만 상정하는 것처럼 워딩이 만들어지고 있습니다. 말하자면 '우리민족끼리' 이스라엘의 위대함이나 '민족사에서의 중심성' 등을 부각하려 합니다. 아무래도 특히 유럽에서 이스라엘은 '괜찮은' 지지 세력이 거의 없습니다. 노르웨이만 해도 이스라엘을 상습적으로 편 들어주는 사람들은 대개 극우파들이고, 그들 중 상당수는 반유대주의 혐의마저 있는 문제 인물들입니다. 단, 그들은 그나마 서구화됐다 싶은 유대인 이상으로 이슬람 신도나 아랍인들을 더 증오하기에 팔레스타인과의 문제에서는 이스라엘을 무조건 지지하곤 합니다. 정부들이야 미국의 눈치를 보고 조심조심하지만, 유럽의 시민 사회 안에서 팔레스타인에 대한 지지는 지배적입니다. 그래서 이스라엘은 소셜 미디어에서 벌이는 사이버 전쟁의 방향을 이렇게 민족 내부로 돌리는 것 같습니다. 이와 동시에, 현재 이스라엘 집권 세력들의 극단적인 혈통적 민족주의 이데올로기 집착도 한몫했을 겁니다.

이스라엘이 상당히 극단적인 사례긴 하지만, 유일한 사례가 아니라는 점이 더 걱정스럽습니다. 세계화의 노도 속에서 한때 거의 사라졌다 싶었던 '핏줄' 담론과 '핏줄' 정치가 세계화가 위기를 맞아 종언을 향해 가고 있는 지금에 와서는 일종의 르네상스를 구가하는 것 같습니다. 예컨대 헝가리의 빅토르 오르반Viktor Orbán, 1963~ 의 장기 집권은 슬로바키아나 루마니아, 우크라이나에 거주하는 헝가리 혈통의 '우리 민족 동포'에 대한 적극적인 지원의 과시와 직결돼 있습니다. 즉, '헝가리 핏줄 위주의 외교'는 국민 집단 내부 결속에 큰 도움이 되는 모양입니다. 참, 헝가리는 이스라엘 편에 서서 유엔 총회에서 투표를 지속적으로 하는 몇 안 되는 유럽 국가 중 하나입니다. 두 혈통주의 사이에 모종의 교감이 가능한 모양입니다. 튀르키예의 레제프 에르도안Recep Erdoğan, 1954~ 정권은 이스라엘과 최근에 각을 세우는 또 하나의 장기 집권 정권인데, 역시 "만국의 혈통적 튀르키예인 총화단결"을 부르짖습니다. 오스만 제국 시절의 영화를 되찾는 민족부흥론과 혈통적 민족주의는 그 정권을 이끄는 두 개의 이데올로기입니다. 유럽 중심권이나 미국으로 가면 '핏줄 이데올로기'는 대개 그냥 서구인들의 인종주의를 의미합니다. 현재 이탈리아 조르자 멜로니Giorgia Meloni, 1977~ 정권의 반이슬람적 정책이나 최근 네덜란드 총선에서 최대의 득표율을 보인 극우 정당 PVV의 당수 헤이르트 빌더스Geert Wilders, 1963~ 의 '이슬람 금지' 제안, 그리고 트럼프의 '이슬람 국가로부터의 이민 금지' 등은 이 인종주의의 현주소를 잘 보여줍니다. 대개 구미권의 인종주의자들은 '모든 백인들의 핏줄'을 긍정하는 한편 중동인이나 북아프리카인에 대한 인종적 배척을 이슬라모포비아적 수사로 포장합니다.

핏줄을 대놓고 내세울 수 없는 다민족 국가의 경우, 최근에는 핏줄을 대체해서 '우리 민족(국민)'을 결속하는 기제로 '정신적인 핏줄'이라고 할 국어를 자주 이용합니다. 중국에서는 소수자들에게 지속적으로, 집요하게 표준어(한어의 보통화普通話)의 상용을 요구하면서, 소수자 언어로 교육을 받을 수 있는 민족 학교들을 주변화하거나 아예 문을 닫게 만듭니다. 예전에는 조선어로도 중국의 수능 격인 고과高考를 칠 수 있었지만, 요즘 조선인들은 다 '오로지 보통화'로 대입 시험을 봐야 합니다. 그렇게 해서 세대 사이 조선어 능력의 전수가 엄청나게 방해를 받습니다. 요즘 러시아에서 푸틴 독재의 공식 이념은 '러시아적 세계'(루스키 미르русский мир)인데, 그 '러시아적 세계'의 중심에 바로 '러어 구사'가 놓여 있습니다. 러군에 포로로 잡힌 우크라이나 군인들이 만약 심문 시 러어를 쓰지 않고 우크라이나어 사용을 고집하면 엄청난 잔혹 행위를 당한다는 이야기를, 석방돼서 귀환한 포로에게서 종종 들을 수 있습니다. 지금 크렘린의 목표는 적어도 러시아 영토 안에서는 우크라이나인들의 민족 특수성을 최소화하거나 아예 말살하는 것이기에 완벽한 러어 사용은 정치적 충성과 같은 것입니다. 핏줄에 대한 호소가 정치적으로 부담스러우면 그 대신 새로운 민족주의 이데올로기의 중심에 언어를 놓는 것입니다.

세계화 시대의 종언을 전후한 이 전 세계적인 민족주의적 퇴행 속에서 대한민국의 이념적 지형과 정책은 약간 특수합니다. 한국에서는 민족과 국민이 엄연히 완전하게 중첩되지 않고 중첩될 수 없기 때문입니다. '민족(민족어)'이라면 극우들의 혐오 대상인 북한이나 재중국 동포(조선족)도 부득불 포함해야 하는데, 한국 극우의 이념적 행동 방식은 바로 반북 콤플렉스의 노골적 이용과 혐중 정서의 은근한(아니면, 요즘은 거의 노골적인) 부채질입니다. 그러니까 한국의 경우에는 혈통주의를 대개 저임금 노동력 확보 정책 차원의 부차적인 수단으로만 이용합니다. 즉, 해외 동포라고 하여 중·러 동포에게 입국과 거주의 기회를 주고, 그들에 대한 저임금 착취를 가능케 만들어주는 것입니다. 동시에 아무리 혈통주의를 표면적으로 내세워도 대한민국은 중·러에서 온 동포들에게 국적을 부여하는 데 굉장히 인색합니다. 그들이 법적인 한국인이 되어 신분 불안을 완전하게 해소하면 착취가 더 힘들어지기 때문입니다. 한국형 혈통주의에는 또 다른 독소도 있습니다. 예컨대 만약 해외 동포(F4)나 방문 취업(H2) 비자의 소유자인 혈통적 동포의 비동포 가족이 함께 한국에서 살자면 그 가족이 받아야 할 비자는 바로 F1, 즉 방문 동거 비자입니다. 그 비자를 받으면 계절 근로 이외의 취업 활동이 원칙상 금지돼 있습니다. 즉, 예컨대 4명의 조부, 조모 사이에서 태어난 고려인의 후손인 우즈베키스탄의 공민이 한국에 오면 그 공민은 동포 비자를 받아 정상적으로 경제생활을 할 수 있지만, '고려인의 피가 전혀 섞이지 않은' 그 우즈베크인 배우자는 F1 비자밖에 못 받아 정상적인 경제 생활을 영위할 수 없습니다. 이런 상황이 다수의 한국인들에게 정상으로 보일 정도로 혈통주의가 한국 사회에 끼치는 악영향은 상당히 크다고 봅니다. 그래도 한국 극우의 경우, 그 메인 이데올로기는 핏줄이 아니라 자본 중심입니다. 친일파든 친미파든 '자본주의 문명'을 '후진 조선'에 심어주었다 싶은 모든 과거의 지배자들을 기리고, 대미(대일) 협력, 즉 사실상의 종미(친일)를 합리화하는 것이 2022~2024년 사이 극우 정권의 중심 이념이었습니다.

각국은 그 뉘앙스가 제각기 다르지만, 대부분의 사회들이 현재 피와 말의 공통성으로 퇴행하고, 피와 말, 아니면 피부색 중심의 폐쇄적 커뮤니티로 다시 돌아가고 있습니다. 그러니까 핏줄이나 피부색, 아니면 말을 본질화시키고 중심에 놓는 퇴행적 이데올로기들의 폭발적인 확산에 우리는 미리 준비해야 합니다. 이런 이데올로기들을 퇴치하는 최적의 방법은 바로 저항의 지구화죠.

우크라이나 전쟁: 무승부의 이유

트럼프 당선 이후(2024년 11월 현재) 미국의 상황이 하도 급하게 바뀌는 바람에 미래를 예상하기가 쉽지 않습니다. 트럼프의 그 유명한 예측 불가의 성격도 그렇지만, 지금 열강들이 연루돼 있는 복합적 대리전·대결·대립 상황의 변수들이 하도 많아 사실 뭐라 예측하기가 불가능에 가깝습니다. 단, 지금 육안으로 볼 수 있는 부분은, 트럼프 대통령 당선인이 점찍은 주요 안보, 외교, 첩보 관계 국가 기관장 내정자 중에서는 대러 타협(화친)을 주장해온 이들이 상당수 있다는 것입니다. 또, 러시아나 우크라이나 쪽에서도 계속해서 쌍방 사이의 간접적 '접촉' 이야기가 나옵니다. 충분히 변화가 가능하지만, 일단 금년(2024년) 연말이나 내년 연초쯤에 서방(우크라이나)과 러시아 사이의 현대판 '판문점 회담'이 시작돼 우크라이나에서 현대판 38선이 언젠가 그어질 가능성이 상당합니다. 단, 1953년과 달리 동부 우크라이나 는 친러 위성국가가 아닌 러시아의 합병(불법 강탈) 대상이고, 동시에 러시아 측이 나머지 우크라이나의 실질적 중립화나 나토 불가입 필기 확약 등을 요구할 개연성이 큽니다. 한데 1953년과 비슷한 점이라면 지정학적 냉전 속의 열전이 결국 일종의 무승부로 끝났다는 것입니다.

러시아의 우크라이나 불법 침공은 동시에 서방과 러시아의 대리전 이라는 국면도 열었는데, 이 국면은 아마도 무승부로 끝날 것 같습니 다. 변수들이 많아 속단은 금물이지만, 아마도 서방(우크라이나)측이 애당초 이야기했던 러시아에 대한 완승, 즉 우크라이나 국토의 완전 한 회복을 달성하지 못할 것 같습니다. 러시아 측 역시 일부 극우 파시 스트 세력들이 요구하는 완승, 즉 우크라이나 영토 전체나 대부분 점 령, 그리고 우크라이나의 속국화를 오늘날과 같은 규모의 군사 행동 으로 이룰 수 있다고 보기가 다소 힘들 것 같습니다. 쌍방이 완승을 거 두지 못하면 결국 더 이상의 역량 소모를 방지하기 위해 무승부에 동 의할 가능성이 큽니다.

이번 전쟁은 러시아의 침공이자 동시에 서방과 러시아 사이의 대리 전으로서의 성격도 아울러 갖고 있습니다. 저는 이 글에서 일단 대리 전이라는 측면에 착안해 이 대리전에서 서방측이 애당초의 열망과 달 리 결국 완승이 아닌 무승부로 끝날 가능성이 왜 큰지 분석하려고 합 니다. 나토 국가들의 국민총생산을 다 합치면 전 세계의 30% 정도 되 지만, 러시아는 겨우 3%나 될까 말까 합니다. 즉, 이 대리전 쌍방의 '역량 차이'는 경제 측면에서는 10배 정도였습니다. 그래도 완승이 아닌 무승부가 돼 가는 이유는 무엇일까요? 일단 서방측 전략의 미숙함과 제3자, 즉 글로벌 사우스Global South의 역할과 같은 주요 서방측의 패인들을 들고 싶습니다.

첫째, 어떤 싸움에서도 자기 편의 결속(전체적 단결)을 유지해야 합니다. 한데 서방측은 처음부터 겉과 달리 그리 단결하지 못했습니다. 독일이나 프랑스, 이탈리아 주류, 특히 경제인들의 상당수는 애당초 '완승'이라는 목표에 동의하지 않았습니다. 러시아산 저가 에너지가 유럽연합의 경쟁력의 원천이었기 때문입니다. 마찬가지로, 미국내 보수파(공화당)의 상당 부분도 애당초 완승을 바라지 않았습니다. 완승의 경우 약체화한 러시아가 중국의 완전한 후국이 돼 미국의 주적인 중국을 더 강화시킬 수 있기 때문입니다. 사실 대서양 양쪽에서 완승에 동의하지 않는 유력 행위자들이 이렇게 많은 상황에서는 조 바이든Joseph Biden, 1942~ 이나 보리스 존슨Boris Johnson, 1964~ 이 완승을 요구한다는 것 자체가 애당초 무리였습니다. 한데 그들이 그렇게 했다가 지금 사실상 낭패를 본 것입니다.

둘째, 어떤 싸움에서도 상대방의 편을 갈라쳐야 합니다. 상대방이 분열되는 순간 승리의 가닥이 잡힙니다. 한데 이미 스스로 분열돼 있었던 서방의 정책들은 러시아 측을 분열시키기는커녕 오히려 더 단결시켜 놓았습니다. 서방의 대러 경제 제재는 결국 러시아의 부호(올리가르히oligarch)들이 서방에서 더 이상 투자를 못 하게 한 것입니다. 서방에서 사업을 하지 못하게 되는 순간 그들은 어떻게 처신할까요? 결국 그 돈을 그나마 그들이 안전하게 사업할 수 있는 러시아에 투자해 투자 붐을 일으킵니다. 이상적인 제재로 러시아와 결별하고 서방 투자에 올인하는 러시아 부호들에게 프리미엄을 주어야 했는데, 실제 서방의 제재들은 거의 모든 러시아 출신 사업인들의 서방에서의 활동을 불가능하게 만들었습니다. 결국, 애당초 전쟁과 같은 모험주의적 노선을 은근히 반대했던 러시아 자본 세력들은, 푸틴 관치 경제의 자장으로 돌아가 블라디미르 푸틴Vladimir Putin, 1952~ 의 수족 역할로 회귀하지 않을 수 없었습니다. 러시아에서 행정 국가와 자본이 일체가 되는 한편, 유럽 자본 세력의 상당 부분은 완승이라는 목표에 동의하지 않았습니다. 이런 상황에서는 나토 국가들의 덩치가 아무리 커도 승산은 떨어질 수밖에 없었습니다.

셋째, 어떤 싸움에서도 결국 제3들이 승자를 확정합니다. 제3자들의 인정과 협력 없이는 완승이 어렵습니다. 한데 이 싸움의 제3자라고 할 글로벌 사우스, 즉 러시아의 전략적 파트너인 중국 이외의 인도나 브라질, 남아공 등은 완승이라는 서방의 목표에 동의한 적이 없었습니다. 완승일 경우 1991~2008년 사이 미 중심의 1극 체제, 이라크 침략 등의 악몽을 다시 꿀 수도 있기 때문이었습니다. 세계 기축 통화로서 달러의 특수한 위치를 이용한 서방의 제재는, 오히려 '달러 패권'에 시달려 온 글로벌 사우스로서는 아주 반갑지 않았습니다. 글로벌 사우스는 제재에 동참하지 않았으며, 글로벌 사우스의 동참이 없는 제재는 결국 거의 완전하게 무력해졌습니다. 세계 총생산에서 나토 국가들의 비중이 30%라면, 글로벌 사우스 국가들은 40% 정도입니다. 결국 글로벌 사우스의 부상이라는 새로운 역사적 상황에서 제재라는 무기는 더 이상 과거와 같은 파괴력을 갖지 못했는데, 서방의 행정 국가들은 이 현실을 간과하면서 정책을 추진했습니다.

결국 러시아보다 덩치가 10배나 큰 서방은 글로벌 사우스의 힘을 과소평가하고, 당초에 지나치게 야심찬 목표(완승)를 세우고, 정책의 입안과 결정 과정에서는 저지를 수 있는 실수들을 다 저질렀습니다. 그 결과는 10배나 더 약한 상대방과의 대결에서 무승부를 인정해야 하는 상황에 이른 것입니다. 결국 이렇게 해서 미국 패권의 경향적 쇠락의 과정이 더 빨라질 것 같기도 합니다. 이 상황에서 한국이 배워야 할 부분은 무엇일까요? 결국 '균형 외교'의 절대적 필요성이라고 봅니다. 이번 상황을 계기로 글로벌 사우스의 중요성이 더 커졌습니다. 한국도 결국 구미권·일본에 올인하는 편향 외교를 탈피해 중국과 역내 파트너십의 가능성을 탐구하고, 인도나 브라질, 남아공 등 글로벌 사우스의 주요 행위자들과 보조를 맞추는 외교를 배워야 합니다. 글로벌 사우스와의 관계 만들기에 실패해 결국 아주 큰 대가를 치르게 된 우크라이나의 슬픈 교훈을 반면교사로 삼아야 합니다.

호소와 연대의 실종

2024년 1월 현재 러시아의 우크라이나 침략은 2년째를 맞습니다. 일면 강국 러시아의 인접 약소국 우크라이나 침공이지만, 또 일면으로는 세계 최강의 군사 동맹인 나토가 러시아와 벌이는 대리전, 즉 우회 전쟁이기도 합니다. 미국만 해도 우크라이나에 무려 450억 달러 정도의 군사 지원을 합니다. 우크라이나를 지원하는 나라는 전 세계적으로 50여 개국이고, 노르웨이 같은 경우에는 우크라이나를 지원하는 데 자국 GDP의 1.7%나 사용했습니다. 아무리 강국이라 해도 작년 러시아의 군사 총예산(약 820억 달러 상당)은 우크라이나의 전체 지원 총액보다 좀 적습니다. 지금까지 그렇게 많은 돈과 무기를 지원받았음에도 우크라이나가 2023년 거둔 성과는 다소 좋지 않았습니다. 대반격은 실패했으며, 결국 2023년 말에 우크라이나가 탈환한 영토보다 잃은 영토가 몇 제곱킬로미터 더 많았습니다. 서방의 압도적인 우크라이나 지원만큼이나 푸틴에 대한 러시아 사회의 지지도 여전히 압도적이었습니다. 역사적으로 푸틴의 지지율은 60% 이하로 떨어진 적은 거의 없는데, 지금(2024년 1월) 지지율은 85% 정도로 지난 24년 사이 가장 높은 쪽에 속합니다. 러시아가 이미 적어도 4~5만 명(실제는 그 2배 이상으로 추정합니다)의 사망자를 낸 전쟁 와중인데도 그렇습니다. 푸틴 독재의 철석같은 지지 기반과 우크라이나의 다소 미미한 전쟁 성과는 일단 서로 연결돼 있다고 보는 게 합리적입니다. 독재자에 대한 높은 지지율은 군 지원자가 있고 병사들의 사기가 비교적 높다는 것을 의미하기 때문입니다. 과연 서방이나 우크라이나가 이 지지 기반을 붕괴시킬 수는 있었을까요? 만약 붕괴시킬 수 있었다면 왜 못 했을까요?

러시아 국민들이 여러 차례 전쟁을 벌인 독재자를 이처럼 거의 종교적으로(?) 따르는 이유는 무엇일까요? 대중 독재인 푸틴 독재의 동의 기반을 이루는 요소는 실리와 명분입니다. 실리의 차원에서 푸틴 독재는 과거 소련 시대의 재분배 시스템(무상 의료와 일부분의 무상 교육, 노후 연금 등)을 어느 정도 계속 가동하고 전쟁마저도 재분배 메커니즘으로 이용합니다. 군인들은 비교적 높은 전시 임금을 받으며, 전몰 군인들의 유가족은 약 7000만 원의 위로금을 받습니다. 굳이 한국 현대사와 비교하자면 '월남에서 돌아온 김상사' 식입니다. 명분의 차원에서 러시아 프로파간다는 러시아의 붕괴를 도모하고 러시아 문화를 말살하고 러시아인들을 인종적으로 혐오하는 '악마 서방', 그리고 그 악마 서방이 지휘하고 있는 우크라이나의 극우 나치들의 만행, 이 적들의 흉모를 분쇄해야 하는 '특수 군사 작전'이라는 이분법적 세계의 그림을 열심히 그리고 있습니다. 전쟁에 지원 입대하고 침략의 현장으로 가는 러시아 병사들은, 그들이 '조국의 불구대천의 원수, 서방의 반러주의자와 우크라이나 나치를 치러 간다'고 스스로 믿고 있는 경우들이 빈번합니다. 이 실리와 명분의 결합이 푸틴의 침략 전쟁을 지속시킵니다.

이와 같은 상황에서 서방과 우크라이나의 가장 논리적이고 효율적인 수사적인 전략은 과연 무엇이었을까요? 동구권 지식인 등에 대한 포섭이 우선시되었던 냉전 시대처럼, 가장 효율적인 전략은 아마도 러시아 민심에 대한 포섭책이었을 겁니다. 푸틴의 프로파간다가 서방에 대한 적개심을 고무하고 있는 상황에서 서방의 효율적인 선전 전략 차원의 대응은 러시아(인)에 대한 서방의 우정과 배려를 강조해야 했습니다. 예컨대 푸틴의 2022년 후반기의 부분 동원령 때문에 한국을 포함한 여러 나라로 망명을 시도한 수십만 명의 러시아인들의 체류를 허가하고 복지에 신경 써주고 이를 가시화시켜 '서방은 푸틴 독재와 싸우지만, 러시아 인민들에게는 어떤 적의도 없다'는 메시지를 보내는 것이 가장 효율적이었을 겁니다. 마찬가지로 푸틴이 자신의 국가를 '러시아 문화의 보호자'로 설정하는 상황에서 서방은 오히려 러시아 문화 행사(클래식 연주, 극장 공연 등)를 지원함으로써 푸틴과 경쟁하는 게 맞았을 것입니다. 우크라이나에서도 (우크라이나인들의 80%가 구사하고 있는) 러어에 대한 존중이나 러시아 문학이나 음악에 대한 친화적 태도를 보여주고 러시아의 반전 운동, 반푸틴 운동을 벌이는 시민 사회와 소통하면서 우리는 극우가 아닌, 독립과 민주주의를 위해서 싸우고 있으며 러시아 문화를 존중하는 선한 이웃들이라는 부분을 강조했으면 좋지 않았을까요. 그렇게 했으면 푸틴이 기대고 있는 러시아 민심에 아마도 균열이 갔을 것입니다.

아쉽게도 수정 자본주의 시대였던 냉전 시기와 달리 신자유주의 시대의 서방 국가들은 러시아(인)에 대한 '심리적 포섭' 프로그램을 지원, 운영할 만한 국가적인 계획력이나 조직력이 없었습니다. 러시아의 부분 동원령에서 도망치는 이들을 위한 정착 프로그램도 반이민 정서가 팽배한 오늘날 유럽에서는 사실상 불가능했습니다. 사실 신자유주의 시대의 국가들에 러시아(인)에 대한 그 어떤 대규모적인 선전 전략을 입안, 성립, 가동할 만한 조직력도 없었습니다. '큰 그림'과 전략이 없는 상황에서 판치는 건 소셜 미디어의 '캔슬 문화'의 논리였습니다. 그 논리는 전략이라기보다는 즉흥적인 감정(의분 등)을 그때그때 만족시키는 걸 목표로 하고, 단기 이익 중심의 신자유주의 논리와 궤를 같이합니다. 결국 푸틴의 프로파간다 제국은 러시아 클래식 연주자 등에 대한 '캔슬'을 확대, 왜곡 해석하여 '영구불변의 적 서방'의 이미지를 구축하는 데 역이용했습니다. 서방에서는 전략과 비전 자체가 부재했다면, 우크라이나에서는 아쉽게도 러시아의 진보적인 시민 사회와의 '반독재, 반전 연대'라는 좌파적인 논리보다는 국가와 민족어 등의 보수적 논리가 우위를 차지했습니다. 미콜라 슈코르스Mykola Shchors, 1895~1919 등 소비에트 시대 (우크라니아인 계열의) 혁명 영웅들의 동상 철거 등 극히 보수적인 우크라이나 정부의 집단기억 정치는, 역시 푸틴의 프로파간다에 의해서 '과거에 대한 존중의 결여'라고 비판받아 역이용되고 말았습니다. 서방과 우크라이나 정부의 각종 조치들을 보다가 가끔 '저들이 푸틴을 일부러 이롭게 하는 건가?'라고 회의할 정도였습니다. 일부러 적을 이롭게 했다기보다는 그냥 신자유주의 시대 국가의 무능력과 보수성의 문제지만, 좌우간 여론전에서 푸틴에게 패배했습니다.

푸틴의 불법 침략에 제대로 맞서자면 러시아 민중에게 호소하고 러시아의 진보적인 시민 사회와 연대해야 했습니다. 그리고 러시아를 대할 때에는 국가와 인민 사이의 차이를 염두에 두고 국가와는 대결해도 인민은 자기편으로 끌어들일 줄 알아야 했습니다. 안타깝게도 이 부분에서 서방과 우크라이나는 실패하고 말았습니다. 그래서 아무리 돈을 쏟아부어도 큰 진척을 얻지 못했습니다. 전쟁의 향방을 결정짓는 게 결국 민심이라는 사실을 무시하면 전쟁에서 이길 수 없습니다.

몸, 계급의 산물

몸을 보는 눈과 몸을 대하는 태도는 주지하듯이 시대마다 다릅니다. 오늘날 개미허리가 '여체의 미'의 기준처럼 여겨지지만, 조선시대 같은 경우 '아름다운 여성'은 일차적으로 '아이를 잘 낳을 수 있는 여성'이었습니다. 그래서 골격이 건강해 보이고, 엉덩이나 허벅지가 좀 풍만한 여체를 더 선호했습니다. 조선시대의 미인들은 3백(하얀 치아, 살결, 손)을 추구했지만, 현재 서구에서는 선탠이 좀 된, 약간 검은 피부를 건강미 차원에서 더 선호하는 경향이 있습니다. '좋은 몸'의 기준도 시대마다 바뀌지만, 몸을 대하는 태도도 계속 바뀌어 왔습니다.

동아시아 대륙, 즉 중국이나 조선의 독서인들은 대체로 궁술 이외의 육체적 '움직임'에 좀 소극적이었습니다. 당연히 '섭생'을 추구했지만, 섭생은 대개 식이요법이나 방중술(성적 균형의 추구) 차원에서 이해하곤 했습니다. 반대로 근세의 서구 귀족들은 굉장히 육체적이었습니다. 역시 전쟁을 담당해야 하는 무사 계열의 귀족들인 만큼, 자신의 몸을 이용해 다른 몸을 죽일 줄 아는 몸의 기술에 신경 썼습니다. 19세기 말까지 보통의 서구 귀족은 어린 시절에 사격이나 펜싱(서구의 검도) 정도는 기본으로 익히곤 했습니다. 남성들끼리 서로를 죽일 줄 알아야 했지만, 또 예컨대 여성 파트너와 무도회에서 추기 위해 춤을 배워야 했고, 무용에 서툴면 웃음거리가 될 수 있었습니다. 그래서 유럽 귀족이라면 대개 기민한, 말 잘 듣는 몸이 표준이었지만 18세기까지 제3계급, 즉 부르주아는 좀 뚱뚱하고 몸을 움직이는 데 미숙할 수 있었습니다. 고기 등 단백질이 아닌 빵류를 지나치게 많이 섭취했기 때문에 뚱뚱했습니다. 그리고 귀족과 달리 몸이 날렵하지 못한 것은, 어렸을 때부터 검술이나 무용 등을 배울 만한 여유가 없었기 때문입니다. 즉, 한 마디로 '남자의 날렵한 몸'은 어디까지나 지배계급의 표식이었습니다.

19세기의 부르주아들은 사회적 헤게모니를 장악하는 과정에서 몸의 헤게모니도 장악해야 했습니다. 즉, 귀족들보다 더 잘 만들어진 몸을 과시해야 했습니다. 그 방법 중 하나는 나폴레옹 전쟁 시절 이후부터 독일 등지에서 흔해진 소위 기계체조조합turnverein에서 배울 수 있는 체조였습니다. 19세기의 고학력 유산층의 삶에서 기계체조, 병식체조 등은 요즘의 헬스처럼 아주 중요한 역할을 했습니다. 제3계급, 즉 부르주아나 전문가층 등 합리적인 근대인은 자신의 몸도 합리적으로 가꿀 줄 알아야 했습니다. 사회주의 혁명가들도 고학력 유산층 출신이라면 대개 예외가 아니었습니다. 레닌도 아령 체조를 잘했던 걸로 유명하죠. 이 '체조운동'은 개화기 때 조선에까지 퍼졌습니다. 체조는 1896년부터 조선 각급 학교의 필수 과목이 되었으며 개화인들은 대부분 어린 시절부터 체육 세례를 받아야 했습니다(강도는 덜 하지만 여학교에서도 체조 수업을 했습니다). 1920년에 생긴 조선체육회의 역대 회장들을 보면 최린崔麟, 1878~1959이나 신흥우申興雨, 1883~1959 같은 명망가들을 아주 쉽게 발견할 수 있습니다. 1936년 개편 이후 조선체육회의 지도층을 보면 회장과 부회장은 각각 친일 부호인 윤치호尹致昊, 1865~1945와 유억겸俞億兼, 1895~1947이고, 이사 중 한 사람에 온건 사회주의자 여운형呂運亨, 1886~1947이 들어가 있습니다. 여운형은 권투 등 각종 스포츠를 잘하고, 그 시대의 '몸짱'으로 알려지기도 했습니다. 즉, 좌도 우도 체격이 강한 건강한 근대적 신체를 열망하는 데 큰 차이가 없었습니다.

해방 이후 일면으로는 특히 '여체'에 대한 규제들이 많이 풀렸습니다. 예컨대 1957년의 제1회 미스 코리아 미인 대회에서 참가자들에게 요구했던 정도의 과감한 신체 노출은, 여성을 '제국의 어머니'로 상정한 일제 강점기 말기에는 아마도 상상하기가 힘들었을 것입니다. 그런데 남성의 경우 비록 학교나 군대에서 체육은 필수였지만, 출세의 사다리는 일차적으로 학력으로 이루어졌던 만큼 '몸짱'은 그렇게까지 중요시되지 않았습니다. 1960년대를 생각해 보면, 그 시대의 얼굴이라고 할 수 있는 신성일-엄앵란 부부의 수영복 사진은 있는데, 신성일에게 '초콜릿 복근' 따위는 보이지 않습니다. 즉, 몸 만들기를 따로 한 흔적이 보이지 않습니다. 더 재미있는 것은, 몸을 상당히 중시한 근대의 많은 사회주의자와 달리, '운동권' 시대의 학생 리더들은 대개 스포츠 세계와 어느 정도 담을 쌓고 살았습니다. 즉, 1990년대 말까지 학력 공화국인 대한민국에서 공식적 루트(대입 - 고시·재벌기업 입사 - 정계·사회 활동)든 대항적 루트(대입 - 운동권 입문 - 재야 조직 생활)든 '커리어'를 추구하는 남성에게는 몸보다 두뇌가 훨씬 중요했습니다. 근대적인 '몸 중시'보다 오히려 조선시대 독서인들의 상대적인 '몸 경시'가 더 영향을 준 듯한 풍토였습니다.

신자유주의화 이후 상황은 바뀌었습니다. 미래가 불투명해지고 대형 서사가 불신의 대상이 되고 모든 것이 다 '개인'으로 환원되는 IMF 이후의 시대에는 개인의 가장 중요한 자산인 신체가 갑자기 평가절상됩니다. 건강 악화는 노동능력 저하, 그리고 심각한 경제 문제 등으로 이어질 수도 있고, 개인화한 저복지 사회인 한국에서 노동능력을 잃은 개인은 국가의 도움도 가족의 도움도 제대로 받을 수 없기에, 일단 나의 가장 중요한 자산인 나의 몸을 너나 할 것 없이 열심히 가꾸기 시작했습니다. 최근 한국의 생활 체육 참여 수준은 약 60%로, 예컨대 노르웨이 등 북유럽 사회와 큰 차이가 없습니다. 한데 해마다 조금씩 바뀌지만 생활 체육 참여자 중 약 55~60%는 특별한 비용이 들어가지 않는 걷기나 등산을 합니다. 체육 참가자 중 약 7%만이 높은 비용과 상당한 시간을 들여야 하는 요가나 필라테스 등을 하고 13~15%가 헬스를 다닙니다. 즉, 쉽게 이야기하면 신자유주의 대한민국에서 '몸짱 열풍'에 참여할 수 있는 것은 어디까지나 중산층 이상의 계층들입니다. 몸이 계급을 그대로 나타내는 표식인 것은 18세기나 21세기나 마찬가지입니다.

한국만 그런가요? 노르웨이에서 저처럼 뚱뚱한 몸은 하루에 1~2시간 운동도 하지 못하고 값싼 음식을 먹는 동유럽 출신 이민 노동자의 전형적인 몸입니다. 노르웨이 중상층의 신체란 대개 군살이 잘 보이지 않는, 일상에서 관리가 잘 되고 매우 건강한 신체죠. 이런 현상을 보면, 절로 기민한 몸, 춤을 잘 출 수 있는 몸이 신분적인 특권이었던 과거의 귀족들이 생각납니다. 중상층의 '관리가 잘 된 몸'은 충분한 운동 시간과 함께 점심때 싼 샌드위치가 아닌 좀 비싼 건강식(초밥 등)을 먹어도 되는 여유를 나타냅니다. 한데 신자유주의 사회에서는 약 80%의 구성원들에게 그럴 만한 여유가 없거나 부족합니다. 특권층과 비특권층의 차이를 나타내는 표식으로서의 몸은 여전히 온갖 모순들을 내포하고 있는 인간 역사의 핵심 장소로 남아 있습니다.

2장
—

미국은 왜 그럴까

팍스 아메리카나의 황금기, 1945~1955

팍스 아메리카나Pax Americana, 즉 미국 중심의 세계 질서는 이제 말기적인 쇠락과 몰락의 단계에 진입한 것으로 보입니다. 달러 패권이나 미군 기지 등을 통한 지구에 대한 공간적 통제 등이 조금 더 가긴 하겠지만, 2020년대에는 포스트 아메리칸 시대의 윤곽이 점차 잡히고 있습니다. 팍스 아메리카나가 고통스럽게 말기적 단계로 가고 있는 이 시점에 팍스 아메리카나의 초기를 다시 기억해보는 것도 의미 있는 일일 수 있습니다. 왜냐하면 지금도 보이고 있는 수많은 문제들이 이미 초창기부터 매우 뚜렷했기 때문입니다.

사실 오늘날 실물경제 같은 영역에서 팍스 아메리카나를 논하는 것은 과연 의미가 있는지 모르겠습니다. 세계적 실물경제의 중심은 이미 중국이죠. 중국은 미국보다 2배 이상 더 많은 전기를 발전하는

가 하면 전 세계 제조업 상품의 약 30%를 만들어 팝니다. 세계 제조업 생산에서 미국의 비중은 중국보다 약 2배 작습니다. 미국의 제조업 장악 시대는 이미 지나가서 다시 돌아올 것 같지 않습니다. 한데 1945~1955년은 바로 미국 제조업의 둘도 없는 최고의 호황기이며 세계 장악의 시기였습니다. 한국전쟁이 터진 1950년 미국은 전 세계 제조업 생산에서 60%나 차지했고, 전 세계 제조업 제품의 29%를 수출했습니다. 그러니까 당시 미국은 세계 제조업에서 오늘날 중국의 위치보다 두 배 더 장악하고 있었습니다. 이와 같은 세계 제조업 장악은 당시 미국의 세계적 패권 확립의 튼튼한 기반이었습니다. 그런 기반이 없다면 세계 패권의 유지 자체도 힘든 일이죠.

미국의 제조업을 이와 같은 글로벌 위치에 올려놓는 데 제2차 세계대전이 결정적이었습니다. 경쟁국인 독일, 일본, 영국 등이 전쟁으로 심한 타격을 입고 독일이나 일본은 폐허가 되었지만, 미국은 전시 특수로 생산력을 훨씬 더 키울 수 있었습니다. 전후 미국의 정책 결정권자들은 군수 공업이 기술 개발 등의 차원에서 제조업 전체를 이끌고 있다는 점을 매우 잘 이해하고 있었습니다. 군수 공업의 지속적인 발전을 보장할 수 있었던 새로운 특수는 바로 1947~1948년부터 본격화한 냉전이었습니다. 냉전은 군비의 증가가 주도하는 경제 발전 모델의 지속을 의미했습니다. 미 정부의 냉전 전략의 중심에는 1975년에 이르러서야 비밀이 해제된, 1950년 4월 14일 채택한 국가안전보장회의 보고서 제68호(NSC-68)가 있었습니다. 이 전략 문건은 소련을 '전 세계 패권을 노리는 적대 국가'로 지정하여 '소련으로부터의 위협'을 차단하는 방식으로 (고립주의나 선제공격이 아닌) 미국의 무장 증강을 선택합니다. 한반도에서 남북한이 적대적 공생을 시작한 것처럼, 세계적 차원에서도 소련과 미국의 적대적 공생은 미국의 영구 무장 경제의 무한 재생산을 보장해야만 했습니다. 쉽게 이야기하면 팍스 아메리카나의 기반은 제조업에서 미국의 패권이었으며, 미국의 제조업은 제1·2차 대전 시기를 지나 영구 전쟁을 위한 경제로서의 특징을 나타낸 것입니다.

패권의 또 하나의 조건은 바로 노동계급의 순치, 포섭입니다. 지금 새로운 패권 국가로 도약하고 있는 중국의 경우 사실 세계에서 파업이 가장 많은 나라이기도 하지만, 동시에 노동계급에 대한 순치 작업도 계속 진행하는 사회입니다. 순치는 두 가지로 이루어집니다. 하나는 실질 (인플레이를 감안한) 임금의 인상과 이에 따르는 소비력 강화죠. 2006~2016년 10년 동안 중국 제조업 노동자의 실질 임금은 평균 2배나 올랐습니다. 그리고 또 하나는 당이 공식(또는 어용) 노조를 장악하고 있습니다. 중국의 공식 노조인 중화전국총공회中華全國總工會는 3억 2000만 명이 가입한 세계 최대 전국적 노총인데, 공산당이 이를 철저하게 영도, 즉 관리하고 있습니다. 그런데 1945~1955년 당시 신흥 패권 세력인 미국도 노동계급 순치 작업을 대체로 같은 방식으로 진행했습니다. 한국전쟁 특수 등 세계 각처의 냉전 속 열전 등으로 미국 제조업이 지속적 호황을 누리며 1950년대 미국은 전례 없는 소비 붐을 경험했습니다. 지금의 중국도 그렇듯이, 당시 미국의 소비 붐은 상당수 고숙련, 고임금 노동자들에게도 중산계급과 비슷한 소비력을 잠시나마 부여할 수 있었습니다. 1955년 상당수 육체노동자를 포함해 미국 가구의 70%가 이미 자가용을 소유했습니다. 같은 해 동서안 사이를 여행할 때 비행기를 타는 미국인의 수가 열차 승객 수보다 더 많았습니다. 자가용을 타고, 비행기로 휴가를 가고, 호텔에서 묵고, 1~2층 자기 주택을 소유하는 잘 사는 노동자들이 다수는 아니라 해도, 노조 관료 상층부는 대체로 이 잘 사는 노동자들의 보수적 세계관이나 이해관계를 표방했습니다. 미국의 노총인 AFL-CIO(미국 노동총연맹-산별노동조합회의)의 장기 의장(1955~1979년)인 조지 미니George Meany, 1894~1980는 대체로 이런 잘 사는 노동자와 보수적 노조 관료를 대표했는데, 초기 냉전의 주도 세력인 민주당과 유착하고 있었습니다. 조지 미니는 1975년 남베트남 완패의 그날까지 베트남전을 옹호한 보기 드문 미국의 정치인이었습니다. 물론 베트남전 특수가 미 제조업의 번영에 어떤 역할을 했는지 살펴보면 어느 정도 논리적이었다는 생각이 들지만 좌우간 냉전 초·중기 미국의 노총 관료들은 펜타곤 이상의 반공주의적 열정을 보였습니다. 중국에서 공산당이 노총을 관리하고 미국에서 민주당과 노총 관료들이 유착했지만, 좌우간 둘 다 공통적으로 조직 노동을 포섭했습니다.

호황의 시기에는 주류 종족(중국에서는 한족, 미국에서는 백인)에 속하는 노동자까지도 포섭의 대상일 수 있지만, 마이너리티는 패권 주기의 초기에는 포섭보다 배제를 당할 확률이 더 높습니다. 몇 년 전 중국에서 예컨대 강제 수용과 강압적인, 종종 고문에 해당하는 재교육을 받게 된 위구르인들은 바로 배제와 함께 강제 동화 압력을 받고 있습니다. 1950년대 미국은 여전히 흑인과 아시아인 등 유색 인종을 합법적으로 차별하는 국가였습니다. 1952년 미국의 이민국적법은 여전히 아시아인들의 미국 이민을 철저하게 차단하고 있었습니다. 1950년대 미 남부의 상당수 주들은 여전히 인종 간 결혼 금지법Anti-miscegenation laws을 운영하고 있었습니다. 예컨대 백인과 한국 이민자의 결혼을 불가능하게 한 이런 법률들에 대해 한나 아렌트Hannah Arendt, 1906~1975처럼 히틀러의 인종 청소 정책을 피해 미국에 이민 온 유럽의 지식인들은 한심하게 생각했지만, 1958년 한 여론조사에서 미국의 응답자 94%가 인종 간의 결혼 불가능성을 긍정했습니다. 1963년 전직 대통령 해리 트루먼Harry Truman, 1884~1972은 이런 법률에 대해 질문을 받자 "당신은 당신의 딸이 흑인과 결혼하기를 바라겠느냐? 그녀는 그녀와 피부색이 같은 이가 아니라면 사랑하지 않을 것이다"라고 대답했습니다. 냉전 초기 미국의 국시는 소련 전체주의와의 투쟁이었지만, 정작 미국에서 인종주의는 거의 전체주의적이라고 할 수 있는 영향력을 여전히 미치고 있었습니다.

당 국가인 중국과 달리 1950년대 초반 미국은 다원주의적 민주 국가였지만, 패권 초기 미국의 사회는 많은 면에서 여전히 권위주의적이었습니다. 여성의 경우 낙태권이나 동일노동에 대한 남성과의 동일임금, 이혼권 등은 아직 충분히 보장되지 않았습니다. 미국은 여전히 징병제 국가였으며, 징병이나 참전 거부는 결코 쉽지 않았습니다. 급진적 반대파, 예컨대 급진적 평화주의나 사회주의자 등은 감옥행은 아니더라도 취직 등에서는 심각한 어려움을 겪었습니다. 오웬 래티모

어 Owen Lattimore, 1900~1989 는 1950년대 초반 미국의 유명한 동아시아 전문
가였는데, 그가 한때 '공산주의에 친화적이었다'고 하여 미 국회 반미
활동위의 조사를 받고, 결국 미국 학계를 떠나 영국의 리드스 대학 중
국학과로 가야 했습니다. 미국은 형식상 민주 국가였지만 주류와 크
게 다른 의견을 가진 지식인들에게 정상적 직장생활을 허용하지 않았
습니다. 이 부분이나 1950년대의 극단적인 인종차별주의적 법률(인
종 간 결혼 금지 등)이야 이미 수정된 지 오래됐습니다. 한데 전쟁 특수
를 필요로 하는 제조업의 구조, 즉 군수 공업의 비대화라든지, 비교적
보수적인 노총 관료, 그리고 세계 곳곳의 개입과 전쟁을 불가피하게
만드는 세계 전략의 구조 등은, 지금도 여전히 미국의 당면한 현실로
남아 있습니다. 미국의 패권은 경향적으로 약화되어 가지만, 이 문제
들은 결코 쉽게 해소되지 않을 것으로 보입니다.

반공주의
이데올로기의 산파

팍스 아메리카나, 즉 미국의 세계적 패권은 제2차 세계대전의 용광로에서 만들어졌습니다. 당시 반파쇼라는 코드는 미 당국과 좌파의 공통분모였습니다. 그래서 제2차 세계대전 시절 미 국가나 미군의 일부 관계자들은 바로 공산주의자나, 공산당과 친화성이 있는 좌파들이었습니다. 미 공산당원인 현 앨리스玄Alice(본명 현미옥)가 미군 구성원으로 해방된 남한에 온 사실이 유명한데, 사실 그녀만이 아니었습니다. 최근 영화를 통해 미국의 프로메테우스, 로버트 오펜하이머Robert Oppenheimer, 1904~1967가 화제에 올랐는데, 그야말로 2차 대전 시절에 미국 좌파가 해낸 역할을 그대로 보여줍니다. 이념적으로 좌파에 가깝고 애인이 공산당원이었던 오펜하이머는 전쟁 당시에 최고의 전략 프로젝트인 핵 프로젝트의 책임자가 됩니다. 말하자면 국제적 레벨에서 미-소 양국이 동맹국이 된 것처럼 국내적으로 미국의 급진 좌파가 미국가와 '짧지만 짙은 밀월'을 보낸 것입니다.

밀월은 1947~1948년, 즉 냉전이 본격화하면서 끝납니다. 소련은 장기적으로 오래 가기 힘든, 그만의 작은 세계 체제인 동구권이라는 독자 권역을 만들고, 미국은 냉전형 영구 무장 경제를 기반으로 하는 국가가 됩니다. 미-소의 적대적 공생은 양쪽에게 치명적으로 중요했습니다. 소련 당국자들에게 미제의 존재는 소비 억제를 기반으로 한 내부 동원형 경제의 지속적 가동 명분이 되었고, 미국 당국자들에게 소련이라는 '전체주의적' 적의 존재는 영구 무장 경제, 즉 무기 생산을 통해 주기적 불경기 등을 극복할 수 있는 경제의 명분이 되었습니다. 미-소의 적대적 공존은, 훗날 한반도에서 남북의 적대적 공존의 모델이 되기도 합니다.

적대적인 공존 상황에서 미-소 양국은 반대쪽의 허를 찌를 만한 이데올로기가 필요했습니다. 미국에서는 전체주의가 왜 무서운지, 불완전하다 해도 자유의 미국이 왜 상대적으로 나은지 설명해야 했고, 소련에서는 전시의 동맹국이 이제 왜 적 미제가 되었는지 설명해야 했습니다. 솔직히 미국은 상대방을 겨냥하는 냉전 초기 이데올로기의 성립이라는 과제를 소련보다 훨씬 잘 수행했습니다. 대체로 재능 좋은 비판적 좌파들이 미국의 초기 반공주의적 이데올로기를 만들었기 때문입니다.

볼셰비키라는 운동이 1917년 이후 국가가 되고, 나중에 혁명 국가가 보수화되어 가는 과정에서 좌파들은 소련에 대해 환멸을 느끼고 좌절했습니다. 일찌감치 1921년에 블라디미르 레닌과 레온 트로츠키Leon Trotsky, 1879~1940가 볼셰비키에 반기를 든 크론슈타트Kronstadt의 소비에트의 운동을 유혈 진압한 뒤 전 세계의 아나키스트들은 소련에 비판적 자세를 취하게 되었습니다. 1927년 이후 트로츠키를 따르는 급진파가 스탈린을 따르는 보수파를 더 강력하게 비판했고, 스페인 내전 과정에서 소련 비밀경찰 요원들이 벌인 아나키스트나 트로츠키주의자로 지목된 POUM('Partido Obrero de Unificación Marxista'의 약칭. 마르크스주의 통일 노동자당) 등 비주류 좌파 조직에 대한 피의 숙청은 그 골을 더 깊게 만들었습니다. 제2차 대전 때 구미권의 사민주의자들은 대체로 친소비에트적인 경향으로 돌아섰지만, 폴란드나 동독에서 공산당과 사민당의 강제 합당, 1947년 체코슬로바키아에서 공산당의 편법적 권력 장악 등은 스탈린의 대국을 위협으로 인식하게 만들었습니다. 결국 아나키스트와 트로츠키 등의 스탈린주의 비판에 영향을 받은 독립 좌파, 그리고 사민주의자 등 여러 종류의 비판적 좌파들은, 초기 냉전의 반공 이데올로기 성립에 거의 결정적 역할을 했습니다.

1949년에 출판된 오웰의《1984》는 초기 냉전 반공주의의 바이블이었습니다. 조지 오웰은 스페인 내전 때 스탈린주의자들이 바르셀로나에서 아나키스트들을 숙청하는 것에 큰 충격을 받고, 그 뒤 트로츠키 등의 소련 비판에 영향을 받았는데,《1984》에 엠마누엘 골드슈타인이라는 이름으로 트로츠키를 연상케 하는 캐릭터를 등장시키기도 했습니다. 주인공은 골드슈타인이 쓴《서열적 집단주의의 이론과 실천》이라는 반대파의 기본 텍스트를 읽고 존재하지도 않은 지하 야당에 가입했다가 비밀경찰의 손에 넘어갑니다. 《서열적 집단주의의 이론과 실천》의 일부 내용이 소설에서 길게 다뤄지는데, 그 내용은 트로츠키의 《배반당한 혁명》(1937)을 방불케 합니다. 《1984》의 힘이라면 비판이 꼭 소련만을 겨냥하지 않았다는 점입니다. 철저한 사회주의자인 오웰은 서로 영구 전쟁을 벌이는 세 강대국의 합종연횡을 묘사하면서 사실 미국의 영구적인 무장 경제를 비판하기도 했습니다. 오웰의 자본주의적 대중문화 비판은 테어도어 아도르노Theodor Adorno, 1903~1969나 헤르베르트 마르쿠제Herbert Marcuse, 1898~1979를 기반으로 합니다. 자기편도 비판하면서 반대편을 비판하는 이런 자세는 비판의 신뢰성을 크게 높일 수 있었습니다.

또 다른 반공 바이블은 한국에서도 몇 차례 국역, 출판된 빅토르 크라브첸코Victor Kravchenko, 1905~1966의 《나는 자유를 선택했다》(1947)였습니다. 체제에 실망한 오웰 소설의 주인공을 닮은 것 같기도 한 우크라이나 출신의 크라브첸코는 대숙청과 우크라이나의 기아 사태(홀로도모르), 소련 관료층의 특권, 스탈린의 탈이념화된 실력 정치 등에 실망한 '진지한 사회주의자형' 인간이었습니다. 그는 스탈린의 정치가 혁명의 이상을 배반했다고 믿었기 때문에 스탈린과 스탈린주의를 혐오했으며, 그가 미국에 파견돼 거기에서 만난 사민주의자(러시아의 망명 멘셰비키)와 트로츠키주의자는 그 비판 의식을 더욱 키웠습니다. 그는 소련만큼 미국에 비판적이었는데, 그의 두 번째 비판서는 바로 자본주의와 미국을 겨냥했습니다. 이와 같은 내부로부터의 비판이야말로 신뢰를 얻기가 쉬웠습니다.

　오웰이나 크라브첸코의 명작에 걸맞은, 재미있고 독자의 마음을 잡을 수 있는 미국 비판서가 소련에서는 나오지 못했습니다. 바로 이거야말로 소련 체제의 약점이었죠. 자유주의 체제에서는 트로츠키주의자나 아나키스트 등 비주류 좌파까지도 필요할 때 그 작품을 활용하고, 체제에 어느 정도 편입시킬 수 있었습니다. 훨씬 더 경직되고 이데올로기화된 소련 체제에서는 비주류들의 활용과 편입이 훨씬 더 힘들었습니다. 1940년대 말~1950년대 초 소련에서도 반미 소설이라는 장르가 생기고 다수의 작품들이 나오지만, 읽기 거북할 정도로 주문 생산 표시가 나는, 품질이 떨어지는 작품들이었죠. 초기 이데올로기 경쟁에서 이와 같은 패배는 소련 체제의 큰 약점을 그대로 드러낸 것입니다.

제국의 자충수들

영원한 패권 제국은 없습니다. 전근대 제국들의 경우 일단 어느 정도 이상 영토를 확장하고 나서는 제국의 과도 팽창이라는 문제가 발생하곤 했습니다. 새로 편입한 영토와 인구를 효율적으로 관리하고, 새로운 정복 전쟁을 수행할 만한 인적, 행정적, 재정적 자원들이 떨어지고 결국 행정이 부실해지면 제국의 위기로 이어지곤 했습니다. 로마 제국은 그 전형적인 사례죠. 아니면 19세기의 청나라처럼 인구가 팽창하자 농지나 행정 자원이 없어 결국 빈곤에 빠진 상당수 농민들이 민란을 일으켜 제국의 근간을 흔들 수도 있었습니다. 근대 자본주의 세계 체제의 패권국의 경우, 일단 제조업의 이윤율이 떨어지고, 큰 돈들이 생산 부문이 아닌 부동산, 주식 투기 또는 금융 부문으로 대규모로 이동하고, 또 도전 국가들과의 대립 등으로 군비 지출이 과다해

져 국채 발행 및 그 이자 부담이 적정 수준을 넘다 보면 제국이 위기에 빠집니다. 1914~1945년 대영제국이나 1970년대 이후 미국의 경우입니다. 즉, 우리가 지금 목격하는 미 제국의 말기적 증상과 지리멸렬, 대외 영향력 쇠락 등은 크게 보면 어쩔 수 없는 현상입니다. 한데 1980년대 이후 미 집권층이 내린 몇 가지 문제적 결정들, 즉 일종의 자충수들은 미 제국의 위기를 가일층 심화시킨 측면이 있었습니다.

첫째, 제조업의 포기는 비록 레이건 이후 신자유주의적 축적 전략으로서 논리적이었지만, 제국의 전략 차원에서는 분명 자충수였습니다. 미국이 금본위제를 폐지함으로써 신자유주의 도입의 문을 활짝 열어준 1971년만 해도, 미국의 고용 구조는 오늘날 중국과 비교할 만했습니다. 즉, 미국 피고용자들의 약 23%가 제조업 부문에서 일했습니다. 소련이 미국과의 군비 경쟁에 밀려 망한 1991년 미국의 고용 구조는 오늘날 한국과 비슷했습니다. 즉, 전체 피고용자들의 15% 정도가 제조업에서 일했습니다. 한데 트럼프가 처음 취임하여 신보호주의 정책으로 선회한 2016년 미국 경제의 전체 고용에서 제조업은 불과 8%밖에 안 됐습니다. 트럼프와 바이든 시기의 반도체법 등 신보호주의 정책들이 어느 정도 효과를 발휘해 지금은 다시 10%에 근접했습니다. 그런데 지난 30~40년 동안 제조업 포기 정책의 후과들을 빠른 시일에 되돌리기는 쉽지 않습니다. 중국 등지로 반도체 생산을 외주화하기 전인 1990년 미국은 전략 제품인 반도체의 세계 생산의 37%나 차지했습니다. 한데 2021년에 이르러 12%로 떨어졌습니다. 지금 국가 주도로 반도체 생산을 다시 국산화하고 있지만, 신자유주의 시대에 잃어버린 생산 능력의 회복은 그리 쉬운 과제가 아닙니다.

둘째, 지금 미국 당국자들이 중국 위협 타령을 하고 있지만, 1980년대 이후 오늘날 중국을 자본 대국, 생산 대국으로 키운 것은 바로 미국의 투자와 교육 수출 등입니다. 2000년 이후만 해도 미국 회사들이 중국에 투자한 총금액은 1260억 달러 정도에 이릅니다. 예컨대 슬로바키아의 국내총생산GDP과 맞먹는 어마어마한 숫자입니다. 1979년 이후 미국에서 공부한 중국 공민들만 해도 약 300만 명에 이릅니다. 리투아니아 같은 유럽 소국의 총인구보다 더 많습니다. 물론 미국의 대중국 투자는 철저하게 신자유주의 논리에 맞추어져 있었습니다. 저임금 노동력과 큰 시장은 제조업 투자의 매력 포인트였고, 중국 유학생들의 등록금은 미 대학들의 주된 수입원이었습니다. 문제는, 이 정도의 대대적인 투자를 결행하고 중국을 자본 대국으로 육성(?)했다면, 미국 지배자들은 차후 중국과의 패권 공유 등에 대한 마음의 준비를 하든지, 아니면 기존 미국 중심의 패권 구도에 중국 지배자들이 만족하도록 모종의 당근을 제시하든지 좌우간 본인들이 단기간에 가능케 만든 중국의 대국 굴기에 준비해야 했습니다. 한데 2000년대 미국 지배자들은 이라크 침략 등 스스로에게도 백해무익한 침략 전쟁을 수행하느라 바빴고 중국의 초고속 성장을 사실상 놓친 셈이 됩니다. 이것도 제국 논리 차원에선 일종의 자충수죠.

셋째, 미국은 1991년 이후 러시아를 방치했습니다. 1990년대 초반 러시아 이상으로 친미적인 사회도 없었습니다. 한데 1990년대의 미국, 즉 클린턴의 미국은 서구의 경제 식민지가 된 동유럽을 점차 나토

　　　　　　　　　　　　　　　　　　　2장 | 미국은 왜 그럴까

등으로 흡수하면서 러시아 지배자들에게 미 중심의 안보 체제로 편입할 가능성은 전혀 제시하지 않았습니다. 옐친도 초기의 푸틴도 계속해서 클린턴에게 '러시아의 나토 가입 가능성'을 타진했는데, 미국은 이 움직임들을 무시해 왔습니다. 러시아가 나토에 가입하는 경우 나토 내부의 어마어마한 무기 시장도 러시아 업체에 개방해야 하는데, 미국의 무기 수출 업체들은 그것을 원하지 않았습니다. 결국 이라크에서 미국의 패배를 목격한 푸틴이 미국이 쇠락하고 있다고 (옳게) 판단해, 뜨고 있는 중국과 일종의 준동맹을 체결하고 무력을 통한 유럽 판도 재편에 착수합니다. 물론 무력을 사용한 것, 즉 세계 평화를 깬 것은 푸틴의 범죄임에 틀림없습니다. 한데 미국 역시 러시아를 미국 중심의 세계 질서에 편입시킬 기회를 1990년대나 2000년대 초기에 놓쳤고, 이건 미 지배자들의 자충수라면 자충수입니다.

제국은 한꺼번에 몰락하지 않습니다. 영국이 세계 철강 생산에서 독일에 1위를 빼앗긴 건, 즉 생산 초강대국으로서의 위치를 본격적으로 상실하게 된 것은 1913년이고, 영국 외무성이 아시아에서 전략적 이익 등을 포기해야 한다고 내부적 판단을 내린 것은 1960년입니다. 즉, 영국의 패권 상실 과정은 수십 년에 걸쳐 이루어졌고, 미국의 경우도 이 정도나 그 이상 걸릴 겁니다. 한데 이 과정이 지금 진행 중에 있다는 것도 틀림없는 사실이고, 패권 상실에 미 지배자들의 자충수들이 큰 역할을 한 것도 사실입니다.

특별한 시대의 종말

세계사를 놓고 보면 영국 패권의 시대(1815~1914)와 미국 패권의 시대(1945~2020년대)는 어떤 면에서는 매우 다릅니다. 영국은 세계 최대의 식민지 영토를 보유하고 글로벌 제해권을 갖고 있었지만, 아무리 대제국을 건설했다 해도 경쟁 열강을 전혀 제압하지 못했습니다. 사실, 19세기는 영국의 세기인 동시에 유럽에서는 5대 열강(영·불·독·오·러)의 시대이기도 했습니다. 5대 열강은 오늘날의 미국, 중국, 인도, 러시아 등처럼 서로 매우 긴밀하게 무역 등의 경제 관계로 연결돼 있었습니다. 예컨대 러시아와 영국은 중앙아시아(아프가니스탄) 등에서 식민지 쟁탈 경쟁을 하고, 영국이 러시아의 남하를 선제적으로 예방한다는 구실로 1885~1887년 거문도를 불법 점령하기도 했지만, 러시아와 영국은 무역 파트너이기도 했습니다. 사실 1890년대 러시아의 대외 무역에서 아시아 국가들의 비율은 8~9%에 불과하고, 나머지는 거의 다 유럽의 경쟁 열강과의 무역이었습니다. 그러면서도 5대 열강은 19세기 내내 서로 치열하게 무력 수단까지 동원하면서 경쟁했습니다. 독일은 오스트리아(1866년)와 프랑스(1870~1871년)를 치고, 러시아는 크림반도 등지에서 영국, 프랑스 등과 싸우고(1853~1856년), 프랑스와 영국 역시 동남아시아와 수단, 그리고 서아프리카에서 종종 대치했습니다. 이 과정에서 영국은 비록 패권 국가였지만 총조절자로서 아무 역할도 하지 못했습니다. 결국 영국의 패권을 위협할 수 있을 정도로 독일이라는 경쟁 열강이 성장하고 나서 이들은 제1차 세계대전의 주요 상대국이 되고 1945년 영국의 패권도 독일의 도전도 모두 망하고 맙니다.

영국의 이런 패권 행사 방식과 1945년 이후 미국의 패권 행사 방식은 아주 달랐습니다. 미국은 제해권과 제공권을 확보해 서구와 한국, 일본을 군사 보호령으로 두었지만, 영토적 대제국을 굳이 구축할 의사는 없었습니다. 대신에 군사적 보호령들 사이의 경제, 정치 협력 조직(유럽연합)의 성장을 조장하고, (한·일의 경우처럼) 긴밀한 관계 성립을 추진했습니다. 그러면서 그 군사적 보호령 사이의 관계를 총조절해 경쟁은 물론 도전의 가능성도 거의 차단했습니다. 예컨대 일본을 보면 자민당 안팎에 일부 반미 극우파가 있긴 하지만, 정치적 비중은 거의 없습니다. 독일 같으면 미국의 말을 듣지 않으려는 시도가 여태까지 딱 한 번 노르트스트림Nord Stream 천연가스 파이프라인 건설이었는데, 그 파이프라인은 결국 우연치 않게(?) 최근에 폭파되고 말았습니다. 사실, 주류 정치로 말하면 프랑스나 독일, 그리고 일본이나 한국에서 두려워하는 것은 미국의 패권이 아니고 미국이 패권을 스스로 포기할 가능성입니다. 즉, 이미 국민총생산 대비 국채 비율이 122%에 달하고, 2050년에 200%를 예상하는 미국에서 국가 디폴트 예방 차원에서 세계 곳곳의 미군 기지를 폐쇄하고 미군을 철수시키는 시나리오야말로 유럽, 동아시아 군사 보호령 지도층의 악몽입니다. 한때 서로 경쟁자였던 프랑스, 영국, 독일, 일본 등이 1945년 이후 아주 순한, 지정학적인 미국의 후국으로 변한 것은 19세기의 지정학적 지형과 엄청난 차이라면 차이입니다.

1945년부터 2020년대까지 이런 전지전능한 종주국과 유순한 후국들의 시대가 가능했던 이유 중의 하나는, 세계 체제 핵심권(구미권+일본, 현재는 +한국) 밖에 그 어떤 도전 세력들도 존재하지 않았기 때문입니다. 소련은 이념(정치)적으로 도전 세력이었지만, 경제적으로는 자급자족 본위의 경제이기에 세계 경제에 큰 영향을 미치지 않았습니다. 또한 지정학적으로 소련은 얄타체제 안에 안주하여 미국에 직접적인 군사적 도전장을 내밀지 않았습니다. 중국이나 인도 등은 경제, 군사적으로 아직 약해 중립(인도)이나 별로 효과 없는 주변부에서의 반미 투쟁(1970년대 중반 이전의 중국), 아니면 미국 중심의 무역, 투자 체계로의 편입(1979년 이후의 중국) 이외에는 선택지가 별로 없었습니다. 1991년 이후 러시아는 그냥 난파선 그 자체였습니다. 그런 호조건 하에서 1991년 이전까지의 미국의 패권은, 1991~2008년 아예 미국 본위의 일극 체제로 가일층 심화된 것입니다. 사실, 1991~2008

년의 미국만큼 한 나라가 전 세계에 절대적인 영향을 끼치는 일은 세계사상 여태까지 없었다고 봐야 합니다. 그야말로 세계사적으로 특별한 시대였습니다.

　이 시대는 2008년의 세계 공황, 2010년대 초반 실물경제 초강대국으로 중국의 부상, 이라크·아프간에서 미국의 패배, 트럼프형 신보호주의의 등장, 그리고 2022년 러시아의 우크라이나 침공 등으로 결국 2020년대 중반에 이르러 그 종말을 고합니다. 사실 특별한 시대의 종말은 바로 세계사적인 정상 궤도로의 귀환을 의미합니다. 핵심부는 여전히 종주국과 후국 구조지만, (준)주변부에서는 이제 나름의 경쟁 열강들이 성장한 것입니다. 경쟁의 목적은 19세기와 그다지 다르지 않습니다. 19세기 영국이 아덴과 봄베이(뭄바이의 옛 이름), 싱가포르, 홍콩 등에서 항구 시설을 축조해 해상 무역의 루트를 관리했듯이, 지금 중국은 일대일로 프로젝트 차원에서 동아시아에서 유럽으로 가는 해상, 육상 무역 루트를 확보하고자 합니다. 영국이 남미의 여러 나라들을 형식적으로 독립국으로 인정하고 투자를 통해 그 경제권을 장악한 것처럼 중국도 지금 세르비아나 헝가리, 캄보디아, 라오스 등에서 최대의 투자국이 된 것입니다. 비스마르크Otto Von Bismark, 1815~1898의 통일 독일이 성립된 기초는 프랑스에 대한 승리, 그리고 알자스-로렌 지역의 영토 강탈이었듯이, 푸틴 역시 지금 우크라이나에 패배를 안겨 돈바스 등의 영토를 성공적으로 강탈한 뒤 구소련 구성 공화국들의 대부분을 다시 러시아를 중심으로 한 '연합' 형태로 묶으려고 합니다. 제정 러시아가 세르비아 등에서 각종의 극단적 민족주의 비밀 결사들을 키웠듯이, 이란은 예멘의 후티나 레바논의 헤즈볼라 등을 키웁니다. 2008년 이후에 점차 본격화하는 새로운 열강 각축은, 1914년 이전 열강 각축을 그대로 계승한 것처럼 보입니다.

단, 열강들은 핵무기 시대이기에 정면충돌을 피합니다. 그리고 또 하나의 차이점은 반체제 세력들의 상황입니다. 1914년 이전 열강 각축의 세계에서 영국, 프랑스, 독일, 러시아, 오스트리아의 사회주의자(사민주의자)들은 각국의 매우 강력한 정치세력이었으며 정치적으로 상당한 지분을 보유했습니다. 당시 그들이 급진 세력이었죠. 지금은 구미권의 급진 세력(독일의 좌파당, 프랑스의 '불복하는 프랑스'당 등)이 비교적 약한 데다, 경쟁 열강(중국, 러시아, 이란 등)에서 그들과 협력할 수 있는 자매 단체들이 정치권 안에 아예 없습니다. 그러니 세계 질서가 갑자기 1914년처럼 파열돼도, 1917년처럼 급진 세력이 집권할 수 있는 상황이 열릴지 미지수입니다. 오히려 파열은 극우들의 집권 등 최악의 시나리오를 더 가능하게 만들 수도 있습니다. 한데 열강들이 정면충돌을 피하고 있기에 파열의 가능성도 낮습니다. 그냥 각축과 세계 곳곳에서 대리전들이 끊임없이 반복돼 가는 형세입니다.

위기 대처법: 닉슨 모델

지금과 같은 미국 패권의 위기는, 이미 역사적 전례가 하나 있었습니다. 바로 1970년대 초반 대대적인 미국의 위기였습니다. 오늘날의 위기는 패권의 몰락으로 이어질지도 모릅니다. 1970년대 초반의 위기는 간신히 넘어갔는데, 당시 닉슨 대통령의 위기 대처법은 어쩌면 이번에 트럼프가 취할 수 있는 정책의 범위 정도를 예시할 수도 있습니다. 일단 위기에 부딪힌 패권 제국이 취할 수 있는 정책의 메뉴는 이미 당시에 어느 정도 확인이 되었습니다. 한번 당시의 정책 메뉴를 반추해보도록 하죠.

1970년대 초반 미국의 위기는 국내 경제적, 지경학적, 지정학적인 3중의 위기였습니다. 국내 경제적으로 전후 황금기는 이미 끝을 향해 가고 있었고, 존슨 대통령 시기의 베트남 전쟁 비용과 복지 지출 강화 비용 등으로 인플레이션이 커졌습니다. 인플레이션 문제는 그때와 지금 위기를 관통하는 코드죠. 지경학Geoeconomics적으로는 전후 복구가 완료된 서독과 일본이 미국의 제조업에 두려울 만한 경쟁자가 되었으며, 베트남 전쟁 동안 미국이 재정을 지출하는 사이 일본 기업들의 벌이만 커져갔습니다. 지정학Geopolitics적으로는 미국 제국의 과도 팽창이 위기를 맞았습니다. 소련에 대응하기 위해 유럽에 30만 명의 대군(1968년 당시)을 주둔시키면서, 중동에서 이스라엘을 지원하고, 중남미에서 반공 정권 유지 정책을 쓰고, 동아시아에서 남베트남, 대만, 한국 등 위성 국가들을 유지시키는 시스템에 과부하가 걸렸습니다. 특히 베트남 전쟁이 가면 갈수록 인기를 잃어 미 제국의 대외 정책이 재정적 부담뿐만 아니라 연성 권력이 실추하는 원인이 되기도 했습니다. 일단 제국의 일정한 후퇴 및 긴축 정책retrenchment policy이 요구되는 국면이었습니다. 사실 오늘날 미 제국의 상황 거의 그대로입니다.

리처드 닉슨Richard Nixon, 1913~1994은 후퇴와 긴축 정책을 단행할 수 있는 적임자였습니다. 트럼프가 반공주의에 젖은 미국의 '애국주의자'로 알려져 있듯이, 닉슨은 매카시즘 시대부터 반공주의 마녀사냥에 참여하여 악명이 난 골수 반공주의자였습니다. 그런데 오히려 이런 극우 반공주의자야말로 후퇴·긴축 정책을 위해 미국의 국외 전략 자산들, 즉 이제 이용가치가 떨어진 동맹국 등을 보다 쉽게 처분할 수 있습니다. 좌파는 물론이고 자유주의와도 거리가 먼 닉슨(또는 트럼프) 같은 국가주의자를 보수 유권자들이 배신자라고 생각하기 쉽지 않기 때문입니다. 그리고 고립주의 전통에 뿌리를 두고 있는 공화당의 전통 미국 제일주의는 닉슨 경제 정책의 하나의 배경이 될 수 있었습니다. 일단 그는 1971년 미국 국내 인플레이를 억제하기 위해 금본위제를 폐지해 한순간에 여태까지 자본주의 세계 질서의 골간이었던 브레튼우즈 체제를 붕괴시키고 말았습니다. 그렇게 해서 미국은 국가의 높아진 재정 지출을 커버하기 위해 통화량을 늘릴 수 있었고, 국채 발행 등에 대한 제한을 없애 유동성 조달을 극대화시켰습니다. 한데 동시에 이 조치는 세계 무역을 일시에 혼란에 빠뜨리고, 장기적으로는 1974~1980년 세계 GDP 대비 수출액 감소의 원인이 되었습니다. 닉슨은 개의치 않았습니다. 무역보다 국내 시장의 비중이 훨씬 더 큰 미국에 그것은 큰 문제가 아니었으며, 그가 미국 제일주의자였기 때문입니다. 트럼프의 정책이 어느 방향으로 갈지 잘 보여주는 전례인 셈이죠.

후퇴·긴축 정책의 골간은 세계 각처 전략 자산들의 처분이었습니다. 일단 주적으로 간주한 소련에 대응하기 위한, 28만 명 정도의 유럽 주둔 미군은 대체로 유지됐습니다. 비용 전략 등 차원에서 닉슨이 소련을 두 번 방문하여 데탕트 정책을 추구했는데도 핵심 자산인 유럽의 기지는 크게 감축되지 않았습니다. 핵심 산유 지대인 중동에서 미국의 영향력을 유지하기 위해 이스라엘에 대한 지원도 강력하게 추진했습니다. 1973년 욤 키푸르Yom Kipur 전쟁 막바지에는 미국이 핵전쟁 준비 태세를 갖추면서까지 이스라엘을 위해 아랍 국가들의 보호자인 소련과 아슬아슬한 벼랑 끝 외교를 펼쳤습니다. 1962년 이후 세계가 핵전쟁에 가장 가까이 간 것은 바로 그때였죠. 핵심 자산으로서 이스라엘의 위치는 트럼프 시대에도 유지될 듯합니다. 한데 당시 '2차적인 전장'으로 여겼던 극동에서의 후퇴 정책은 규모가 대단했습니다. 전쟁 피크였던 1969년 베트남 주둔 미군은 50만 명이 넘었는데 1973년에는 거의 다 철수하고 맙니다(적어도 전투 부대는 그렇습니다). 남베트남 자체는 1975년에 종적을 감추고 말았습니다. 외부에서 미국의 패배로 여겨졌지만, 사실 닉슨 등 미국 지도부의 입장에서는 더 이상 이용가치가 없어진 자산을 처분한 거나 마찬가지였습니다. 1972년 이후 대중국 협상에서 대만 주둔 미군의 철수도 약속해 1979년에 완결했습니다. 한때 다수의 미군이 태국에도 주둔했는데, 1973년 이후 거의 다 철수하고, 1968년 6만 2000이던 주한미군도 1971년에는 4만으로 줄었습니다. 미국은 당시 2차적 전장이라고 여겼던 아태 지역에서 이처럼 군살빼기에 나섰습니다.

이 '불필요한 자산 처분'은 그 당시로서는 국외적으로 상당한 충격파를 일으켰습니다. 1975년 북베트남군이 남베트남을 공격해 파죽지세로 사이공으로 진격해 가고 있을 때 남베트남의 응엔 반 티우阮文紹, 1923~2001는 1973년 파리 협정을 근거로 미국에 협정상 약속된 지원을 요청했는데, 매정하게 "노"라는 답이 돌아왔습니다. 중국과의 관계 정상화가 착착 진행되는 상황에서 남베트남의 이용가치가 제로에 가까웠기 때문입니다. 결국 이 광경을 본 박정희가 '다음은 우리가 아닌가?' 싶어 핵무기 개발에 착수합니다. 지금 미국의 주적은 더 이상 러시아가 아니라 중국입니다. 그러니까 극동이 제1차 전장이 된 이상 주한미군 주둔 비용 인상 등의 조치가 있을 수는 있어도 한국에 대한 용도폐기는 아마 없을 듯합니다. 단, 극동이 1차 전장이 되고, 중동(이스라엘)이 그다음 우선순위가 되는 상황에서는 1970년대 초반의 극동처럼 미국의 전략 계획상 동유럽의 위치가 문제가 될 수 있습니다.

닉슨의 후퇴·긴축 정책은 1970년대 중후반 미국의 전반적인 글로벌 패권 위기를 불러왔습니다. 1974년 에티오피아 혁명, 1978년 아프간 4월 혁명, 1979년 니카라과 혁명과 이란 혁명. 특히 1970년대 후반에는 전 세계적으로 친미 정권이 위기에 빠졌는데, 그 하나의 징후가 바로 박정희 독재의 붕괴였습니다. 결국 신자유주의라는 새로운 축적 양식을 들고나온 레이건 정권은, 한 손으로 군비 확충 정책을 펴고 또 한 손으로 1970년대에 생긴 혁명 정권들(이란, 에티오피아, 니카라과, 아프간 등)에 대한 압살 정책을 펴 궁극적으로 미 패권의 사수에 성공했습니다. 세계 경제에 큰 영향을 미치지 못하는 주적 소련이 이미 흔들리고 있었기에 가능했던 일입니다. 오늘날의 주적인 중국은 세계 경제에 미국 정도의 영향력을 행사할 수 있는가 하면, 1970~1980년대 소련과 달리 침체 국면이 아닌 강력한 개발주의적 드라이브·중앙집권화·대외 팽창 국면에 있습니다. 그러니까 트럼프가 닉슨의 정책 메뉴를 참고하면서 자신의 정책을 펴겠지만, 독점적 패권의 유지는 어려울 듯하고 결국 미-중 양극제로 세계 질서가 재편될 가능성이 더 큽니다. 단, 이 양극 체제가 성립돼 가는 과정에서 얼마나 많은 피가 흐를지 생각하면 소름이 끼칩니다. 패권의 위기를 수반하는 유혈극은 1970년대보다 클 수 있기 때문입니다.

인권 부재의 외교

애당초 국가 사이에 외교란 인권과 무관했습니다. 인권은 각국의 내부 상황의 문제였고 국가 관계에 아무런 영향도 미치지 않았습니다. 미국도 예외가 아니었습니다. 예컨대 미국은 다른 열강에 비해 소련을 훨씬 더 늦게 1933년에 이르러서야 인정하고 수교를 했는데, 문제는 러시아 제정 정권의 대외 부채를 갚지 않겠다는 소련 정부의 대외 방침이었습니다. 1933년 미-소 수교는 소련의 공업화 과정에서 계약 수주를 기대했던 기업인들이 주도한 거고, 수교 이후 소련의 인권 상황 자체는 물론이거니와 소련에서 장기 거주하던 많은 미국 시민들의 인권 침해 사례마저도 미국 외교가에서 큰 문제가 되지 않았습니다. 대부분이 공산주의에 친화적인 좌파인 이 장기 거주자들은 스탈린 대숙청 때 조작된 간첩 혐의로 투옥되는 등 이런저런 고초를 많이 겪었지만, 미국의 외무 당국은 스탈린에게 문제를 제기한 바 없었습니다. 외교는 기본적으로 전략과 기업 이해의 문제였고 인권과는 무관했습니다.

1945년 이후 상황이 바뀌기 시작했습니다. 1948년에 세계인권선언서가 채택·발표되고, 1947~1948년에 시작된 냉전 속에서는 두 진영에 도덕적 명분이 훨씬 더 중요하게 되었습니다. 소련 진영에 고유한 가치, 예컨대 경제적 억압과 인종 차별로부터의 해방 등이 있었던 만큼 미국 진영 역시 자유라는 가치를 역으로 내세워 적어도 표피적으로 대외 정책을 도덕화해야 했습니다. 미-소 사이의 이념 공방은 상대 진영의 인권 상황에 대한 문제 제기 등을 포함했습니다. 정치는 인권의 언어를 전유하고 인권이 정치화되었지만, 인권이 정말 외교 정책의 큰 변수가 됐을까요? 대체로 그렇지 않다고 봐야 합니다. 예컨대 미국과 이승만 정권 사이에서 진보당 사건과 조봉암曺奉岩, 1899~1959의 조작된 간첩 혐의, 재판, 그리고 1959년 7월 31일 조봉암 사형 집행 등 노골적인 인권 탄압이 문제가 된 적이 없었습니다. 미 대사관은 상황을 유심히 지켜보고 있었지만, 개입하지는 않았습니다. 미국은 저성장과 부패, 미 원조에의 지나친 의존 등을 문제 삼아 1957년 이후 점차 이승만 정권에 대한 원조액을 줄여나갔지만, 인권 탄압을 문제 삼은 적은 없었습니다. 마찬가지로 1968년 통혁당 사건도 미 정부는 언급한 적이 없었고 언론에서도 크게 다루지 않았습니다. 냉전의 국제 정치에서 도덕적 명분이 된 인권은 일면 중요했지만, 아시아 대륙에서 반공의 교두보이자 베트남 전쟁의 병사 공급국인 한국이 미국의

'가장 중요한 전략적 자산'이었던 만큼 충분히 묵살될 수 있었습니다.

한국만이 인권 문제에서 예외인 것도 아니었습니다. 한국 이상 중요했던 자산은 바로 주요 산유국인 사우디였습니다. 1938년부터 미국 업체들이 사우디에서 석유를 생산하고 있었고, 미 공군은 사우디의 다란Dhahran에서 기지를 사용하고 있었습니다. 사우디 역시 아랍 세계의 반공 교두보였고 특히 이집트가 흐루쇼프 시대 소련과 가까워지는 상황에서 미국에 전략적 가치가 컸는데, 바로 그 사우디에 법적으로 노예제가 여전히 존재했습니다. 왕실도 상당수의 노예를 보유했으며, 사우디의 국왕이 미국을 국빈 방문했을 때 그 노예들도 따라와 미 신문 기자들의 카메라에 잡히기 일쑤였습니다. 우방 사우디가 노예(대다수 흑인)를 부리고 있다는 것은, 소련 매체에서도 계속 거론돼 미국에 민감한 문제가 되었습니다. 결국 미국의 강력한 비공식적 요청으로 사우디는 1962년에 법적으로 노예제를 폐지했습니다. 비공식적으로는 지금도 사실상 남아 있고, 또 외국인 노동자들의 여권 압수를 가능케 하고 직장 이동을 금지하는 카팔라Kafala 같은 제도 역시 현대판 노예제라는 비판이 자자하지만, 사우디와 미국의 관계에서 문제가 된 적이 없었습니다.

아무리 냉전의 '도덕화된 국제 정치'의 영향이 있어도, 실질적인 미국 외교 현장에서 1970년대 중반까지 인권은 별다른 실질적 영향을 끼치지 않았습니다. 예컨대 1972년 닉슨이 북경에 갔을 때 문화혁명 이후 수천만 명의 수용소 생활이나 농촌 하방 등에 대해 전혀 문제 삼지 않았습니다. 베트남에서 온갖 전쟁 범죄를 저질러온 미국이 중국의 인권을 문제 삼을 처지도 아니었던 것입니다. 1977년에 등장한 카터 행정부는 본격적으로 인권 외교를 가동했습니다. 세계인으로부터 강한 지탄을 받아온 베트남 전쟁 이후 이미지 쇄신이 절실했습니다. 인권 문제로 원조액 감축 등을 당한 우루과이 같은 일부 극우 독재 국가들은 대개 미국의 대외적 이해관계에서 그다지 중요한 자산은 아니었습니다. 박정희의 인권 문제도 거론됐는데, 한국 병사들이 필요했던 베트남 전쟁이 종식되고, 대중국 데탕트 무드 속에서 대만과 한국의 전략 자산으로서의 가치는 크게 평가절하됐습니다. 한데 소련의 아프간 침공 등 냉전의 격화 이후에 한국의 전략적 가치에 대한 평가가 다시 다소 높아지자, 지미 카터James Carter, 1924~2024는 전두환全斗煥, 1931~2021의 광주 학살 등에 대해서 일절 비판한 적이 없었습니다. 그리고 바로 그때 친소에서 친미로 전환한 이집트나 전략적 우방이었던 이스라엘, 아프간에서 반소 유격대들을 지원했던 사우디 등 가장 중요한 전략 자산이 된 나라들의 인권 문제를 카터 정권이 건드린 적도 없었습니다. 즉, 실질적인 외교 정책과 인권의 관련성은 카터 때에도 그리 크지 않았던 것입니다.

미국의 인권 비판의 주요 타깃이었던 소련은 몰락하고, 미 중심의 일극 질서가 잠시 수립된 1990년대 인권은 대체로 지구 곳곳에서 미국의 개입을 정당화하는 수사로 동원됐습니다. 미국의 정책 결정권자들은 1990년대 내내 사우디 등 친미 걸프 국가들의 인권 문제를 거의 거론하지 않았습니다. 반대로 말을 듣지 않는 정권들에 대해서는 1990년대 말에 '보호책임(R2p)' 독트린이 제시됐습니다. 즉, 문제의 국가 내부에서 심각한 인권 상황이 발생하면 미국 등 서방 국가들이 "양민을 보호하기 위해 개입해야 할 책임이 있다"는 독트린입니다. 한 때 유엔 총회에서마저 인정을 받은 이 독트린은, 2011년 나토의 리비아 무장 개입이 리비아의 몰락과 인도적인 참극을 초래한 뒤 강력한 비판을 받아 거의 종적을 감추었습니다. 대체로 이라크, 아프간에서 미군의 범죄로 인한 도덕적 명분의 상실과 리비아 개입의 완패 등은, 미국의 인권 레토릭의 힘을 뺐다고 봐야 합니다.

미 중심의 일극 시스템도 이미 무너졌다고 봐야 합니다. 미-중 갈등은 세계 질서의 중심적 요소로 부상했는데, 이 갈등은 미-소 냉전에 비해 훨씬 덜 도덕화돼 있는 것 같습니다. 미국이 중국을 겨냥해 '독재', '부자유', '전체주의' 같은 수사를 동원하지만, 최첨단 반도체 등의 중국 수출을 금지할 때 이런 레토릭보다 그저 경쟁 국가라고 현실 정치적인 이유를 듭니다. 과거의 소련을 겨냥했던 레토릭보다, 지금 중국을 겨냥하는 레토릭의 힘이 비교적 약하고, 미-중 갈등을 현실 정치적으로 패권을 둘러싼 갈등으로 설명하는 태도가 더 지배적입니다. 이유는 간단합니다. 과거의 소련과 달리 중국은 미국의 제3위 무역 상대국이기도 하고, 미국의 투자가 엄청나게 들어간 나라이기도 합니다. 중국이 만약 전체주의 국가이자 악의 제국이라면 지난 40여 년간 그 악의 제국에 투자한 미국 업체들이 과연 무엇이 되느냐는 문제가 뒤따릅니다. 그래서 중국을 겨냥하는 미국의 인권 레토릭의 전투성은 그렇게까지 극단적이지 않습니다. 그렇다면 레토릭의 차원이 아니고 실질적으로 인권이 과연 미국의 대외 정책의 변수가 될 수 있을까요?

여기에서 변수는 결국 밑으로부터의 압력입니다. 아주 강력한 밑으로부터의 압력이 있다면 인권이 외교에서 유의미한 변수가 됩니다. 그렇지 않다면, 냉전 시대처럼 그저 수사 차원에 머무를 가능성이 더 큽니다.

적대적 공생의 역사

미국과 소련(러시아)을 각각 별도의 세계로 상상하기가 어렵지만, 19세기만 해도 이 두 나라를 서로 자주 비교하곤 했습니다. 미국은 서쪽으로 영토를 확장하고 러시아는 동쪽과 남쪽으로 확장해 갔는데, 둘 다 영토를 '개척'하면서 원주민들을 내쫓거나 강제로 그 지배 질서에 편입시키고, 그 광활한 영토 덕에 특히 세계 곡물 시장에서 중요한 위치를 차지했습니다. 또한 러시아가 점령한 중앙아시아산 목화와 미국산 목화 역시 세계 시장에서 경합을 벌였습니다. 단, 미국은 러시아보다 공업화가 훨씬 빨리 이루어지고, 임금 수준 역시 몇 배 높았고, 종교적인 톨레랑스도 훨씬 발달한 사회였습니다. 1880~1917년 사이에 미국으로 이민 간 러시아 제국 출신의 유대인만 해도 200만 명에 이르는데, 사실 오늘날 재미 유대인의 다수는 그 후손에 해당합니다.

그들의 스토리를 빼고 20세기 미국을 이야기할 수도 없습니다.

　소련과 미국은 1933년에 이르러서야 국교를 정상화했는데, 사실 미국은 1920~1930년대 소련사에서 거의 결정적 역할을 했습니다. 1921년 소비에트 러시아에서 제1차 대전과 내전의 결과로 대규모의 기근 사태가 일어났을 때 기아민 구제에 결정적 역할을 한 것은 미국 구제기구ARA였습니다. 1922년에 미국구제기구가 보내준 식량을 먹고 생명을 유지할 수 있었던 소련 인구는 약 1000만 명, 즉 전체 인구의 약 7% 정도였습니다. 미국의 원조가 없었다면 그들 중 상당수는 아마도 굶어 죽었을 것입니다. 그다음 비록 국교는 없지만 1929년 이후 스탈린의 초고속 공업화는 미국의 기술 협력, 그리고 미국의 기술 수입으로 비로소 가능했습니다. 1920~1930년대 소련 정부는 외국 업체와 117건의 기술 협력 합의서를 쓰는데, 그중 약 60%는 미국 회사였습니다. 1932년에 소련에서 9000명의 외국인 기술자, 약 1만 명의 외국인 노동자들이 공업화를 돕고 있었는데, 약 3분의 1은 미국인이었습니다. 레닌그라드, 로스토브, 하리키우에서 생산한 소련의 초기 트랙터는 거의 포드사의 포드슨Fordson 모델을 복제했고, 푸틴 정권이 미사일로 부수려 한 우크라이나 드니프로강의 드니프로 수력 발전소 DniproHES를 설계한 것은 휴 쿠퍼Hugh Cooper, 1865~1937 대령의 건설 사무소였습니다. 공산주의와 아무 인연도 없었던 이 대령은, 소비에트 우크라이나에 거대한 수력 발전소를 성공적으로 건설한 뒤 스탈린으로부터 적기노동훈장까지 받았습니다. 미국의 기술 지원이 없었으면 스탈린이 10년 안에 초고속으로 진행한 공업화는 아예 불가능했을 겁니다.

프랭클린 루스벨트Franklin Roosevelt, 1882~1945 대통령은 스탈린과 그의 국가 주도 초고속 공업화에 대해 대단히 긍정적이었습니다. 국가가 적극 개입하는 수정 자본주의를 원했던 루스벨트에게 스탈린의 공업화 실험 성공은 국가 개입의 효율성을 증명하는 증거였습니다. 거기에다 영미권 패권 유지에 큰 방해가 될 수 있었던 히틀러를 제거하는 데 스탈린의 협력도 절실했습니다. 그 협력의 대가는 소독 전쟁 시절 소련에 대한 대폭적인 물자 지원이었습니다. 소독 전쟁 때 미국이 제공한 물자는 110억 달러 정도였는데, 오늘날로 치면 2500억 달러 수준입니다. 110억 달러라면, 1950~1960년대 미국의 한국 원조액 전체와 비슷합니다. 소련 전투기, 폭격기들이 사용했던 휘발유의 절반 정도는 미국산이었습니다. 1943년 초기 붉은 군대가 소비했던 전투 식량의 17%는 미국이 공급한 것이었죠. 그 당시에 참전했던 제 모계 조부는 붉은 군대가 미국산 스투더베이커Studerbaker 트럭을 타고 미국산 통조림을 먹고, 미국산 휘발유를 차와 비행기에 넣었다고 제 어머니에게 종종 들려주었습니다. 이런 지원이 없었다면 히틀러에 대한 승리라는 스탈린의 최대 업적도 달성하기 힘들었을 겁니다.

1940년대 후반 이전의 소련은 미국과 갈등할 수 있는 수준의 강국은 아니었습니다. 반대로 미국의 원조가 절실한 사실상의 개도국이었죠. 한데 히틀러를 이겨 동유럽을 석권하고 특히 패배를 당한 독일의 최신 기술과 기계 등을 손에 쥔 소련은, 비록 가난해도 이젠 초강대국 반열에 들어설 수 있었습니다. 그래서 폴란드에서 친서방 민주

정부 허용 등 미국(서방측)의 요구를 무시하고 미국과의 냉전에 돌입할 자신이 있었던 것이죠. 한데 냉전이 꼭 경쟁만을 의미하지는 않았습니다. 냉전은 경쟁이면서 일종의 질서이기도 했습니다. 예컨대 냉전의 중심 무대였던 유럽에서 미-소가 현상 유지에 합의했기에 미국은 1956년에 헝가리를, 그리고 1968년에 체코슬로바키아를 도울 생각이 전혀 없었습니다. 이에 맞추어서 스탈린도 1940년대 후반 그리스의 공산당 유격대를 돕지 않았습니다. 유럽은 분할을 당했지만, 나머지 세계에서는 대리전을 포함한 경쟁이 미-소의 합의 사항 차원에서 가능했습니다. 그런 대리전 중 하나가 한국전쟁이었고, 200여 명의 소련 전투기 비행사들이 직접 참전해 한국의 하늘에서 미국 공군과 싸움을 벌였지만, 미국은 그걸 알고도 발설하지 않았습니다. 미-소의 직접 교전을 무조건 피하는 것은 냉전의 또 하나의 규칙이었는데, 그런 교전이 이루어져도 비밀로 남아야 했습니다.

냉전의 경쟁 속에서도 미국과 소련은 군수복합체를 발전시키는 등 기술 발전의 효과를 보고, 특히 미국의 경우 영구적 무기 생산 경제라는 모델을 자본 축적에 요긴히 이용했지만, 그 경쟁을 더 이상 지속할 힘이 없었던 소련은 1991년에 공중 분해됐습니다. 그 뒤로 미-러 관계는 1920~1930년대와 같은 형태로 다시 돌아갑니다. 다시 시장 자본주의로 회귀한 러시아는 미국의 기술이나 비즈니스 모델 등을 대폭 수입하기 시작했습니다. 2023년 반란 사건 등으로 러시아의 바그너 그룹이 인구에 회자된 적이 있는데, 사실 용병 기업이란 모델을 러시아가 도입한 것은 바로 미국의 영향이었습니다. 미국이 하는 걸 보고 배운 것이죠. 미국의 구글이라는 검색엔진의 위력을 보고 러시아는 얀덱스Yandex를 국민 검색엔진으로 키우고, 페북의 위력을 보고 'vk.ru'나 'ok.ru'를 국산 소셜 네트워크로 더 키웠습니다. 우크라이나 전쟁 관련 프로파간다에서 밀리터리 블로거, 즉 소셜 네트워크에서 팔로워가 많은 블로거들에게 의지하는 것도 미국의 인플루언서 문화를 그대로 배운 겁니다. 미국을 배우면서 CIA가 하는 것처럼 소셜 네트워크에서 본인들이 지지하는 미 대선 후보를 위해 여론 조작 특수 작전도 수행한 모양인데, 크게 봐서 다 미국을 학습하는 과정입니다.

이제 냉전이 돌아와도 미-소 아닌 미-중 냉전일 것입니다. 우크라이나를 둘러싼 서방(미국)과의 갈등에 휘말린 러시아는 이 미-중 냉전 구도에서 중국의 편에 서 있습니다. 그게 영구적일지는 알 수 없는 일입니다. 중국도 1970년대 냉전 구도에서 미국 편으로 돌아선 일이 있기에 두 초강대국의 경쟁에서 작은 강국의 선택은 늘 유동적입니다. 트럼프가 우크라이나(동유럽)에서 푸틴의 제국주의적 야망에 양보한다면, 미-중 갈등 구도에서 러시아의 포지셔닝도 충분히 조절될 수 있을 듯합니다. 지금 미국에는 약 500만 명의 구소련 출신들과 그 후손들이 살고 있는데, 중-러 사이에는 이런 인간적 고리가 없습니다. 러시아 지배층 구성원 중 영어 능통자가 중국어 능통자보다 훨씬 많고, 중국에 비해 미국(서방)은 여전히 기술을 사들이거나 불법 복제가 훨씬 더 쉬운 지역입니다. 대러시아 투자 역시 지금까지 중국보다 구미권 국가들의 규모가 훨씬 컸습니다. 러시아는 영구적인 항미 세력이 전혀 아닙니다. 열강 각축 과정에서 합종연횡은 끝이 없고, 이익에 따라 열강마다 포지션을 계속 바꾸어 나갑니다. 그 어느 열강에 대해 서도 착각하지 말고 일관되게 지구(기후)의 관점, 그리고 모든 나라들 의 모든 약자들의 관점, 탈자본주의적 관점을 간직하는 게 중요하다 고 생각합니다.

홀로코스트의 기억

대한민국 사람들에게 홀로코스트는 무엇인가요? 홀로코스트가 시작된 1930년대 중후반 식민지 조선의 사회는 대개 유대인들을 동정했습니다. 파쇼를 반대할 수밖에 없는 좌파는 물론이거니와 심지어 보수 중의 보수인 윤치호 같은 사람들도 유대계 작가들의 책을 불태우고 알베르트 아인슈타인Albert Einstein, 1879~1955의 독일 국적을 박탈한 히틀러를 광인, 진시황제秦始皇帝, 기원전 259~210 같은 인물로 보고 경악했습니다. 특히 조선 기독교인들은 일제 지배하의 조선 민족과 디아스포라 유대인들의 수천 년의 고난을 비교하곤 했습니다. 한데 동시에 특히 보수쪽의 히틀러 영웅화 역시 만만치 않았습니다. 한때 좌파였던 전향자들의 히틀러를 향한 열정(?)은 다소 놀라울 정도였습니다. 스탈린주의 좌파로서 전지전능한 혁명 국가의 필요성을 이야기해온 이들에게는, 전향 이후에 전지전능한 파시스트 국가의 무한한 행정력을 찬양하기가 심적으로 쉬웠던 모양입니다. 대표적으로 한때 서울파 공산주의자들의 이론가였다가 1930년대 말 〈만선일보滿鮮日報〉 편집국장으로 일제를 열심히 도왔던 홍양명洪陽明, 1906~?은 〈삼천리〉의 설문(1940년)에 응하여 '21년 전에 일개 오장에 불과했던' 히틀러의 '통쾌한 성공'을 극찬했습니다. '광신적 열정', '스피디한 돌진력', '천재 중의 천재'. 전향한 과거 공산주의자의 눈에는 히틀러가 이렇게 보였습니다. 1933년에 독일 철학 전공자였던 전원배田元培, 1903~1984가 부분적으로 국역한 《나의 투쟁Mein Kampf》은 젊은 일군 장교 박정희朴正熙, 1917~1979의 애독서였습니다. 그가 《나의 투쟁》을 국역본으로 읽었는지, 1930년대 말부터 흔해진 일역본으로 읽었는지는 분명치 않습니다.

한국의 군부 독재를 파쇼로 규정하는 것은 1970년대부터 종종 볼 수 있었던 일이었습니다. 한데 이는 홀로코스트에 대한 관심을 꼭 의미하지는 않았습니다. 파쇼 전두환을 규탄했던 1980년대의 운동권 학생들에게 파쇼란 일단 민중을 억압하는 극단적 독재 정권의 대명사였지, 꼭 홀로코스트와 연결한 것은 아니었습니다. 1930년대에 박해를 받는 유대인들을 동정했던 〈동아일보〉를 보았던 사람들에게 유대인과 조선인의 처지가 묘하게 겹칠 수 있었지만, 1970~1980년대의 한국인들에게 유대인이나 이스라엘은 그저 머나먼, 그다지 관계가 있어 보이지 않는 대상이었습니다. 이스라엘과의 관계를 나름대로 발전시킨 것은 바로 운동권 학생들이 반대했던 군사 독재였는데, 박정희 등 군부 독재자들의 입장에서는 친미 국가 이스라엘의 고도의 군사화 등이 매력적으로 보였습니다. 한데 군부 독재 세력들은 당연히 홀로코스트 등 인권 문제에 하등의 관심이 없었습니다.

결국 홀로코스트가 한국에 본격적으로 인식되기 시작한 것은 1990년대부터라고 보는 게 맞을 것입니다. 1990년대에 해외여행 자율화와 함께 일정한 국제화가 이루어지고 1991년 고 김학순金學順, 1924~1997 할머니의 첫 증언으로 일제의 위안부 성노예 등이 알려져 태평양 전쟁 시절 일제의 전쟁 범죄에 대한 관심이 본격적으로 높아졌습니다. 이 전쟁 범죄라는 과거사를 다루는 일본의 방식이 독일과 크게 대조되어 '홀로코스트에 대한 독일 국가의 사죄와 배상'과 '태평양 전쟁 시절의 전쟁 범죄에 끝내 국가적 사법 책임을 인정하려고 하지 않는 일본' 사이의 비교는 매체에서 흔히 볼 수 있는 수사가 됐습니다. 그리고 2000~2010년대에 본격적으로 홀로코스트 관련 해외 저서가 국역 출판되고, 홀로코스트 생존자들의 증언이 알려졌습니다. 서경식徐京植, 1951~2023 선생의《시대의 증언자 쁘리모 레비를 찾아서》가 2006년 국역돼 나왔는데 국내 홀로코스트 서적의 효시 중의 하나입니다.

한국과 홀로코스트의 만남은 비교적 늦게 이루어졌습니다. 한데 생각해보면 그렇게까지 늦은 것도 아니었습니다. 정보 차원에서 한국 사회는 미국에 강하게 종속돼 있는데, 미국에서의 홀로코스트 인식도 사실 굉장히 늦었습니다. 1980~1990년대 이전 미국의 홀로코스트 인식은 초보적 단계였으니, 그렇게 보면 한국이 미국보다 약 20년 정도 늦은 것에 불과합니다. 일단 홀로코스트에 대한 미국의 책임부터 만만치 않았습니다. 생명과도 같았던 미국 입국 비자는 홀로코스트 피해자들을 살릴 수 있었는데, 오늘날 트럼프주의와 비슷한 고립주의의 광풍에 휩쓸렸던 1930년대 말 미국에서 유대인의 입국은 정치적으로 뜨거운 감자, 다수가 반대하는 것이었습니다. 1938년 한 여론조사의 결과를 보면 '유럽 유대인들의 미국 이민 인원 증가'를 찬성한 미국인 응답자는 21%에 불과했습니다. 그때만 해도 비자 발급을 주관했던 미 국무부 안에서 반유대주의가 만만치 않았습니다. 결국 홀로코스트를 앞두고 미국으로 이민 가서 생명을 건질 수 있었던 유럽유대인들은 22만 명 정도였는데, 미 정부는 마음만 먹었으면 훨씬 더 많은 이들을 살릴 수 있었습니다.

그리고 제2차 대전 종전 몇 년 후 바로 냉전이 본격적으로 시작됐는데, 냉전의 새로운 구도에서 일본뿐만 아니라 서독에서도 친미 반공의 대열에 합류한 옛 엘리트 중 파시즘 관련자들이 너무나 많았습니다. 히틀러 시절 유대인들의 국적을 박탈해 그들을 차별했던 뉘른베르크법Nürnberger Gesetze을 기초한 법률가 한스 글롭케Hans Globke, 1898~1973가 1953~1963년 차관급으로 서독 수상 콘라트 아데나워Konrad Adenauer, 1876~1967를 보좌한 일은 유명한데, 이건 사실 빙산의 일각이었습니다. 냉전의 최일선에서 소련과 친소 국가 동독에 맞서고 있었던 서독의 국방부나 외무부에는 나치 시절 장교나 관료로 일했던 사람들이 다수였습니다. 이런 상황에서 이들의 과거 범죄인 홀로코스트를 건드리는 것은 미국의 지배 엘리트들에게 그다지 유익하지 않았습니다.

1960~1970년대에 상황이 좀 바뀌기 시작했습니다. 일단 1960년대에 미-소 평화 공존의 이념이 확산돼 냉전의 기운은 다소 가라앉았

고, 1970년대에는 데탕트 무드가 지배적이었습니다. 서독에서 히틀러 시절부터 현역이었던 관료 등이 고령으로 퇴직하기 시작하고, 미국에서는 과거의 반유대주의가 거의 사라지기 시작했습니다. 이제 과거를 좀 더 솔직하게 논할 수 있게 된 것이죠.

그래서 1978년에 미국 텔레비전에서 방영된 〈홀로코스트〉 시리즈부터 시작해서, 홀로코스트에 대한 공공공간, 대중문화에서의 기념화가 드디어 본격적으로 이루어졌습니다. 1993년 워싱턴의 미국 홀로코스트 기념관 개관은 이와 같은 기념화의 정점이라고 볼 수 있습니다. 같은 해 영화 〈쉰들러 리스트〉가 개봉돼 한국에서도 히트 쳤는데, 그 성공도 한국에서 본격적으로 홀로코스트에 대한 관심을 조성하는 데 기여했습니다. 즉, 홀로코스트에 대한 이해는 한국에서 비교적 늦게 형성됐지만, 이는 미국의 홀로코스트 기념화의 궤도와도 긴밀히 연결돼 있었습니다.

팔레스타인에서 또 하나의 제노사이드가 벌어진 현재의 상황에서 홀로코스트에 대한 이해, 관심, 조명은 그 어느 때보다 더 필요합니다. 사실 홀로코스트의 기억이야말로 양심적인 재미, 재유럽 유대인에게 베냐민 네타냐후Benjamin Netanyahu, 1949~ 의 파시스트적 정책을 반대하는 시위 대열에 나서게끔 하기도 합니다. 저는 이런 시위에서 홀로코스트 피해자들의 후손들이 나와 '지금 제노사이드가 다시 저질러지기 위해서 내 부모가 홀로코스트에서 희생된 것은 아니었다!'는 플래카드를 들고 있는 것을 봤을 때 울컥했습니다.

사실 과거의 야만과 그 야만에 맞선 인간성에 대한 기억을 보존하고 연구하는 이유는, 이와 같은 야만이 다시 반복되지 않기 위함입니다. 홀로코스트의 기억 역시 이와 같은 역할을 궁극적으로 할 수 있다고 확신합니다.

필연의 실패

최근 미국의 대외 정책은 거의 실패의 연속이었습니다. 아프간 및 이라크 침공은 미국 패권의 쇠락을 크게 촉진한, 미국으로서는 역사적이정표 격의 대재앙이었습니다. 이외에도 미국의 대외 정책에서 성공사례를 거의 보기가 어렵습니다. 예컨대 리비아 사태(2010~2011년과 그 이후) 개입의 목적은 카다피Muammar Gaddafi, 1942~2011 제거와 안정적인 친미 정권의 부식이었는데, 전자는 성공했지만 후자는 완벽하게 실패해 리비아에서는 통일적 국민 국가 자체가 붕괴했습니다. 대우크라이나 정책은 목표부터 불분명했습니다. 2008년 부시는 우크라이나의 나토 가입을 언급했지만, 나토의 다른 열강(독일 등)이나 미국의 관료들조차 이를 원하지 않았습니다. 2014년 이후 우크라이나에 일단 친미 정권은 수립됐지만, 곧 러시아의 개입과 내전으로 동부의 공장, 광산 지대인 돈바스의 절반을 잃었고, 러시아의 전면적 침공 속에서 대부분의 공업 시설이 위치한 영토의 5분의 1을 잃었습니다. 즉, 전쟁이 예컨대 내일 멈춰도 친서방 우크라이나는 살아남겠지만 계속해서 엄청난 양의 지원을 필요로 할, 스스로의 공업 기반이 극도로 약한 '불구 국가'일 것입니다. 이것 역시 러시아의 승리도 아니지만, 미국 대외 정책의 승리로도 보기가 좀 힘듭니다.

미국이 암암리에 몇 년간 추진해온 이스라엘-사우디 수교는 하마스의 2023년 공격으로 좌절돼 무기한 연기, 즉 사실상 당분간 무산된 가운데 미국의 가자 학살(제노사이드) 지원 등은 반대로 사우디와 미국의 적대국 이란 사이의 일정한 관계 개선을 가능케 했습니다. 중동에서 미국 정책의 중심에 있는 사우디는 가면 갈수록 미국이 아닌 중국 쪽으로 기울여져 갑니다. 어딜 봐도 미국의 확실한 승리는 없습니다. 윤석열 재임 시절과 같은 한국의 대일 군사 협력 등은 미국의 요구가 완벽하게 관철된, 최근에 세계적으로 흔치도 않은 사례지만, 이 부분 역시 뒤집힐 가능성도 큽니다. 하도 여론이 좋지 않기 때문입니다. 도대체 지역마다 미국 대외 정책이 실패하고, 미국이 지정학적으로 밀리고 있는 이유는 어디에 있을까요?

기본적인 원인은 미국 패권의 전체적인 쇠락이며, 그 기반에 있는 것은 미국에서 자본 이윤율의 저하, 중국 등 신생 경쟁국에 비해 미국 제조업의 쇠퇴, 첨단기술에서 미국이 중국에 추월을 당하고 있는 상황 등입니다. 즉, 전체적인 패권의 위기 속에서 미국의 대외 정책이 잘나갈 리 없습니다. 한데 이외에는 또 다른 정책적 혼선과 오류, 실패의 근인들이 있습니다. 이 근인들은 미국이라는 자유주의 제국이 운영되는 근본적 방식과 연결돼 있습니다.

첫째, 서로 주장과 정책이 극단적으로 갈려 있는 양당제 틀 속에서 권력 교체는 곧 대외 정책의 발본색원적 수정을 의미할 수 있기 때문에 많은 정책에서 지속성, 연속성이 부족합니다. 이는 미국에 대한 외부 행위자들의 신뢰를 크게 떨어뜨립니다. 예컨대 클린턴 행정부는 평양에 올브라이트Madeleine Albright, 1937~2022를 보내 대북 수교를 추진했지만, 바로 그다음 조지 부시는 이를 무산시키고 북한을 '악의 축'으로 규정했습니다. 이게 북한의 입장에서는 '변덕', '신의 없는 나라' 아니면 무엇으로 보일까요? 오바마는 대이란 정상화를 추진해 '딜'을 공식적으로 해놓았지만, 바로 다음의 대통령인 트럼프는 이를 무산시켜 이란과의 관계에서 신뢰를 잃고 말았습니다. 트럼프의 빅 플랜은 푸틴과 손을 잡아 중국을 포위시키는 것으로 보이지만, 미국의 대외 정책의 이와 같은 특징, 즉 정책 지속성이 없다는 것을 알고 있는 러시아 지도부가 과연 그걸 수용할지 불분명합니다.

둘째, 미국의 '심층 국가', 즉 외교, 안보, 군사 관료들의 상당수는 분석 능력이 좋아도 미국 정치인들의 대부분은 자기 완결적인 미국 시스템 안에서 성장해 외국에 대해 잘 모릅니다. 외국(특히 미국) 유학이 지배층 성원이 되는 데 아주 중요한 역할을 하는 한국 등과 달리, 미국에서 고급 정치인(국회 의원 등)은 미국의 영토를 벗어나지도 않고, 그어떤 외국어도 배우지 않고 충분히 정책을 결정하는 위치에 오를 수 있습니다. 그들은 외국 국가들을 평가할 때 계량화된 수치, 예컨대 국민총생산 등을 보고 판단하는데, 이 수치들은 다소 기만적입니다. 예컨대 세계 최대의 명목 국민총생산은 당연 미국인데, 그중 77%는 서비스입니다. 그런데 예컨대 미국에서 100만 명이 넘는 변호사의 서비스나, 월마트, 맥도널드의 소매 판매 성적 등은 군사력을 그다지 증강시키지 못합니다. 한데 많은 미국 정치인들이 러시아의 국내총생산이 전 세계 GDP의 3%밖에 안 돼 어차피 적수가 될 나라가 아니라고 만만하게 여겼습니다. 명목 GDP의 경우 러시아 경제는 미국 경제의 10분의 1도 안 되는 게 맞습니다. 하지만 군사력과 직결되는 철강 생산의 경우, 러시아는 미국의 90% 정도 됩니다. 또한 군수 기업에 필수적인 전기 생산의 경우, 러시아는 미국의 4분의 1 정도로 세계 4위 수준입니다. 그러니 전쟁 수행 능력 차원에서는 만만하게 볼 사회가 전혀 아닌데, 미국 전문가들은 그걸 알아도 미국 정치인들은 그걸 잘 모르고 무시했습니다. 그러니 러시아의 우크라이나 침공 초기에 '러시아의 완패' 등 비현실적인 목표들을 제시한 바 있었습니다.

셋째, 정책 결정의 과정에 각종의 집단적 이해관계들이 너무 쉽게 개입합니다. 다원적인, 그러나 일차적으로 부유층 위주로 짜인 정치 체제에서는, 쉽게 이야기하면 돈이 좀 있는 집단이라면 누구나 정책 로비를 할 수 있습니다. 어떤 로비들은 아예 관련 정책의 결정에서 거의 비토를 행사할 수 있을 정도입니다. 예컨대 유대인 로비단체 AIPAC('American Israel Public Affairs Committee'의 약칭) 등의 눈치를 보지 않고서 미국에서 대이스라엘 정책을 입안, 결정, 집행하기란 불가능에 가깝습니다. 중동에서 미국 패권 유지라는 미 제국의 국익 입장에서는 이스라엘의 가자 학살에서 손을 떼고, 이스라엘 아닌 사우디 등 아랍(이슬람) 국가를 미국의 주된 현지 주니어 파트너로 키우는 것이 더 합목적적이었겠지만, 현재 미국 내부 정치의 지형으로 봐서는 불가능한 일입니다. 좀 슬픈 생각이지만, 만에 하나 미국에서 다소 친북적 성향의 코리안 자본가 그룹이 존재한다면, 어쩌면 그들의 로비는 북-미 수교라는 목표를 달성하는 데 효율적으로 작용할 수 있을지도 모르겠습니다. 한데 그런 그룹이 존재하지 않기에 대북 정상화는 미국 정치 의제에서 사실상 배제돼 있는 상황입니다.

위와 같은 이유로 앞으로도 미국의 대외 정책의 성공률은 그다지 높지 않을 것이라고 봅니다. 그러니까 미국만을 바라보고 있는 한국의 극우들은 미국의 실패한 정책을 무비판적으로 좇아 나라를 그르치기가 대단히 쉬울 것입니다. 그런 일이 없기를, 즉 한국에서 대외 정책의 결정이 한반도 평화 등 국내의 제일 절실한 이해관계 본위로, 자주적으로 결정되기를 바랄 뿐입니다.

'빈민'들의 애국주의

어젯밤 잠자기 전 넷플릭스로 2020년 영화 〈힐빌리의 노래Hillbilly Elegy〉를 봤습니다. 썩 재미있거나 예술적으로 뛰어난 작품은 아닐 수 있습니다. 그런데 제가 그 작품을 보고 싶었던 이유는, 그걸 통해서 제가 경험적으로 잘 접하지 못한 또 하나의 미국을 이해하기 위해서였습니다. 바로 트럼프의 콘크리트 지지층을 이루는 레드넥Redneck들의 미국을 말이죠.

저는 대략 14~15번 정도 미국을 방문했습니다. 꽤 많이 미국에 다녔는데 저는 주로 서안과 동안의 대도시(뉴욕, 보스턴, LA 등)나 캐나다 국경에 가까운 지역(앤아버Ann Arbor), 아니면 남쪽의 텍사스 등만 갔지 북미 대륙의 중간 지대로 간 적은 없었습니다. 그리고 미국에 가서 주로 만나는 사람들은 고학력의 미국인, 그것도 상당수는 1세 이민자나

2세 이민자들이었습니다. 그들은 미국이라는 나라에 아무 애정도 없는 사람들이 아니었습니다. 의견의 자유를 나름 보호받고 연구·교수할 수 있기에 미국 사회에 고마워하고, 결함이 많아도 비교 가능한 다른 대상에 비해 미국이 그래도 자유주의 전통 등이 있어 괜찮은, 그리고 개선의 가능성이 있는 사회라고, 그중 많은 이들이 생각했습니다. 그런데 그들은 대개 스스로를 미국의 애국자라고 정의하지는 않았습니다. 국가 이상으로 그들에게 또 다른, 예컨대 젠더나 이념에 관계되는 정체성이 중요했고, 또 국가보다는 국제성이 강한 학계에 대한 소속감이 더 높기도 한 것 같았습니다. 그들 중 트럼프에게 표를 준 사람은 아마도 없었을 것이라고 생각합니다.

한데 〈힐빌리의 노래〉에서 만나는 주인공들은 그것과 다릅니다. 그들은 대개 몇 세대에 걸쳐 오랫동안 미국에 거주해온 백인들입니다. 학력은 대개 낮고, 폭력, 알코올, 마약 등 사회 문제들을 안고 싸워야 하는 이들입니다. 어쩌면 이들의 조상들은 1900년대쯤 세계산업노동자연맹, 속칭 워블리Wobblies에 가입하거나 동조했던 이들이었을지도 모릅니다. 워블리는 급진적이었고, 국가보다 계급을 우선시한 선각자들이었습니다. 그들은 제1차 세계대전에 저항했고 징병을 반대해 1910년대 말 국가의 잔혹한 탄압을 받았습니다. 1920년대에 상당수 워블리 출신의 노조 조직자들이 미 공산당에 가입했는데, 이들은 또 1940년대 말부터 집중적으로 탄압의 대상에 올랐습니다. 한데 급진파에 대한 탄압만으로는 미국 노동계급의 애국화를 설명할 수 없습니다. 뉴딜 시절에 민주당 등 주류 정치 세력들이 노조를 파트너로 만들었고, 제2차 대전이 대공황 문제를 해결해 미 산업에 미증류의 호황을 가져다주기도 했습니다. 수백만 명의 노동자들이 군대에 징병됐다가 다시 돌아와서 군인법에 따라 무료 대학 교육의 특혜를 받을 수 있었습니다. 《힐빌리의 노래Hillbilly Elegy》를 쓴 밴스J. D. Vance, 1984~ 처럼, 군인이었다가 고학력자가 되기도 했습니다. 그들은 국가, 군대를 통해 노동계급에서 중산계급으로 상승 이동할 수 있었습니다. 1950년대 초부터 1970년대 초까지 한국전쟁, 베트남 전쟁은 그들이 다니는 공장의 지속적인 호황을 보장해주었습니다. 사실 그들은 한국전쟁이 한창이던 1950년대 초반을 황금기로 기억하고 있습니다.

한데 1970년대 중반부터 국가는 그들을 조직적으로 버리기 시작했습니다. 1973년 징병제 폐지와 함께 그들은 국가를 뒷받침하는 군민병이 아니라 그냥 개개인이 된 것입니다. 1970년대 그들이 다니는 공장들은 일본, 서독과의 경쟁에 휘청거리기 시작하고, 1980년대에 노조의 힘이 빠지게 되고, 1990년대 중국이 본격적으로 국제 아웃소싱 공급선에 편입되면서 그들이 옛날에 생산에서 맡았던 역할을 점점 중국, 동남아 노동자들이 맡게 됐습니다. 1979년에는 2000만 명에 가까운 미국인들이 제조업에 종사했습니다. 2019년 그 수는 1200만 명에 불과했습니다. 즉, 3명의 노동자 중 1명이 그 사이에 자리를 잃은 것입니다. 계급의 물리적인 소멸을 눈앞에서 보며 그들은 어떤 반응을 보였을까요? 그들은 소리 높여 국가를 소환하기 시작했습니다. 즉, 과거와 같은 보호주의 국가의 재건을 요구하기 시작했죠. 그들에게 이 국가의 재건을 약속한 것이 트럼프입니다. 참, 트럼프에게 한 가지 모델을 제공할 수 있는 사람은 바로 전시라는 상황에서 서방의 제재를 받고 있는 러시아에서 국산화, 수입 대체, 자기 완결적 제조업의 부흥 프로젝트를 수행하고 있는 푸틴이라는, 트럼프가 꽤 좋아하는 인물입니다. 1930년대 초반, 스탈린의 국가 주도의 초고속 공업화가 루스벨트 뉴딜에 하나의 참고 모델로 이용되고, 루스벨트가 스탈린을 상당히 좋아했던 상황과 겹칩니다.

물론 트럼프의 고율 관세는 일차적으로 노동자를 포함한 미국 서민들의 소비력부터 상당히 떨어뜨릴 것입니다. 그리고 트럼프의 콘크리트 지지층이 된 러스트 벨트 백인 남성 노동자 이외에 미국의 노동 계급은 국가보다 계급이나 (계급과 오버랩되기도 하는) 젠더, 이민자로서의 신분 등을 더 우선시하는 저임금 비백인 서비스업 노동자와 여성 노동자, (미등록) 이민 노동자 등으로 구성돼 있기도 합니다. 그들은 인종주의적 광기가 수반하는 트럼프주의에 저항할 수 있는 힘이 될 수도 있죠. 그러니까 일부 백인(특히 남성) 노동자들이 국가주의, 애국주의 담론에 포획됐다고 해서 미국에서 계급 투쟁의 전망이 없어진 것은 절대 아닙니다. 계급 투쟁은 누가 대통령이어도 지속될 것입니다. 단, 자본주의 국가가 일군의 제조업 노동자들을 잠시 포섭, 체제내화할 수도 있었다는 사실도 우리는 정확히 기억해야 합니다. 일부 대기업 정규직 노조가 보수화돼 가는 대한민국의 상황을 이해하기 위해서라도 말입니다.

상징 자본 축적의 논리

2025년 8월에 있었던 '스피박 사건(제주도의 한 학술회의에서 미 컬럼비아대의 유명 교수이자 '서벌턴 연구'의 창시자 중의 한 명인 가야트리 스피박Gayatri Spivak이 학계의 통상적인 예의를 무시했다는 인터넷상의 후기 등)'을 접하고 그게 과연 그렇게 의외의 일인가, 싶은 생각이 들었습니다. 사실 미국 학계와 접촉하면서 손아랫사람들에게 면박을 주는 등 상당히 권위주의적으로 행동하는 학계 스타들을 꽤 봤습니다. 권위주의라면 대한민국 학계도 물론 타의 추종을 불허할 정도지만, 한 가지 상당한 차이가 있습니다. 한국 학계는 기본적으로 관료 사회에 가깝습니다. 사실 '관'과 '학'이 한국에서 상당히 중첩되어 있죠. 평균적으로 한국의 내각 각료 중 3분의 1에서 4분의 1 정도는 교수 출신입니다. 국공립대 교수는 그 대학이 설령 독립법인이라 해도 공무원 신분이고 사립대 교수는 사실상 준공무원 신분이니까 일단 적어도 겉으로 공공의 기준대로 행동해야 탈이 나지 않습니다. 탈선으로 보일 만한 행동을 한번 취하면 뒤탈이 크니까 안 보이는 데서는 어떻게 해도, 적어도 보이는 데서는 조심하고 얌전한 모습을 보이는 것이 보통입니다. 한데 미국의 학계란 기본적으로 시장입니다. 시장에서는 부유한 장사꾼이 힘없는 상대방을 핍박하는 것이 흔합니다. 국제 정치 시장도 마찬가지죠. 트럼프가 2025년 2월 28일 백악관의 집무실 카메라 앞에서 우크라이나 대통령 볼로디미르 젤렌스키Volodymyr Zelensky, 1978~ 를 대놓고 식객 정도로 취급하며 면박하고 모욕한 것은 대표적인 사례입니다. 시장의 일상을 백악관으로 그대로 가져온 셈이죠. 학계라는 시장도 그리 다르지 않습니다.

자본주의적 시장에서는 노동 소득과 자본 소득이 구분됩니다. 노동 소득이란, 상품이 된 본인의 노동력을 팔아서 받는 대가입니다. 미숙련 노동자의 노동 소득은 대개 생존선 정도이고, 그다음 숙련도에 따라, 즉 제공하는 노동이라는 상품의 '질'에 따라 그 가격도 달라집니다. 미국의 조교수급 대학 교원의 임금은 1년에서 6~9만 달러 정도인데, 그저 숙련도 높은 노동자(전문직 노동자)의 임금이라 할 만합니다. 치과의사가 받는 돈의 절반 정도 될까 말까 합니다. 또, 신자유주의 시대인 만큼 사실 미국 대학 노동 인구의 대부분은 비정규직이고, 그들의 벌이는 아예 생존선 미달인 경우가 허다합니다. 정교수로 진급해도 치과의사의 평균 연봉(17만 달러)만큼 받는 사람들은 많지 않습니다. 즉, 시장에서 대학 교원이란 결국 숙련도가 아주 높다 해도 일종의 노동자입니다.

한데 학계에서 명성이라는 상징 자본을 많이 축적한 '학계 스타'는 다릅니다. 미국 학계라는 시장에서 상징 자본의 축적은 노동자라는 범주를 벗어나게끔 해줄 수 있는 요인입니다. 예컨대 최근에 트럼프 정권과 마찰이 많은 하버드의 경우, 연봉이 가장 높은 10~20명 스타 교수의 경우에는 대체로 80만 달러에서 150만 달러를 법니다. 이건 사실 노동의 대가라고 볼 수 없고, 어디까지나 하버드라는 커다란 투자기금의 투자 소득, 즉 자본 소득의 일부를 공유하는 자본 소득의 수혜자라고 보아야 합니다. 그들이 스스로 자본체라고 할 수 있는 사립대의 자본 소득을 공유할 수 있는 이유는? 그들의 상징 자본(명성)은 고객(천문학적인 등록금을 내는 학생) 유치에 도움이 되어 총소득을 키우는 데 보탬이 되기 때문입니다. 말하자면 학교가 투자기금 역할을 해서 돈을 벌고 교육을 팔아 돈을 버는 상황에서 유명 교수는 벌이의 동업자에 가깝고 무명 교수는 노동자입니다. 교원 사회도 상징 자본 축적의 정도에 따라 계급이 갈리는 셈이죠. 또 그 안에서도 물론 고용 형태에 따라 주변부 노동자(저임금 불안 노동자: 시간 강사 등)와 핵심부 노동자(고임금 정규직 노동자: 조교수, 정교수) 등이 갈리고 또 이 두 그룹 안에서도 여러 계급적, 계층적 차이·차별들이 많습니다.

컬럼비아 대학이 부동산 임대업 등으로 벌어들이고, 고액 등록금 등을 매겨서 벌어들인 엄청난 돈의 일부를 고액 연봉 형태로 가져갈 수 있는 사람이 '억압과 저항'을 논하면 아무래도 약간 쓴 웃음이 나올 수 있습니다. 한데 굳이 개개인에게 뭐라고 따지기도 어려운 이유는, 대부분의 개인들이 그들이 속하는 사회의 불문율을 따를 수밖에 없기 때문입니다. 즉, 굳이 비판을 하자면, 구체적인 개개인보다 그들의 행동을 규정하는 그들의 사회를 문제 삼는 게 맞을 겁니다. 그리고 그 위에 군림하는 학계 자본가(?)들은 어떻다 해도, 저는 학생과 주니어 교원들이 주도한 미국 대학의 팔레스타인 시위를 보면서 대학 사회의 잠재력을 느꼈습니다. 그 수많은 계급적 모순들이 결국 언젠가는 아주 격렬한 모습으로 수면 위로 떠오를지도 모릅니다. 국가로서 미국은 쇠퇴하고 있는 패권국이지만, 그 대중의 변혁적 잠재력은 위기일수록 오히려 더 커지고 있습니다.

3장

—

트럼프는 왜 이럴까

옐친의 그림자

우리에게는 한 가지 고정 관념이 있습니다. 제국의 몰락이라고 하면 우리는 대개 적대적인 제국에 완패를 당하여 몰락하는 제국이나, 식민지 인민들의 저항에 부딪혀 울며 겨자 먹기 식으로 식민지를 떠나야 하는 그런 제국을 종종 상상합니다. 전자는 미국과 소련에 패망을 당하여 중국의 점령지역과 조선, 대만을 떠난 일제의 경우고, 후자는 예컨대 디엔비엔푸奠邊府 같은 데서 1953~1954년에 패배를 당한 프랑스군 등일 것입니다. 한데 대부분의 경우 제국들의 몰락은 군사적 패배가 아닌 내부 파열이나 수익 계산이 달라지는 국면에서 일어납니다. 즉, 쉽게 이야기하면 더 이상 이익이 없다고 판단되는 순간 제국의 핵심부가 제국의 위성 국가나 식민지, 보호국 등을 떠나는 것입니다.

소련의 해체는 바로 후자의 전형적인 사례입니다. 소련의 동유럽

지역 통제는 상당수 동유럽 주민들의 의사에 반한 차원에서는 분명 억압적이었지만, 경제적인 의미에서는 착취와 성격이 다른 다소 전략적인 것이었습니다. 소련이 동유럽을 구미권의 투자로부터 차단하면서 동유럽 생활 수준의 큰 향상을 불가능하게 만들었지만, 그에 대한 반대급부로 적어도 동유럽 경제의 최소 수준을 유지해야 했습니다. 그 방법은 바로 값싼 석유와 가스의 대대적인 공급과 동유럽 제품의 소련 시장 개방이었습니다. 소련은 동유럽 에너지 수요의 90%를 커버해주었는데, 소련의 동유럽 수출액 중 약 40%가 석유와 가스였습니다. 가격도 비교적 저렴했습니다. 예컨대 1975~1984년 소련이 체코슬로바키아에 공급하는 석유의 가격은, 달러로 치면 배럴당 3달러 정도로 국제 유가보다 훨씬 낮았습니다. 그렇게 해서 에너지 집약적인 동독이나 체코슬로바키아의 공업이 유지되고, 제품의 질은 국제(서구권) 기준에 미달해도 소련은 그 제품을 정치적 이유로 무조건 사들였습니다. 저도 어린 시절에 체코슬로바키아산 무궤도전차나 헝가리산 버스를 타고, 루마니아산 신발을 쓰고, 북한산 바지를 입고, 동독산 기계가 도는 공장에서 노동 실습을 했습니다. 소련은 싼 에너지와 국내 시장 개방으로 — 그렇지 않았으면 소련 영향권에 굳이 있을 필요를 못 느꼈을 — 동유럽인들의 충성loyalty을 사들였습니다.

소련 국가와 소련 인민들은 이 거래의 비용을 고스란히 져야 했습니다. 소련 국가는 국제 시장 가격으로 비싸게 팔 수도 있는 에너지를 싸게 팔아 수지상 타격을 입었지만, 소련 소비자들은 형제 국가의 상품이기에 휘발유 냄새가 가득한 버스나 불편한 신발 등을 감수해야 했습니다. 그리고 자원 공여를 통한 충성 확보는 동유럽에 국한되지 않았습니다. 소련이 1939~1940년에 불법적으로 점령한 발틱 공화국들에도, 그쪽 주민들의 불만을 잠재우기 위해서 우선적으로 자원을 배분해야 했습니다. 그래서 1990년 러시아의 1인당 평균 월소득(159루블)보다 에스토니아의 소득(186루블)이 더 높았습니다. 소련 평균보다 소득이 훨씬 낮았던 중앙아시아 공화국 등에도 추가 펀드들을 계속 공여했습니다. 이와 같은 재분배 없이는 엄청난 규모의 다민족 국가와 그 위성 국가들을 도저히 하나로 묶을 수 없었던 것입니다.

옐친과 그를 둘러싼 일군의, 다소 민족주의적 색채의 관료들은 이와 같은 다민족 국가와 그 영향권 유지를 위한 국부 유출에 반대해서 들고 나섰습니다. 1989~1991년 소연방을 살리려고 악착같이 고투한 고르바초프에 맞선 옐친의 구호는 '러시아 제일주의'였습니다. 그의 계획이란 바로 대부분의 국외 영향권을 포기함으로써 에너지 수출의 금전적 대가를 시장 가격대로 받아내는 것과, 중앙아시아 등을 포기함으로써 러시아의 국부 유출을 차단하는 것이었습니다. 물론 그렇다고 해서 옐친이나 그 후계자인 푸틴은 구소련 영향권을 완전히 포기할 생각은 없었습니다. 지금 푸틴은 우크라이나의 자원·공장·곡창지대인 동부와 남부의 영토를 강탈해 러시아에 합병시켰고, 앞으로 우크라이나를 일종의 러시아 속국으로 만들려고 합니다. 그런데 속국이 된다 해도 우크라이나인들에게 러시아인과 같은 수준의 노후 연금 등을 보장할 생각은 추호도 없습니다. 2022년 우크라이나의 1인당 명목 GDP는 약 4500달러, 러시아는 1만 3500달러(2023년) 정도인데, 푸틴은 그 차이를 극복할 생각이 별로 없습니다. 즉, 소련과 같은 규모의 국제적인 재분배를 할 생각은 없습니다.

트럼프를 보면 왠지 35년 전 옐친의 그림자가 보이는 것 같습니다. 포퓰리스트 옐친이 "러시아 제일주의"를 외쳤듯이, 포퓰리스트 트럼프는 "미국 제일주의"를 외칩니다. 각각 소련과 미국이 위기를 맞이하는 국면에서 둘 다 위기의 해법으로 제국 유지에 들어가는 '비용'의 축소를 제안합니다. 옐친이 일찍이 동유럽을 포기했듯이, 트럼프도 동유럽(우크라이나 등)을 포기하려고 하는 것처럼 보입니다. 경제적으로 비교적 낙후하고, 전략 가치가 떨어지는 지역이라고 판단해서입니다. 트럼프는 핵심 전략 자산인 이스라엘의 지원에 올인하고, 중국과의 경쟁을 중심으로 해서 미 정책의 새 판을 짤 생각인 듯하지만, 그의 인식틀에서는 한국 같은 나라들은 (하위) 동맹국이라기보다는 '보호'를 미국으로부터 구매하고 있는 고객 정도입니다. 그래서 한국에서 보다 높은 보호세(?)를 틀림없이 갈취하고, 한-중 경제 협업을 방해하면서 한국 재벌들에게 미국에서의 현지 생산 등을 더 강요할 것으로 보입니다. 결국 트럼프가 꿈꾸는 새로운 미국 제일주의자들의 미국이란 보호 관세와 이민 장벽으로 둘러싸인, 내부적으로 군경의 역할이 커지고 보수적인 규범이 강요되는, 제왕적 대통령제 중심의 국민 경제입니다. 이런 자국 중심의 미국이 어떤 대외적 행위를 취한다면 이는 무기 거래를 통한 금전적 이익의 추구나 한국 같은 군사 보호령들로부터의 보호세를 뜯어내기 위한 행위일 것입니다. 소련을 대체한 옐친과 푸틴의 러시아도 그렇듯이, 미국은 그 누구에게도 더 이상 공짜를 주지 않을 것입니다.

　제국 쇠퇴의 국면에는 이런 행태들이 필연적으로 나타납니다. 문제는, 우리가 이 쇠퇴하고 있는 제국을 어떻게 다룰 것인가입니다. 트럼프가 미국 제일주의를 내세우는 만큼, 대한민국도 대미 관계에서 자국 이해를 중심으로 관계를 관리해야 하는데, 이 이해의 핵심은 바로 한반도에서의 평화와 동아시아 지역 내 경제 협업입니다. 미국이 만약 군사적 보호 철회를 지렛대 삼아 한국에 불리한 정책을 강요하려고 한다면, 한국 역시 한국이라는 전략 자산 상실의 가능성을 지렛대 삼아 끝까지 그 이해관계를 관철하기 위해 노력해야 합니다. 만약 트럼프 시대의 미국에 더 이상 동맹국이 없고 오로지 고객만 있다면 요구 수준이 높은 고객이 돼야 합니다. 한미 혈맹 등의 허구적인 구호만 보고 미국 제일주의자들의 호구가 될 필요가 없습니다.

오랜 역사의 산물

'트럼프'라는 현상은 한국을 포함한 전 세계에 상당히 의아하게 보일 것입니다. 세계의 금융, 군사, 학술 초강대국이 돌연히 코로나를 "쿵푸 바이러스"라고 지칭하고, 이민자들이 "반려 동물들을 잡아 먹는다"는 등 계속해서 수준 이하의 인종주의적 언행으로 물의를 일으키는 전과자가 대통령이 되었다는 사실을 납득하기가 쉽지 않습니다. 그런데 트럼프와 트럼프주의는 여태까지 미국 역사와 문화에서 충분히 예상 가능한 산물이라고 볼 수 있습니다. 달리 말하면 트럼프주의 같은 현상이 일어나지 않았다면 오히려 더 이상했을 것이라고 봅니다. 그만큼 트럼프 출현의 토양은 이미 사회경제적으로, 역사적으로, 문화적으로 마련돼 있습니다.

　어느 자본주의 사회나 다 그런 측면이 있지만, 특히 미국은 일종의 거꾸로 뒤집힌 피라미드 사회라고 보면 됩니다. 상층부에 있는 극소수가 엄청난 부를 차지하고, 하층부는 거의 부의 분배에서 배제돼 있습니다. 지금 미국의 최상위 1% 가구는 전국 부의 30%를 차지하지만, 밑의 50%가 차지하는 비중은 2%에 불과합니다. 이 정도로 상상을 초월한 불평등의 패턴을 보이는 사회에서 상층이 하층을 동원할 수 있는 모종의 이데올로기적 기제 등이 없다면 안정성에 바로 금이 갈 수 있습니다. 그러면 극소수의 상층이 다수의 하층을 동원할 수 있는, 체제 유지를 위한 보수적 이데올로기는 무엇일까요? 원주민 학살과 노예무역 등으로 성립된 사회에서 그런 이데올로기는 자연스럽게 어떤 집단에 대한 배제입니다. 더군다나 역사적인 전례들이 이미 많습니다.

미국을 중앙집권적 국가로 만든 것은 남북 내전이었는데, 내전에서 북측에 맞선 것은 바로 남부의 아메리카 연합국Confederacy이었습니다. 이 연합국을 보면 참 놀라운 사실을 발견합니다. 연합국의 지도부는 당연 흑인 노예를 많이 소유한 대농장주들이었습니다. 한데 백인 자유민 가구의 70%는 흑인 노예들을 소유하지 않았습니다. 당시 대부분의 자유민 백인은 자급자족 상태에 가까운 농민들이었습니다. 그러면 농장주들의 이해관계를 대변하는 노예제 국가를 그들이 지지했느냐 하면, 대체로 그랬다고 봐야 합니다. 물론 지역마다 달랐고 일부 지역에서 일부 가난한 백인 농민들이 북측에 대해 일정한 지지를 보내기도 했지만, 대체로 150만 명이 넘는 남측 민병대들의 전투 요원들은 대부분 바로 군에 자원입대한 가난한 백인 농부들이었습니다. 남측은 북측과 달리 끝내 징병제를 실시하지 않았습니다. 실시하지 않아도 충분한 병력 충원을 할 수 있었는데, 결국 부유한 농장주 엘리트와 가난한 농부들을 하나로 결부시킨 것은 바로 백인 우월주의라는 인식틀이었습니다. 계급적으로 엄청나게 분열된 격차 사회를, 인종주의 이데올로기가 강하게 결속시킨 가장 이른 역사적 사례 중의 하나가 바로 이 연합국의 경우죠. 참, 연합국에서는 노조 등 노동자의 결사는 불법이었습니다. 미국 극우들의 꿈 중의 하나는 아마도 바로 그런 사회일 겁니다.

트럼프의 출현을 방불케 한 역사적 사례 중의 하나는 바로 윌리엄 브라이언William Bryan, 1860~1925의 정치적 포퓰리즘 노선입니다. 오지 내브래스카주 변호사 출신인 브라이언은 대체로 기업 과독점화 시대 위기에 처한 소부르주아, 특히 중소농들의 의식 세계와 정치 의지를 대변했습니다. 주로 국내 시장을 위해 생산을 하고, 해외 세계에 대해 관심 자체가 적었던 농민들의 대변자인 만큼 브라이언은 예컨대 제1차 세계대전에 미국이 참전하는 것을 반대했습니다. 물론 독점 자본의 횡포를 억제하겠다는 등 중소 기업인들이 듣고 싶어 하는 이야기도 계속 열성적으로 해댔습니다. 한데 그는 백인 농업 노동자와 경쟁할 수 있는 아시아 이민자들의 유입을 결사 반대하기도 했습니다(단, 백인의 경쟁자가 아닌 아시아 학생들의 입국과 체류는 지지했죠). 그가 죽은 뒤 쿠클럭스 클랜KKK, Ku Klux Klan이 애도 의식을 진행한 것도 우연은 아니었을 것입니다. 즉, 인종주의의 색채가 짙은 이민 반대는 이미 19세기 후반~20세기 초반에 미국 우파 포퓰리즘의 필수불가결한 메뉴였습니다.

이외에 또 다른 필수불가결한 메뉴가 바로 고립주의와 근본주의적 색채가 짙은 기독교 신앙에 대한 강조였습니다. 그 악명 높았던 '1925년 원숭이 재판', 즉 진화론을 교실에서 가르친 교사에 대한 재판 역시 브라이언이 주도했습니다.

브라이언에서 시작, 배리 골드워터Barry Goldwater, 1909~1998나 최근의 패트릭 뷰캐낸Patrick Buchanan, 1938~ 같은 우파 정치인들이 만들어놓은 유산을, 지금 트럼프가 그대로 전유하여 사용하고 있는 것입니다. 트럼프주의의 상표인 보호주의와 고립주의, 인종주의적 이민 반대, 경찰 국가와 신앙 등에 대한 강조는 대부분 이미 19세기 후반 이후 다른 우파 포퓰리스트들이 다 한 번씩 이용한 레퍼토리입니다. 이 레퍼토리를 이용하여 트럼프는 일부 하층민, 특히 가난한 중소 도시 백인 남성들의 지지까지 이끌어내 자본주의 위기와 패권 위기 등 종합적 위기에 빠진 미국을 총자본의 이해와 맞는 방향으로 개조하려고 합니다. 아마도 대외 정책 비용 삭감과 함께 보호주의와 재산업화 등이 이 개조 작업의 중심이고, 이와 동시에 끔찍한 인종주의적 언사들이 계속 나올 것입니다.

미국 노동자의 선택

트럼프의 대선 압승은 제 주위 대부분의 사람들에게는 충격 그 자체였습니다. 스스로 "독재자가 되겠다"고 공언한, 중범죄 혐의만 해도 34건이나 기록한, 거의 조폭을 방불케 하는 사기꾼 기업가가 초강대국의 대통령이 된다는 것은 충격을 주기에 충분합니다. 그런데 사실그것보다 훨씬 더 충격적인 것은 트럼프의 압승을 누가, 어떤 유권자 집단이 가져다주었느냐는 질문에 대한 답일 것입니다. 트럼프의 콘크리트 지지층은 바로 백인 노동자입니다. 이 그룹에서 트럼프의 득표율은 66% 정도나 됐습니다. 한데 비백인 노동자나 영세민들도 과거의 대선에 비해 트럼프를 훨씬 더 많이 찍었습니다. 인종 집단별로 보자면 비백인 노동자들의 가장 큰 그룹은 중남미계 이만자와 그 후손들일 겁니다. 그런데 중남미계 남성 중 트럼프의 득표율은 55%에 이르렀습니다. 중남미계 여성의 경우 38%에 불과했지만, 그것도 2020년보다 8%나 높은 수치였습니다. 즉, 쉽게 이야기하면 백인 노동자들의 트럼프 지지는 지난 8년간 그대로지만, 노동자들을 가장 많이 배출하는 비백인 인종 집단들도 가면 갈수록 트럼프에 더 기울어지는 것을 볼 수 있습니다. 즉, 민주주의를 가장 위협하는 후보를 상당히 많이 지지해준 것은, 19세기 말이나 20세기 초에 노조 운동 등을 통해서 미국의 민주화에 가장 많이 기여했던 바로 그 노동자입니다. 한때의 민주화 주역들이 이제 신권위주의 도래의 들러리가 된다는 것인데, 그 함의는 의미심장합니다.

우리가 민주주의라고 이야기할 때 단순히 (백인 남성) 시민들에게 형식적인 투표권이 주어진다는 것만을 뜻하지 않습니다. 정착민 국가 미국에서는, 인종 청소 대상이었던 원주민과 물건으로 취급됐던 흑인이 아닌 (최소한의 재산을 가진 백인 남성) 정착민들에게 애당초부터 기본적 참정권이 주어져 있었습니다. 일단 원주민 제거 과정에서 모든 (백인 남성) 정착민들이 같이 민병대에 합류해 무기를 들고 싸워야 했기에 참전권이 있는 사람들에게는 당연히 투표권도 준다는 논리였습니다. 참고로, 무기에 대한 미국인들의 물신화는 이 역사적 과정과 절대 무관하지 않습니다. 한데 우리가 생각하는 민주주의란 훨씬 포괄적이고 인권적, 자유주의적 내용이 훨씬 많은 개념입니다. 우리가 민주주의라고 할 때 미등록 이민자들을 포함한 모든 인간들의 기본권 보장, 노동자들의 결사권 보장, 독립된 개인으로서의 여성의 모든 권리에 대한 보장, 그리고 기본적인 복지, 즉 사회적인 기본권의 보장 등

등을 생각하는 것입니다.

여기에서 유의해야 할 점은, 만약 민주주의를 이와 같은 광의로 해석하자면, 미국의 민주화는 주로 20세기에 이루어졌고 결정적인 시기는 1920~1970년대였습니다. 예컨대 본래 빈민 이외의 백인 남성 시민에 국한됐던 투표권은, 1920년부터 여성, 1924년부터 원주민, 1943년부터 중국계 이민자, 1960년대에 남부의 흑인, 1971년부터 18~20세의 청년들까지 포함하게 됐습니다. 1966년에 이르러서야 납세를 기준으로 투표권을 제한할 수 없다는 사법부의 판단이 나왔습니다. 즉, 미국은 본래부터 민주 국가였다기보다는 1920~1970년대에 아주 고통스러운 민주화 과정을 거쳤습니다. 또 예컨대 일리노이주가 선구적으로 동성애를 탈범죄화한 것은 1962년이었고, 전국적으로 여성이 남성 보호자의 공동 서명 없이 은행 융자를 받을 수 있게 된 것은 1974년이었습니다. 즉, 트럼프 정도의 노인이라면, 남부의 흑인과 전국의 동성애자, 여성 등이 평등한 권리를 갖지 못했던 민주화 이전의 시대를 아직 기억할 수 있을 정도로 최근의 일입니다.

미국이 1920~1970년대에 왜 민주화됐을까요? 1980년대 한국의 민주화는 일부의 중간 계층(학생, 재야 운동가 등)과 노동자 계급의 합작품이었는데, 미국 역시 크게 다르지 않았습니다. 1960년만 해도 그 조직률이 30% 정도였던 노조들이 사회적 권리 확보에 아주 큰 역할을 했고, 여성, 인종적 소수자, 동성애자 등의 권리를 위해서 주로 하층까지 참여하고 중산 계층 활동가들이 주도하는 시민 사회 조직들이 싸웠습니다. 또 그런 시민 사회 조직에 돈과 시간을 바칠 만큼 대부분의 미국인들이 안정된 직장과 소득을 가졌고, 괜찮은 직장 하나에서 나오는 소득으로 대부분의 경우 중간 계층에 해당하는 삶을 살 수 있었습니다. 또 이 정도 잘 돌아가는 경제를 뒷받침했던 것은 1960년대 말 이전까지 세계의 제조업을 주도했던 미국의 어마어마한 생산력이었습니다. 즉, 1980년대 한국이 그랬듯이 국가의 세계경제적 지위와 성장, 그리고 노동계급·중간계급 일부의 조직력과 민주화 압력 등이 서로 연결돼 있었습니다.

한데 좋았던 그때의 미국은 이제 없습니다. 2002년만 해도 세계 제조업에서 미국의 비중은 28%나 됐지만, 지금은 16%에 불과합니다. 1945년 미국 근로자의 거의 40%가 제조업에 종사했지만, 지금은 8.5%에 불과합니다. 서비스 부문 중심의 경제에서는 노조 조직률이 과거만큼 올라가기 힘들죠. 지금 미국 노동자들의 10%만이 노조에 가입돼 있는데, 솔직히 대부분은 공공부문 종사자들입니다. 공공부문에서는 32%지만, 민영부문에서는 6%에 불과해 한국보다 2배 이상 낮습니다. 즉, 미국의 평균적 노동자란 지금 슈퍼마켓에서 일하면서 노조에 미가입한 20~30대입니다. 이 평균적 노동자는 1950~1960년대의 평균적 노동자에 비해 훨씬 더 불안한 경제생활을 합니다. 그의 은행 빚은 약 10만 불 이상, 즉 자기 평균 연봉의 130% 정도에 이를 것입니다. 1960년대 가구 부채는 전체적으로 GDP의 40%에 불과했지만, 지금은 68% 정도 됩니다. 노조 등 사회단체의 활동과 무관한 미국 노동자 대부분의 주된 관심사는 개인과 그 가족의 각자도생 사회에서의 경제적 생존입니다. 약 65%나 거의 저축을 못 하고 간신히 다음 월급날까지 버티는living from paycheck to paycheck 삶을 살고 있습니다. 결국 조직 생활이나 조직 투쟁을 평생 해보지 못하고, 경제적 생존에 올인해야 하는 신자유주의 시대의 원자화된 개인은 과연 선거 때 어떤 국가를 선택해야 할까요? 맞습니다. 특히 그 개인이 교양 수준이 높지 못하면 그가 트럼프가 선포하는 저렴한 경찰국가, 즉 공공부문 비용 지출을 줄여가면서 원자화된 개인들의 불안을 잠재울 수 있는 보안, 경찰 업무에 – 소수자들의 권리를 침범하면서 – 주력하는, 그런 국가를 선택할 확률이 높습니다. 그게 지금 트럼프라는 현상 출현의 사회적 배경이라면 배경입니다.

서비스 부문 중심의 경제에서 노조 등 사회 운동의 힘이 빠지고, 개인들이 경제적 생존을 중심으로 해서 각자도생 방식으로 빠듯한 삶을 살아가고, 무능한 자유주의 세력(민주당의 주류)이 노동계급에 제대로 된 재분배 정책을 제시하지도 못한 채 그 힘을 잃은 정치적 올바름의 수사에만 치중하는, 쇠락을 거듭하는 사회에서는, 1920~1970년대에 어렵게 이루어진 민주화는 충분히 역행될 수 있습니다. 이미 그 역행이 시작된 셈이고, 사회 운동이 이를 막지 못하면 앞으로 신권위주의 국가 미국의 명실상부한 완성은 시간의 문제일 수 있습니다. 한국의 민주주의, 변혁 진영이 정말 제대로 학습하고 반면교사로 삼아야할 최악의 상황들이 펼쳐지고 있습니다.

보편 시대의 종말

많은 사람들이 파나마 운하나 캐나다, 그린란드 등에 대해 트럼프가 나타낸 영토적 야망에 대해서 충격을 받은 것 같습니다. 저도 앞으로 훨씬 더 크게 벌어질지도 모를 영토와 자원을 둘러싼 세계적인 이전투구를 생각하면 소름 끼치지만, 일면 역사를 어느 정도 배운 만큼 그다지 크게 놀라지 않습니다. 어찌 보면 '보편의 시대'라고 할 1917년 이후의 100년을 벗어나 그 이전의 상태로 돌아가는 셈입니다. 그 이전의 상태란 바로 열강들의 영토, 자원을 둘러싼 무제한 각축이었죠. 다중 복합적 위기 중 말기적인 자본주의는, 이제 완전히 1917년 이전의 상황으로 퇴행하고 있는데, 이번 그린란드에 대한 영토적 야망의 선언 등은 이와 같은 퇴행의 표시라고 보면 될 것 같습니다.

본래 자본주의 세계 체제의 정상적인 상황이란 바로 열강 사이의 부단한 영토, 자원 경쟁이었습니다. 미국도 19세기 말 산업화와 중앙집권적 국가 건설의 와중에 세계적인 영토, 자원 각축전에 뛰어들었습니다. 하와이 합병(1898년), 필리핀, 푸에르토리코, 괌 합병 선언(1898년), 파나마 운하 지대 구매(1903년). 특히 필리핀을 식민화한 미국의 행동을 보고, 〈황성신문皇城新聞〉 등이 미국마저도 제국주의 국가가 되어 전 세계가 이제 약육강식의 정글이 되었다고 탄식하기도 했습니다. 단, 열강 사이의 무분별한 각축은 급기야 1914년 세계대전으로 이어졌는데, 이 대전을 시작한 열강들은 애당초 예상보다 훨씬 길어진 전쟁을 종식시키는 방법을 몰랐습니다. 결국 여태까지 전례가 없는 가혹한 전쟁으로 독일, 오스트리아, 터키, 러시아 제국 등이 내파되고 러시아 제국의 영토를 급진 사회주의 정권이 차지해버렸습니다. 이는 20세기의 역사를 근본적으로 뒤집었습니다.

급진 사회주의자들이 세운 소련은, 일면으로 제정 러시아의 영토적 이권 등을 계승하기도 했습니다. 예컨대 소련은 1935년 일본에 팔아넘기기 전까지 만주 철도를 계속해서 운영해 왔으며 그 인접 지대에 대해 제정 러시아 시대의 규칙대로 관리권을 행사했습니다. 한데 이와 동시에 볼셰비키들은 '보편' 차원의 이념으로 무장돼 있었습니다. 이 이념이란 바로 식민주의 종식, 식민지 해방, 그리고 궁극적으로는 세계 자본주의 철폐였죠. 1945년 이전까지 소련은 초강대국이 아닌, 그저 대국 중의 하나일 뿐이었습니다. 한데 1945년에 대독, 대일 전쟁에서의 승리로 소련은 미국과 함께 초강대국의 지위에 올랐습니다. 결국 이런 보편의 이념으로 무장한 초강대국 소련에 맞서기 위해서는, 초강대국 미국도 보편의 이념을 하나쯤 가져야 했습니다.

냉전 시대 미국의 보편이란 바로 냉전이라는 상황에 맞추어진 자유주의였습니다. 식민지 문제에서 미국의 보편적 냉전식 자유주의는 과거의 직접 지배를 대신하여 각종 보호령 등에 대한 간접 지배를 의미했습니다. 간접 지배는 미 제국의 보호령에서 상당한 정치적 융통성을 허용했습니다. 예컨대 한국의 경우 미국은 군사 독재 정권도 제도야당도 동시에 관리해 왔으며, 1998년 과거의 야당이 집권하여 미국에 유리한 신자유주의적 개혁을 추진할 수 있는 상황을 잘 유도했습니다. 또 하나의 냉전식 자유주의의 특징은 바로 각종 동맹에의 의존이었습니다. 서에서는 나토, 동에서는 미일, 한미 동맹 등이 소련을 비교적 효과적으로 견제한 것입니다.

한데 1991년 소련은 내파되고 자본주의의 종식 등 과거의 보편적이념은 용도 폐기됐습니다. 미국의 냉전식 자유주의적 보편도 위기에 빠지지 않을 수 없었죠. 그래서 미국은 2000년대 초부터 간접 지배(동맹 의존)와 다른 방식의 세계 전략을 실험해 봤습니다. 즉, 이라크를 침략하여 유전 등을 직접 군사적으로 점령, 지배하고 나토라는 동맹이 아닌, 가까운 거래가 가능한 일부 국가만을 파트너로 삼았습니다. 사실, 이라크전은 어떻게 보면 보편의 시대와의 작별, 그리고 1917년 이전의 제국주의적 행태로의 후퇴를 의미했습니다. 한데 원격 제국주의라고 할 이 시도는 결국 실패했습니다. 이라크 점령, 관리 비용이 그 유전에서 뜯어낼 수 있는 이윤보다 훨씬 크다는 사실이 확인되자 미국은 이 프로젝트를 접었습니다.

2000년대와 달리 미 제국주의의 방향은 이제는 원격이 아니라 근거리입니다. 즉, 미국에 지리적으로 더 가까운 그린란드, 캐나다, 파나마 등에 그 화살을 돌리는 것이죠. 사실, 이런 근거리 제국주의는 필리핀과 하와이, 쿠바 등을 대상으로 했던 19세기 말~20세기 초 미국 제국주의의 지리적 방향성을 그대로 계승한 것입니다. 이와 동시에 소련으로부터의 보편적인 도전이 더 이상 존재하지 않는 한, 미국은 자신의 동맹들도 보편적인 자유 진영의 동맹과 같은 방식이 아니라 훨씬 더 상업적인 방식으로 운영하려고 합니다. 즉, 미군 주둔 비용과 미국산 무기 구매 비용을 어느 정도 이상 내지 않으면 미군의 보호를 더 이상 제공하지 않는, 즉 보호라는 상품을 파는 방식으로 운영하려고 합니다. 러시아가 과거의 소련이 아닌 이상, 미국의 전략적 이해관계가 없는 러시아 인접 지역에 대해 러시아가 침략하거나 간섭해도, 그 인접 지역에서 미국에 어느 정도 이상의 보호 대금을 지불하지 못할 경우, 트럼프 시대의 미국은 더 이상 신경을 쓰지 않으려고 하는 것 같습니다.

미국의 새로운 제국주의는 이제 그 어떤 이념도 아닌 그저 이윤 차원에서 운영되는, 근거리의 국가·지역을 우선적 대상으로 하는, 과거의 간접 지배나 동맹보다 직접적인 합병을 더 선호합니다. 과거에 세계 경찰을 자임해왔던 나라는 이제 체면을 차릴 것도 없이 그저 세계를 주무르고 있는 여러 조폭 조직의 하나로 그 위상을 재정리하고 있다고 보면 될 것 같습니다. 이런 미국에 과연 대한민국이 과거처럼 전적으로 의존할 수 있을지, 더 이상 과거처럼 미국에 동맹이 중요하지 않은 만큼 한국도 한미 동맹에 대한 무조건적 의존에서 벗어나야 하지 않을지, 한 마디로 한국의 세계 지정학적 위치와 외교적 자세 등을 총체적으로 재고해야 할 때입니다.

두 극우의 공통점

지금까지 트럼프와 푸틴이 서로에 대해 실망을 표현한 적은 있어도 나쁜 말을 한 적이 없는 것 같습니다. 미-러 관계의 현 상황을 고려한 다면 이게 사실 쉽지 않은 일이었을 터인데, 그만큼 서로에 대해 모종의 긍정적 시각이 있는 것 같습니다. 그런 시각이 생길 만도 한 것은 두 극우 민족주의적 지도자 사이에 그만큼 공통점이 많다는 것입니다. 일단 둘 다 체제의 위기 속에서 등장했습니다. 1990년대의 러시아가 급격히 하향 곡선을 그리고 있었다면, 2008년 이후 이라크에서 퇴각하고 신자유주의 경제의 내파가 낳은 유산과 어렵게 씨름하는 2010년대의 미국 역시 천천히 약간씩 하향곡선을 긋고 있었습니다. '다시 위대하게!'라는 표어는, 현재가 더 이상 위대하지 않다는 뉘앙스를 담고 있습니다. 비상 상황 속에서 등장한 강한 지도자인 만큼 둘

다 심히 강한 인치人治 경향입니다. 지도자 한 사람 본위의, 심각하게 개인화돼 있는 결정 구조를 둘 다 지향하고 둘 다 제도보다 가신 그룹에 의존합니다. 둘 다 탈세계화 시대를 긍정하고, 둘 다 1945년 이전의 세계상, 예컨대 인접 지대에 대한 영토적 제국주의를 강하게 수용합니다. 둘 다 전통적인, 마초적이며 공격적인 남성성을 지향하며, 둘 다 제도권 내 종교와 군사주의 등을 내세웁니다. 탈세계화, 보수화, 민족주의 창궐 시대의 극우다운 그런 모습을 둘 다 상당히 공유하죠.

트럼프주의와 푸틴주의의 이러한 유사성은, 사실 미국과 러시아 사이의 상당한 공통점에 기인하기도 합니다. 미국에서도 러시아에서도 제조업의 중심에 군산복합체가 서 있습니다. 즉, 양쪽의 경우 영토적 제국주의를 포함한 적극적 대외 정책은 군산복합체를 통한 제조업 전체에 대한 부양책, 일자리 창출 정책, 그리고 군사 위주의 기술 개발 장려 정책의 성격을 지니고 있습니다. 적극적 대외 정책과 국산 본위의 산업 정책(국산화 정책) 등 우파 민족주의 지도자들이 내세우는 정책이 러시아에서나 미국에서나 노동자 상당수의 생계와 직결돼 있기 때문에 푸틴도 트럼프도 노동자들로부터 득표를 많이 합니다. 둘 다 포퓰리스트 성향이고 둘 다 그 지지층에 호소하지 않는 정책을 적극 피합니다. 예컨대 푸틴이 아무리 독립국으로서의 우크라이나를 섬멸하고 싶어도 그 지지자들이 총동원까지 바라지 않기 때문에 모병 본위의 비교적 작은 군대(약 70~80만 명 정도)로 우크라이나 동남부에서 침략, 정복 전쟁을 하고 있습니다. 트럼프 역시 지지자들이 원하지 않는 대규모의 외전을 피할 듯하지만, 지지자들이 열광할 수 있는 소규모 외침을 충분히 자행할 수도 있습니다. 둘 다 이처럼 지지층을 관리하면서 그 정당(정파)이 장기 집권을 할 수 있게 하려고 합니다. 러시아에서는 푸틴이 사망해도 권력 교체의 가능성이 매우 희미하고 푸틴의 후계자가 집권할 듯하며, 미국의 경우 공화당이 탈환한 권력을 앞으로 쉽게 내놓으려고 하지 않을 것으로 보입니다.

유사성만 있는 것은 아닙니다. 러시아와 미국이 서로 아주 다른 만큼 두 사람이 상당한 차이를 보이기도 합니다. 러시아는 관료들의 나라입니다. 푸틴은 평생 국가 관료로만 일해온, 관료계에서 잔뼈가 굵은 사람이죠. 반대로 트럼프는 기업인들의 나라에서 태어나 자랐으며 대통령직 재직 기간 이외에 공무원 생활을 한 적이 없습니다. 그래서 푸틴의 결정 기준은 관료들이 판단하는 전체적인 시스템의 이해관계입니다. 예컨대 푸틴주의 체제는 이민자 문제에서 이민자들의 저임금 노동 없이 러시아의 경제가 돌아가지 못하는 만큼 종종 단속해도 기본적으로 수백만 명 이민자들의 유입을 수용합니다. 반대로 트럼프는 쇼를 해서 자신을 팔아야 하는 상인입니다. 그래서 시스템 전체의 이해를 종종 개인 인기에 희생시킵니다. 예컨대 수백만 이민자들에 대한 강제 퇴거는 분명 궁극적으로 노임과 함께 물가를 오르게 하고 그저 인플레이만 치솟게 할 게 뻔합니다. 경제학적으로는 자해 행위죠. 한데 트럼프가 남쪽 국경 봉쇄 등의 쇼를 벌이는 이유는, 그게 그의 정치적 생존 방식이기 때문입니다.

트럼프는 2기며, 푸틴은 이미 25년째 절대에 가까운 관력을 행사해 왔습니다. 그동안 러시아는 분명 성장했습니다. 2000년, 즉 푸틴이 집권했을 때 구매력 기준으로 본 러시아의 1인당 국민총생산은 겨우 6800달러였습니다. 지금은 전쟁 특수 덕에 4만 5000달러니까 25년 사이에 6.6배나 늘어난 셈입니다. 그 사이 한국은 구매력 기준으로 1인당 GDP가 딱 3배 늘어났는데, 그에 비해 러시아는 저임금 노동력과 자원 매장량 등의 이점을 살려 나름 개발해온 것이 사실입니다. 그렇다고 해서 푸틴의 개발 독재가 과연 러시아를 '다시 위대하게' 만들었을까요? 푸틴의 목표가 미국 다음 세계 2번째 초강대국이라는 소련의 국제적 위상의 회복이었다면, 이 목표는 보기 좋게 달성에 실패하고 말았습니다. 경제의 덩치를 구매력 기준으로 잰다면 러시아는 이제 전쟁 특수의 힘으로 중국, 미국, 인도 다음으로 세계 4위는 됐지만, 1위(중국)나 2위(미국)하고는 비교 자체가 불가능합니다. 한데 경제의 덩치가 아닌 지식의 생산(학계의 국제적 비중)이나 문화의 생산(문화 상품들의 국제적 유통), 아니면 국제 금융 흐름에서의 위치 등으로 본다면, 러시아는 한국을 포함한 세계 체제 핵심권과 여전히 딴 세계에서 놀고 있으며 초강대국은커녕 제대로 된 글로벌 행위자조차도 되지 못하고 있습니다. 러시아에서도 지금 한류 바람이 강하게 불고 있는데 한국 국내에서 최근 10년간 히트 친 러시아의 노래나 영화, 드라마, 게임, 만화, 아니면 소설책을 하나라도 들 수 있을까요? 초강대국은 그렇다 치고 세계 문화 시장에의 진입 자체를 제대로 못하고, 기껏해야 구소련 지역에서 연성 권력을 어느 정도 행사하고 있는 수준입니다. 25년이 지났지만, 푸틴의 초강대국 복구 프로젝트는 성공하지 못했으며 앞으로 성공할 것 같지 않습니다.

트럼프의 '미국을 다시 위대하게!'도 어려울 것이라고 봅니다. 수백만 명 이민자들의 강제 퇴거와 같은 야만적인 국가 폭력이나, 영토 제국주의 제창, 보호 관세 부과나 트랜스젠더 등 소수자들에 대한 박해 등은 그 누구도 위대하게 만든 적이 없었으며 만들 가능성도 별로 없습니다. 트럼프의 미국이 그린란드에 군침을 흘리면 흘릴수록 이런 제국주의 야망에 놀란 유럽 국가들은 오히려 중국에 더 가까워질 것입니다. 보호 관세에 놀란 유럽 역시 어쩌면 차라리 정상적인 무역 질서를 여전히 지키려고 하는 중국의 손을 더 들지도 모르겠습니다. 이런 극우적 쇼 정치로는 이미 쇠락해 가고 있는 초강대국이 다시 위대하게 될 리가 없습니다. 단, 이런 쇼의 일환으로 한국까지 한미 동맹이라는 틀에 갇혀 한국 경제에 불리하기 짝이 없는 대중국 탈동조화 등의 정책 강압의 피해자가 되지 않기를 진심으로 바랄 뿐입니다. 그런 피해를 최소화하기 위해 트럼프주의 시대 미국에 대응할 수 있는 주체적인 외교 전략은 정말 중요합니다.

이민자의 나라

저는 미국에 좋아하는 사람들이 많습니다. 주로 미국 학계에서 말입니다. 사실, 동아시아학에 결정적으로 기여한 많은 20세기 석학들은 미국인이었습니다. 그런데 그들 중 다수의 가족 관계를 확인해 보면, 상당수는 최근 이민자들의 자녀나 손자(손녀)들이었죠.

한국학부터 시작해 보죠. 제가 조선시대 공부를 하면서 제임스 팔레James Palais, 1934~2006 선생의 저서와 논문의 도움을 많이 받았습니다. 성공회대 한홍구 명예 교수의 스승이기도 한 팔레는 유형원柳馨遠, 1622~1673의 《반계수록磻溪隨錄》 전문가이기도 하고, 조선시대의 국가 운영에서 군권과 신권, 성리학적 대의명분과 현실주의가 어떻게 만났는지 아주 자세히 파헤친 대표적인 석학이었습니다. 1980년대 초중반에 구로구 노동자들의 인권과 노동권 상태를 조사하여 그 결과를 발표한 인권 활동가이기도 했죠. 한국의 양심수들이 다 풀려나기 전에 한국이라는 국가로부터 연구비를 한 푼도 안 받겠다고 다짐하여, 뜻 있는 한국 동료들의 존경을 한 몸에 받은 미국 학자였습니다. 그도 그의 아버지도 미국에서 태어났고 그는 미군 복무도 했지만, 그 할아버지는 리투아니아 출신의 유대인 이민자였습니다. 19세기 말~20세기 초에 약 200만 명의 유대인들이 포그롬Pogrom 등에 쫓겨 러시아 제국에서 미국으로 왔는데, 그중 한 가정이었습니다.

일본학은 어떨까요? 제가 미국의 일본학에서는 해리 하루투니안Harry Harootunian, 1929~ 선생을 아주 존경합니다. 그는 '근대 초극'이라는 태평양 전쟁 시절의 일본 일각의 지식인들의 담론을 연구한 것으로 유명하고 대정, 소화 시대 일본 맑스주의 연구도 상당히 많이 한 분입니다. 1942년 일본 잡지 〈문학계〉가 조직한 근대 초극 좌담회는 당시 조선 지식인들에게도 지대한 영향을 끼쳐 일부 조선인 맑시스트들의 전향을 이끌기도 했습니다. 하루투니안의 일본 근현대사 연구 없이는 미국의 일본학을 상상할 수 없습니다. 한데 그는 자신을 일컬어 늘 "재미 아르메니아 사람"이라고 이야기하죠. 부모는 1915~1916년 터키 제국의 아르메니아인 제노사이드 시절에 간신히 살아남아 미국으로 갔고, 이 제노사이드 때 가족의 대부분은 학살, 실종 당했습니다. 육체노동을 하고, 이민 온 땅에서 아이를 어렵게 키워 대학에 보내고, 본인들이 죽을 때까지 집에서 영어 아닌 아르메니아어나 터키어를 썼던 그런 이민자 부모들이 미국의 주요 일본사 전문가를 키운 겁니다.

중국학도 마찬가지입니다. 저는 미국의 중국학에서 늘 아리프 딜

릭 Arif Dirlik, 1940~2017 선생을 존경했습니다. 1970년대 중국민국 시절의 맑스주의 사학 연구부터 시작한 그는, 그 뒤에 중국 혁명 연구에 본격적으로 뛰어들었습니다. 그의 가장 큰 기여 중의 하나는, 중국 초기 공산주의에서 아나키즘의 영향을 확인하고, 특히 모택동 사상의 형성에서 아나키즘의 영향에 주목한 것입니다. 모택동 사상의 연구자인데, 그는 자본화돼 가고 국제 자본주의 축적의 허브로 변모해 가는 오늘날의 중국을 절대 이상화하지 않았습니다. 중국의 경제 기적이란 궁극적으로 외자 도입과 저임금 노동력의 조우라고 누차 이야기하기도 했습니다. 그런데 그를 말할 때 늘 '터키-미국 사학자'라는 말을 빠뜨려서는 안 됩니다. 터키 태생의 그는 이스탄불의 한 대학에서 학사 학위를 받고 나서 교육 이민 차원에서 미국에 온 것입니다. 재미있는 것은, 여러 사람의 증언에 따르면 그와 하루투니안은 미국 학계에서 둘도 없는 절친이었답니다. 하루투니안의 가족이 터키에서 제노사이드의 희생자였지만, 맑시즘이나 연구의 차원에서는 피해 민족 출신과 가해국 출신의 그런 만남이 충분히 가능했습니다.

미국의 학계를 구성한 사람들 중 다수는 최근의 이민자와 2세, 3세 이민자들입니다. 현재 제 나이 또래나 그 이하의, 가장 두각을 나타내는 미국의 한국학 연구자들은 거의 전부 한국 출신이거나 재미 한인 출신들입니다. 한국학만 그런가요? 예컨대 2022년의 통계를 보면, 그해 미국의 대학들은 5만 명에게 새로운 박사학위를 수여했는데, 박사들 중 학생 등 임시 비자 소지자는 32%였으며, 영주권자는 9%였습니다. 즉, 41%의 새로운 박사들이 법적인 외국인이었습니다. 법적인 미국인인 나머지 59% 중 1~2세 이민자들의 비율 또한 높았습니다. 대체로 미국의 연구계나 하이테크 등 첨단 분야들의 수혈 전략은 이민에 크게 의존합니다. 우수한 외국 인재들이 장학금 등으로 미국 대학에 들어오고, 졸업하고, 학위를 받고, 그다음에 미국에 남아 첨단 연구, 개발 분야에서 일합니다. 예컨대 2010~2015년 약 17만 명의 외국인들이 미국에서 이공계 전공으로 졸업했는데, 그중 77% 정도는 2017년에 미국에 체류하고 있었습니다. 트럼프가 말하는 미국의 위대함이란 사실 이렇게 해서 전 세계 인재들을 교육하고, 그중에서도 경쟁력이 가장 좋은 이들을 미국인으로 만드는 데 있는 것입니다.

그런데 지금 트럼프는 무엇을 하고 있나요? 그의 반이민자 캠페인, 인종주의적 혐오 선동 등은 사실 해외 우수 인재 유치를 훨씬 어렵게 만듭니다. 특히 혐중 정서 확산 등은 중국의 우수 인재들이 설령 미국에서 교육을 받아도 더 이상 미국에 남지 않고 본국으로 돌아갈 확률이 더 높다는 것을 의미합니다. 그러면 수혜자는 누가 될까요? 학계나 연구개발 사업이 특히 그렇지만, 사실 외국에서 태어난 이들이 전체 인구의 14%에 달하는 미국은 거의 모든 부문이 이민자에게 달려 있습니다. 농장에서 과일을 수확하고, 공장에서 쇠고기를 가공하는 일부터 AI 개발을 하는 일까지 전부 다 이민자들이 주도적 역할을 합니다. 이민을 통한 수혈은 미국의 발전 전략이며 생존 전략이었습니다. 만약 트럼프의 반이민 정책으로 이민의 흐름이 끊긴다면 과연 미국이란 나라는 어떻게 될까요?

맞습니다. 미국 패권의 몰락이 가속화되고, 사회 곳곳에서는 인력

난 등 각종의 혼란이 빚어지고, 노동자들의 대량 강제 퇴거로 노임이 급상승하고 물가 인플레이가 더 심해질 것입니다. 소수의 토박이 미국인들에게 임시적인 노임 상승 효과가 득이 될지 몰라도, 전체 사회는 여태까지의 인력 공급 모델의 파괴로 엄청난 손해를 볼 것입니다. 사실, 민족주의적 배외주의에 편승한 트럼프의 반이민 포퓰리즘은, 트럼프 본인의 콘크리트 지지 기반을 잘 결속시킬지는 몰라도 장기적으로는 미국의 몰락의 길이라고 보면 됩니다.

광의의 파시스트

파시스트라는 말은, 동서남북에서 특히 강력한 권위주의적 지향의, 반대파에게 평판이 매우 좋지 않은 정치인을 지칭할 때 매우 자주 사용됩니다. 푸틴이나 시진핑習近平, 1953~ 은 물론이거니와, 내란을 시도했다가 실패한 윤석열이나 그 측근들에 대해서도 종종 파시스트적 지향이라고, 일부 제도권 외신에서도 언급하곤 합니다. 트럼프에 대해서도 물론 파시즘과의 연관성을 논하는 이들이 수두룩합니다. 현재, 즉 2025년 2월 7일에 워싱턴에서 트럼프와 머스크의 해체에 반대해 싸우는 미국 해외개발처USAID의 직원들 중 '트럼프와 머스크, 해외개발처에 파시스트적 마수를 뻗지 말라!'는 플래카드를 들고 있는 이들도 보입니다. 즉, 파쇼 트럼프는 이미 일반에서 나름 정형화된 의식의 틀인 셈이죠. 과연 이와 같은 정의definition는 역사학적 입장에서는 어떻게 보일까요?

파시즘에 대해서는 협의narrow meaning와 광의broad meaning의 정의가 가능합니다. 협의의 파시즘은 1920년대 초부터 대체로 1970년대 초반까지 일군의 극우파 운동들을 말하는 것입니다. 이 극우파 운동들은 강력한 지도자를 숭배하면서 좌파를 궤멸시키려고 하고, 좌파를 포함해 대개 몇 가지의 소수자 그룹(각종 종족적 소수자, 동성애자, 여호와의 증인들, 병역기피자 등등)을 국민적인 희생양으로 삼아 전멸시키거나 배제했고, 국유화되거나 국가 통제하의 경제를 지향했습니다. 많은 경우 이 운동의 지도자들은 중하층의 선동가나 군 또는 비밀경찰의 하급, 중급 장교들이었습니다. 그들이 파시즘 운동을 통해 집권하면서 파시스트당 당원들이나 파시즘을 추진하려는 장교 그룹 등에게 출세의 길이 열리기도 했습니다. 그 당시의 전형적인 파시즘이란 물론 독일의 나치즘이죠. 중하층 선동가가 아닌 국가 관료가 실시한 훨씬 더 보수적인 파시즘은 오늘날 한국인들의 조부나 조모, 또는 증조부, 증조모들이 1930년대 말과 1940년대 초반에 겪었던 일제 말기의 파시즘이었습니다. 그때 통제 경제를 지향했던 일제는 조선에서도 조선주택영단(대한주택공사의 모태) 등 국유 또는 국영 특수 법인, 회사들을 만드는 등 공출, 배급, '국가에 의한 시장의 대체'의 세상을 만들었습니다. 트럼프는 아무리 신보호주의 신봉자라 해도 국가를 가지고 시장을 대체할 생각은 분명히 없습니다. 트럼프의 하수인들 중 밴스 같은 중하층 출신들도 종종 보이지만, 대체로 지금 트럼프를 중심으로 해서 뭉친 이들은 머스크와 같은 미국 굴지의 억만장자들입니다.

그러니 협의의 고전적인 파시즘과 트럼프주의는 아무래도 상당히 다른 것 같습니다.

한데 파시즘을 광의로 정의한다면 이야기는 상당히 달라집니다. 광의의 파시즘은 강력한 리더 중심의 상명하달 구조가 정치적 다원주의를 전복시키고 정상적인 합리적 관료제를 복종시킨다는 것부터 의미합니다. 즉, (한국사와 같은 경우) 정치군인들이나 극우 정당 등이 의회를 무력화하거나 자신들 밑으로 두고 관료들을 수족처럼 부리는 것부터 시작하는 것입니다. 파시즘은 영토 팽창까지는 아니더라도 군사화와 군사주의를 숭상하고, 대개 군비를 늘립니다. 병역기피자 제로 정책, "군대 가야 남자가 된다"는 말이 상식처럼 주입됐던 한국의 1970년대를 생각해 보면 알 수 있습니다. 각종 소수자들이 박멸까진 아니더라도 고립과 배제, 폭력을 경험해야 하고, 사회는 기본적으로 다원화를 거부하면서 일원화를 지향합니다. 화교나 혼혈인 등을 투명 인간 취급하여 배제했던 단일민족론 전성기의 1970년대 한국을 상기하면 무슨 말인지 알 수 있습니다. 국가가 경제를 국유화하지 않아도 대개 보호주의와 관치 경제가 판칩니다. 대구사범학교 시절 박정희(朴正熙, 1917~1979)의 스승이었던 교장 김용하의 아들 김우중金宇中, 1936~2019이 바로 재벌이 될 수 있었던 박정희 시절을 생각해 보면 바로 이해할 수 있습니다. 즉, 쉽게 정리하자면 특정 극우 집단(군부 등)의 정치가 의회, 사법, 관료제 등을 다스리고, 강력한 리더가 이 극우 정치 집단을 통제하고, 이 집단과 리더가 각종 소수자들을 배제하면서 군사주의 등을 내세우고, 의회나 사법, 관료계처럼 경제도 정치의 입김에 좌우되는 그런 정치적 운동이 만드는 상황을 광의의 파시즘이라 부르면 될 듯합니다.

만약 광의의 파시즘으로 친다면 트럼프는 파시스트에 해당할까요? 저는 해당한다고 생각합니다. 트럼프주의는 트럼프라는 리더 없이는 상상이 불가능합니다. 즉, 카리스마적 리더가 그 정점에 있는 극우 운동인데, 이건 광의의 파시즘의 전형에 해당하죠. 트럼프는 공화당의 의회 장악 상황을 이용하면서 자신의 권력을 극대화하고, 헌법재판소 판사 임명권 등을 이용해 되도록 사법부까지 길들이려고 합니다. 관료 기구(법무부, 검찰 등)에서 자신을 수사했던 관료들을 추방하는 등 충성파 위주로 재편하고, 정적들의 입김이 강했던 일부 부처(해외개발처 등)를 아예 해체합니다. 한 줄에 묶여 군용기로 강제 퇴거를 당하는 불법 체류자, 즉 소수자들에 대한 군사화된 국가 폭력의 장면들은 트럼프 지지자들에게 영감을 준다고 하는데, 이건 소수자들에 대한 폭력적 배제, 즉 역시 파시즘의 전형입니다. 트럼프의 강력한 동맹군인 머스크는 정치적 자본가의 전형입니다. 그의 우주 비행 사업이나 스타링크 등은 미 국방부와의 계약 등으로 거금을 벌고, 테슬라는 국가(연방) 보조금 등의 힘으로 전국에서 팔리는 것입니다. 사실, 머스크와 미 국가의 관계는, 김우중, 정주영, 이병철과 박정희 국가 사이의 관계와 질적으로 다르지 않죠. 그리고 국방비를 올리고 그린란드나 파나마 운하에 군침을 흘리고 캐나다 합방까지 거론하는 트럼프의 행위가 파시즘 특유의 군사적 팽창주의를 닮았다는 것은 쉽게 확인할 수 있는 사실입니다.

파시즘이란 꼭 히틀러가 유대인들을 전멸시키려고 가스실을 만들고, 무솔리니가 전체주의를 설교하면서 에티오피아를 정복하려고 하는 그런 것만이 아닙니다. 꼭 특정 시기에만 일어나는 일도 아니고, 꼭 특정 소수자나 특정 국가 폭력의 형태(예컨대 반유대주의, 식민지 획득 전쟁 등)와만 연결되는 것도 아닙니다. 파시즘이란 자본주의 국가의 원점, 일종의 출발점입니다. 위기에 빠진 자본주의 국가는 위기 타개책으로 종종 각종 형태의 파시즘을 선택합니다. 중국에 추월당하고, 우크라이나에서 러시아와의 대리전에서 이기지 못한, 국민총생산 대비 정부 부채 비율이 123%에 달한 미국은 분명 2020년대 중반에 위기 상황에 몰려 있었습니다. 이제 트럼프는 보호주의부터 주적 중국과의 대립에 집중하는 전략까지 다 구사하여 이 위기에 광의의 파시스트적 방식으로 대처하려고 합니다. 한데 혼란스럽고 무질서한 공격적 정책의 남발은, 비록 파시스트적 색채는 분명해도 아마도 히틀러 시대 독일과 같은 '질서 정연한 나라'를 만드는 것으로 이어지지는 못할 것입니다. 트럼프의 파시스트적 정책들이 궁극적으로 정책 난맥을 가중해 오히려 역으로 미국의 위기를 더 악화시키며 그 패권을 무너뜨릴 가능성도 큽니다.

'배신'의 계보

우크라이나에 러시아의 영토 강탈을 기존 사실로 인정하여 굴욕적인 휴전 협정을 맺으라고 강요하면서 우크라이나의 매장 자원을 약탈하려고 하는 트럼프에 대해 '배신자' 소리가 심심치 않게 들립니다. 물론 피침국 우크라이나의 입장에서는 이게 배신행위나 다름없을 것입니다. 한데 트럼프의 다소 거칠고 비상식적인 언어와 트럼프가 취하는 행동을 구분해서 관찰하면 트럼프의 행동은 여태까지의 미국 지배층의 정책들을 훨씬 더 자국 이기적이고 훨씬 더 극단적인, 그리고 훨씬 더 보호주의적, 중상주의적 방식으로 계승, 발전한다는 측면 역시 발견할 수 있습니다. 즉, 깊이 보다 보면 트럼프의 탈선행위로 보이는 행각도 사실 여태까지의 미국의 정책과 이해관계를 나름 이어간다는 것입니다. 일단 미국의 대우크라이나 정책을 하나의 사례로 삼아 이 부분을 입체적으로 보도록 하겠습니다.

미국은 1940년대 말에 우크라이나 서부에서 반소련 무장 저항 세력들을 비밀리에 지원했습니다. 이 무장 저항 세력, 즉 우크라이나 봉기군의 국가 모델은 다민족 국가인 미국이라기보다는 단일 민족의 혈통주의적 국가였습니다. 한데 냉전 초기라는 상황에서 그들로서는 미국 이외의 후원자는 당장 보이지 않았던 것이죠. 그들은 조만간에 미-소 전쟁이 터져 그 전쟁 바람에 우크라이나의 독립을 얻을 수 있을 것이라고 믿었는데, 그들이 기대했던 전면전 대신에 1950년 한반도에서 국지적 대리전이 터졌습니다. 결국 그들은 미국에 대해 상당히 실망하고 1950년대 중반에 들어 저항을 거의 접어야 했습니다. 미국(전체 인구의 0.3%)보다 캐나다(전체 인구의 약 3.8%)가 우크라이나계 주민의 비율이 더 높아 사실 냉전 시기 내내 우크라이나 문제에 더 적극적이었던 건 미국이 아니라 캐나다였습니다. 미국은 우크라이나의 독립을 적극적으로 지원하지 않았습니다. 심지어 1991년 8월 1일 당시 미국의 대통령 조지 부시가 키이우에 와서 독립을 단념하라는 취지의 독립 반대 연설을 할 정도였습니다. 그 당시에 미 당국의 관심의 초점은 모스크바, 즉 미국의 주니어 파트너가 될 것 같았던 고르바초프 지도부와의 관계 관리였기에 우크라이나에 대한 관심은 제로에 가까웠습니다.

1990년대 우크라이나는 핵무기 포기 대가로 미국의 상당한 지원을 받았지만, 미국은 우크라이나에 별로 관심이 없었습니다. 옐친 시대 러시아와의 관계야말로 당시 미국의 구소련 지역 정책의 중심이었습니다. 그때만 해도 러시아 자체도 조만간 미국의 영향권에 편입될 수 있다는 생각이 강했습니다. 우크라이나에 대한 미국의 관심이 본격적으로 생긴 것은 2003~2004년쯤이었습니다. 러시아는 그때 이미 권위주의적 중앙집권 체제의 골간이 잡혀 점차 미국 중심의 국제 질서로부터 거리를 두고 자국 중심의 지역 질서 구축을 시도하기 시작했습니다. 이 상황에서 미국은 러시아 견제 차원에서 우크라이나에 베팅합니다. 약 2002~2003년부터 나토 가입 가능성 이야기가 본격적으로 나오기 시작하고, 이라크 침략 때 우크라이나 역시 작은 병력이지만 이라크로 병력을 파견했습니다. 단, 2000~2008년 부시 정권의 관심은 우크라이나와의 관계 강화를 통한 러시아 견제보다 중동과 중앙아시아 요충지의 장악이었습니다. 2008년 러시아와 조지아(그루지아)의 전쟁에 대한 대응 차원에서 미국에서 더 적극적으로 우크라이나의 나토 가입 이야기를 하기 시작했는데, 이건 그저 빈말에 불과했습니다. 당시 러시아와 가까웠던 독일과 프랑스의 결사반대 탓에 어차피 우크라이나의 나토 가입은 전혀 현실성이 없었기 때문입니다.

부시의 중동 및 중앙아시아 장악 전략이 실패하고 2008년 공황이 신자유주의 질서를 강타하고 나서 오바마 정권은 미국의 관심을 중동(중앙아시아)에서 극동(태평양)으로 옮겼습니다. 중국이 대략 2012~2013년부터 미국의 최고 경쟁국으로 부상했기 때문입니다. 러시아 견제와 그 도구인 우크라이나와의 관계는 여전히 정책 목표로 남아 있었지만, 2차, 3차적인 정책이었습니다. 반대로 극도로 부패한 친러 야누코비치Yanukovych 정권에 피로해진 많은 우크라이나인들이야말로 유럽연합 가입이나 미국의 보호 우산을 갈망했습니다. 그 갈망의 결과 2013년 말 유로마이단Euromaidan 사태가 일어나고 그 사태에 대한 대응으로 2014년 러시아는 크림반도를 병합하고 돈바스에 괴뢰 국가들을 세웠습니다. 미국은 극도로 미미한 대러 제재를 가동하며 사실상 러시아의 크림반도 강탈을 현실로 인정하는 자세를 취했습니다. 미국의 압력으로 우크라이나 군이나 특수 부대 등은 2014~2022년 사이에 크림반도에 주둔한 러시아군을 상대로 딱 한 번 작전을 벌였을 뿐입니다. 2014년 이후 미국의 CIA는 우크라이나에 진출해 상당히 높은 수준의 첩보 활동을 했지만, 그 목표는 결국 우크라이나 정보원들을 이용하여 대러 정보를 수집하는 것이었습니다. 또한 2014~2022년 사이에 우크라이나에 약 15억 달러어치의 미국의 군사 원조가 들어갔지만, 그때까지만 해도 우크라이나군의 주력 무기는 소련제였습니다. 미국의 원조는 매우 제한적이었고, 우크라이나 원조를 통한 러시아 견제는 트럼프나 바이든 지도부의 1차 과제가 전혀 아니었습니다. 1차 과제는 늘 중국 견제였죠. 심지어 2020년에 바이든 지도부는 잠시 러시아와의 관계 개선도 추구했습니다. 하지만 미국의 위세가 약화했다는 점을 눈치챈 푸틴은, 그 응답으로 동유럽에서 나토가 1997년 당시의 주둔지로 물러가야 한다는 최후통첩을 보내는 등 바이든의 능력 이상의 양보를 요구했습니다. 바이든은 거절했고, 푸틴은 바로 우크라이나를 침공했습니다.

러시아의 침공을 예상한 바이든은, 처음에는 러시아가 우크라이나 영토 대부분을 점령할 것으로 내다봤습니다. 그래서 미국이 1940년대 말처럼 우크라이나 저항 세력들의 유격 전쟁을 지원하겠다는 이야기를, 그때 카말라 해리스Kamala Harris, 1964~ 등이 했던 것이죠. 이런 유격 전쟁은 러시아를 견제하는 방책이 될 수 있었습니다. 한데 러시아는 우크라이나 영토의 20~25% 이상 점령할 만한 힘이 없었습니다. 이 상황에서 미국은 우크라이나에 가까스로 방어는 할 수 있지만 실지 회복을 하기에는 턱 없이 부족한 무기를 지원함으로써 2022년 이후 러시아군을 다소 소모시킵니다. 러시아 견제 차원에서는 사실 최상책이었죠. 하지만 미국에서도 유권자들의 다수는 2023년 후반기 이후로는 대우크라이나에 지속적으로 무기를 지원하는 것에 반대하고, 우크라이나에서도 우크라이나군 상황은 2023년 반격 실패 이후 갈수록 악화돼 갔습니다. 이 상황에서 이미 2023년 후반기부터 바이든 정권에 가까운 일부 외교관, 안보 전문가들은 현 전선을 경계선으로 삼아 우크라이나를 사실상 분할하고, 서방 진영에 남아 있는 우크라이나를 유럽연합과 어떤 방법으로든 연결시켜 유럽의 원조로 전후 복구 사업을 할 수 있도록 유도하는 안을 내놓기 시작했습니다. 미-러 첩보기관 사이의 접촉은 이미 2023년부터 계속 이어져 왔습니다. 트럼프는 이런 안들과 이 비밀 접촉의 누적된 결과들을 가지고 푸틴과 정상 외교를 벌인 것입니다.

결국 트럼프는 여태까지의 미국의 외교 노선을 나름 계승한 것입니다. 필요할 때 우크라이나를 러시아 견제용으로 이용하고 여의치 않을 때 발을 빼는, 그런 노선이죠. 트럼프적인 요소가 가미됐다면 아마도 트럼프 특유의 과시 위주의 거칠고 이기적인 협상 방식입니다. 예컨대 카밀라 해리스가 대통령이었다면 아마도 푸틴과 통화해도 굳이 전범과의 통화 사실을 자랑스럽게 여기지 않았을 것이고 전 세계적으로 떠들지 않았겠지요. 해리스 정권도 아마도 우크라이나의 희토류 등 전략 자산에 대한 이권을 얻어내려고 했겠지만(이 이야기는 이미 2023년부터 계속 나왔습니다) 역시 조용히 접근했을 것입니다. 그리고 적어도 형식적으로 우크라이나의 발언권을 좀 더 존중하는 것 같은 모양이라도 취했을 것입니다(물론 실질적으로 협상의 골간은 어차피 미-러 협상이었겠지만). 한데 이런 개인 스타일과 러시아를 중국에서 떼어내려는 데 대한 트럼프의 훨씬 더 많은 관심을 뺀다면 트럼프가 혼자서 우크라이나를 배신했다기보다는 그냥 여태까지의 우크라이나 이용 정책을 다른 방식으로 이어간 것입니다.

소비에트 몰락 이후 가난과 범죄, 부패 속에서 '낙원 유럽'과 미국의 보호에 기대를 걸었던 우크라이나인들, 그 기대 심리를 이용하여 우크라이나를 지정학적 도구로 활용한 미 제국, 우크라이나의 공업, 자원 지대를 강탈하여 영토를 확장한 침략국 러시아. 우리가 살고 있는 세계의 현주소입니다. 우리가 우크라이나의 비극을 보면서 일단 그 어느 제국에도 이용당해서는 안 된다는 점 정도는 배워야 합니다. 그리고 이런 제국주의적 세계 질서가 글로벌 상황인 만큼, 그에 맞서는 투쟁 역시 글로벌해야 합니다. 지금 우리에게 가장 시급한 것은 글로벌 반제, 반전, 반권위주의 운동, 새로운 인터내셔널입니다.

미국의 고르바초프?

요즘 트럼프가 하는 일들을 보면서 종종 이상한 기시감에 시달립니다. 이미 다른 세계에서, 다른 인생에서 이걸 다 본 것 같은 그런 느낌이 듭니다. '우리나라를 다시 위대하게 만들겠다'는 리더가 등장하고, 관료부터 감원시키고, 기존의 이데올로기적 패러다임을 뒤엎어버리고, 기존의 우방들을 포기, 배신하고, 과거의 적들과 관계를 구축하고, 그러다가 결국 정치적 혼란과 폭력을 유발한 채 하나의 글로벌 체제와 자신의 나라를 '멸망'으로 이끌고. 제가 2025년부터 보는 미국 정치의 장면들은, 제 머릿속에서 1985~1991년 소련에서 이미 본 장면들과 그대로 겹칩니다. 물론 역사는 그대로 반복되지 않습니다. 그런데 구조적으로 소련을 결국 안락사시킨 미하일 고르바초프Mikhail Gorbachev, 1931~2022의 '소련 사회주의를 다시 위대하게!'와 트럼프의 MAGA('Make America Great Again'의 약칭)는 어떤 유사한 점들을 분명히 내포하는 것 같습니다.

1985년 이전의 소련은 공업 경제 전체가 하나의 거대한 독점기업처럼 움직이는 초독과점 체계였습니다. 이는 우주나 핵, 미사일 생산 등 초거대 프로젝트의 실시에 상당한 도움을 주었습니다. 초독과점 체계는 초거대 투자를 한꺼번에 하고 자본, 노동, 지식 등을 효율적으로 동원할 수 있기 때문입니다. 한데 우주나 핵, 미사일 등 군수 공업 이외의 소련 제조업은 투자 부족과 기술 혁신 실패로 점차 쇠퇴했습니다. 제대로 된 상품들을 제조하지 못했기에, 소련 공민들은 할 수만 있다면 수입품을 찾았습니다. 동시에 사회주의라는 간판은 더 이상 누적된 사회 내부의 모순을 감출 수 없었습니다. 공업화에 성공한 에스토니아 같은 지역들은 공업화가 덜 된 투르크메니스탄보다 1인당 소득이 6배나 많았던 데서 알 수 있듯이 소련식 근대화도 불균형 복합 과정이었습니다. 1980년대 중후반 각종의 종족 갈등들이 첨예화해 폭발하기에 이르렀는데, 종족 갈등이란 근대화로부터 수혜를 더 받고 수혜를 덜 받은 여러 집단 사이의 복잡한 사회적 갈등을 담은 형태였습니다. 이념적으로 소련은 여전히 스탈린주의의 소프트 버전격인 브레즈네프의 '발전한 사회주의' 이론을 붙잡고 있었지만, 가면 갈수록 그 이론뿐만 아니라 사회주의, 좌파 사상 자체에 대한 회의懷疑가 퍼져가고 있었습니다. 이런 다중 복합의 위기 국면에 다른 지도자들에 비해 비교적 다이내믹해 보였던 고르바초프가 등장합니다.

2025년 이전 미국의 경제는 재벌기업 몇이 주도하는 과독점 체계였습니다. 군수복합체가 일찍부터 하이테크에 투자를 많이 해왔기에 소프트웨어 개발, 전자거래, 휴대전화 단말기 생산 등에서 일부 미국의 독과점 기업들은 커다란 세계적 지분을 갖고 있었습니다. 독과점 기업들은 전 세계의 자본을 빨아들이는 미국 증시 등을 통해 자본을 동원하고 미국에 유학 오는 전 세계 우수 인재들을 노동력으로 이용할 수 있었습니다. 한데 일부 하이테크 업종이나 군수품 생산 이외의 미국 제조업은 투자 부족과 기술 혁신 실패로 점차 쇠퇴했습니다. 심지어 미국의 군수기업과 하이테크 기업에 필요한 반도체의 제조를 봐도, 미국 제조업이 봉착한 난관을 알 수 있습니다. 한국이 전 세계 반도체 생산의 19%를 차지하지만, 미국에서는 13%만 생산합니다. 1991년만 해도 전 세계 반도체의 37%를 미국에서 만들었는데, 그때부터 미국 제조업의 생대적 비중의 쇠퇴가 눈에 띌 정도였습니다. 중간재인 반도체는 그렇다 치고, 특히 완제품 생산에서 미국은 가면 갈수록 수입에 의존하게 됐습니다. 2023년 미국 소비 시장에서 팔린 물건 중 37%는 그냥 수입품이었고 11%는 수입한 중간재로 국내에서 생산한 제품이었습니다. 'Made in America'는 점차 설 자리를 잃고, 제조업 쇠퇴 속에서 온갖 사회적 불평등과 갈등은 증폭됐습니다. 가장 가난한 미국 현county의 가구 평균 소득은 2만 5000달러 정도지만, 부유한 현은 그보다 6배쯤 더 많습니다. 사회적 갈등은 종종 흑인들의 격렬한 생명, 권리 운동 등 종족 갈등의 모습을 취하기도 했죠. 고도로 금융화한 경제에서 1%의 백만장자들이 국부의 30% 정도를 소유하게 됐습니다. 이 상황에서 과거의 표준 이념인 민주주의에 대한 신뢰가 떨어지고 자유민주주의 정치에 대한 회의와 환멸이 판치게 됐습니다. 이런 다중 복합의 위기 국면에 다른 후보들에 비해 비교적 다이내믹해 보였던 트럼프가 등장한 것이죠.

"소련 사회주의를 다시 위대하게!"를 외쳤던 고르바초프는 나름의 플랜이 있었습니다. 일단 소련부터 소비가 위축되고 투자가 부족했던 상황이니 외부로의 재정적 자원 유출부터 막으려고 했습니다. 아프간에서의 전쟁이 커다란 재정적 부담이었기에 좀 안 좋은 조건이라 해도 타협부터 하려고 했습니다. 동유럽 위성국가에서의 군 주둔 비용과 그 위성국가들의 경제를 유지시키기 위해 할인해서 그들에게 팔아야 했던 원유, 가스 제공 비용이 매우 컸기에 동유럽을 일단 포기하려고 했습니다. 북한에의 원유, 비료, 트랙터 부품의 제공 비용도 만만치 않았기에 그것도 자르고, 국내 관료를 감원하고 군비를 절감하려고 했습니다. 그다음에 서방과 생산적 관계를 구축하여 투자와 기술 이전을 받으려고 했습니다. 이런 개혁 조치는 스탈린주의 이데올로기로는 불가능했기에, 고르바초프는 이념적으로 스탈린주의보다 오른쪽으로 가서 온건 사민주의자로 변신했습니다. 한데 그렇게 해서 소련 공산당에서 분열 조짐이 보이기 시작하고, 더 이상 공산당 총서기라는 관직만을 기반으로 삼는 게 부족했던 고르바초프는 복수 후보 출마가 가능한 선거를 통해 의회를 소집하고 대통령직에 피선되고 결국 1990년에 다당제로의 이동을 허가했습니다. 그게 소련 몰락의 직접적인 기폭제가 된 것이죠.

"미국을 다시 위대하게!"를 외치는 트럼프 역시 나름의 플랜이 있어 보입니다. 일단 소비가 위축되고 투자가 부족한 상황에서 외부로의 재정적 자원 유출부터 막으려고 하고 있습니다. 우크라이나에서의 전쟁이 커다란 재정적 부담이기에 우크라이나에 치명적으로 안 좋은 조건이라고 해도 미국의 실리(신식민주의적 광물 채굴권 확보)부터 확보해 러시아와 타협을 모색하고 있는 것입니다. 동유럽을 포함한 유럽 군사 보호령에서의 군 주둔 비용과 그 군사 보호령을 포함해 세계 각국에서의 친미 비정부 단체 육성 차원의 지원금 지급 등이 일단 부담이기에 동유럽이나 유럽 전체에 대한 직접적 군사적 통제권을 포기하고, 세계 각국 친미 비정부 단체 육성 사업을 접고 핵심 이익선이라고 할 중동과 극동에 집중하려고 하는 것입니다. 남한에서의 군 주둔 역시 비용의 문제이기에 남한의 분담금을 몇 배 높여 남한 정부로부터 훨씬 더 많은 돈을 쥐어짜려고 합니다. 그다음에 경쟁국인 중-러와 나름의 관계를 구축하여 투자를 받기도 하고 또 특히 러시아와는 북극 지역에서의 광물 채굴 공동 사업으로 미국의 경제적 난관을 뚫으려고 합니다. 독재 국가들과의 관계 구축 등 이런 파격적 조치를 취하는 것은 민주주의 이데올로기로는 불가능하기에, 트럼프는 이념적으로 중간 우파 자유주의보다 훨씬 오른쪽으로 가서 극우 정권, 공화당 장기 독점 집권 체제를 세우려고 합니다. 한데 정치적으로 양분돼 있는 미국 사회에서는 이 국면에서 이미 심각한 분열 조짐이 보입니다. 수백만 명의 민주당 지향의 미국인 입장에서는 트럼프가 대통령이라기보다는 잠재적인 파시스트 독재자이며 러시아 간첩입니다(참고로, 스탈린주의자들은 고르바초프를 계속해서 "미국 간첩"이라고 불렀습니다).

이런 상황에서 미국 국내의 정치적 갈등은 일정한 수위를 넘어 미국이라는 국가의 기본적인 정치, 사회적 안정을 위협하는 수준으로 치닫고 있습니다.

미국이 고르바초프 시대의 소련처럼 국가로서 몰락할 것이라고는 보지 않습니다. 심각한 내부 갈등의 조짐들이 많지만, 15개의 민족 공화국으로 구성된 소련보다 미국은 훨씬 더 내부 통합이 잘 돼 있는 사회이기 때문입니다. 한데 트럼프가 취하고 있는 일련의 조치의 결과로 글로벌 팍스 아메리카는 심각하게 위축되거나 붕괴할 수밖에 없습니다. 우리는 2020년대 중반부터 그 어떤 질서도 없는, 서로 경쟁하고 경쟁하면서도 거래하고, 약소국들을 맘대로 침략해도 되는 대국 몇이 주도하는 약육강식의 분절화된 세계에서 살고 있습니다. 이런 세계에서 한반도 평화를 어떻게 구축해 나갈지 국경을 넘는 진보 투쟁, 보다 나은 세계를 위한 투쟁을 어떻게 전개할 수 있을지 이제 우리가 생각해야 할 부분들입니다.

패권의 가격

세계 패권은 절대 공짜가 아닙니다. 패권에는 가격표가 붙어 있습니다. 패권을 가지자면 일단 어마어마한 군사력을 세계 요충지 곳곳에 전개해야 합니다. 그 군사력을 뒷받침하는 것은 역시 천문학적인 군비 지출입니다. 펜타곤의 연간 예산은 지금 8500억 달러 정도인데, 거의 한국 국내총생산의 절반에 가까운, 그야말로 상상을 초월하는 돈입니다. 물리력 유지 및 전개에다가 패권 국가는 각종의 무거운 의무들을 짊어집니다. 미국이 지금 전시의 경우 참전해서 방어해야 할 하위 동반자 국가들만 해도 한국을 포함해서 50개국이 넘습니다. 그리고 군비 지출과 타국 방어 의무와 함께 패권을 재생산하는 연성 권력도 부단히 만들어 내야 합니다. 연성 권력 역시 결코 공짜가 아닙니다. 해외개발처가 각국의 수천 개 언론 매체에 보조금을 지급하고, 한국을 포함한 수많은 나라들의 여론 주도층 인사나 기자들에게 미국 방문과 연수의 기회도 주고. 미국의 거대 경제에 비해 새발의 피일지 모르지만 어쨌든 비용은 비용입니다. 한 마디로 패권이란 '돈을 먹는 하마'입니다.

큰돈을 지불하면서 패권을 쥐는 이유는 간단합니다. 어느 선까지는 패권 유지를 위해 필요한 지출보다 패권을 통해서 얻는 이득이 더 크기 때문입니다. 일단 세계 요충지마다 미군이 다 가 있는 만큼, 미국 기업들의 해외 투자부터 보호할 수 있습니다. 또한 패권의 가장 큰 이득은 바로 세계 기축 통화 발행권입니다. 세계 기축 통화를 발행하는 나라는, 그 통화를 단위로 해서 국채를 발행할 수 있습니다. 국채 발행을 통해 군비와 외교비 등을 커버할 수 있는 큰돈을 충분히 마련할 수 있습니다. 지금 미국의 대외 연방 부채 총액은 이미 35조 달러인데, 이걸 한화로 계산하면 상상하기도 어려운 '4경 8496조 원'이나 됩니다. 게다가 예컨대 인력 보충을 이민자로 할 수 있는 특혜도 주어집니다. 패권 국가는 이민 가능 세계의 유동 인구에 호소력이 크고, 또 그 유수 대학들이 굴지의 해외 인재들을 불러 모을 수 있습니다.

하지만 패권 놀이로 이득을 볼 수 있는 것은 어느 선까지입니다. 어느 선, 어느 시점까지는 국채를 팔아 군비를 지출하고 그 돈으로 무기를 개발하고 그 무기를 하위 동반자 국가들에 팔고 그 대금을 받아 계속해서 군수복합체의 바퀴를 영구적으로 돌리면 장사가 됩니다. 마르크스주의자들은 이 비즈니스 모델을 '영구 무장 경제'라고 부르죠. 한데 어느 시점부터는 이 비즈니스의 이윤 마진이 현저히 떨어지기 시작합니다. 일단 국채 발행에 따르는 이자 부담부터 어느 날부터 감당하기 어렵게 됩니다. 2024년 미 연방 정부의 국채 이자 비용은 1조 1330억 달러나 됐습니다. 비교하자면 트럼프가 우크라이나의 매장자원 채굴권을 요구하면서 그렇게도 내세웠던 미국의 대우크라이나 원조 총액은 지난 3년간 4860억 달러밖에 안 됐습니다. 이자 비용이 천정부지로 솟아올라 감당이 어려운 데다 영구 무장 경제의 바퀴를 돌리는 국가가 자국이 생산하는 무기를 실험, 홍보하기 위해서라도 계속 전쟁을 수행해야 한다는 것도 결국 부담이 됩니다. 미국 지배자들은 그들이 벌이는 전쟁에서 죽어가는 외국인에 대한 관심이 추호도 없습니다. 미국이 이라크, 아프간 전쟁에 쓴 돈만 해도 4조 3000억 달러 이상이었습니다. 이라크 유전의 민영화 등에 미국 회사들이 참여하고, 이라크와 아프간의 외화 및 금 보유고를 압수해서 미국으로 가져갔지만, 아무리 약탈을 많이 해도 이 천문학적 전비를 커버할 수 있는 정도는 아닙니다. 군비와 전비는 주로 외채 발행으로 조달하고, 외채 이자 비용이 눈덩이처럼 늘어나고, 일단 미국을 관리하는 보수 정객과 대기업인들의 입장에서는 효율성이 떨어지는 이 패권 비즈니스 모델을 뜯어고쳐야 할 필요가 생긴 것입니다. 트럼프의 출현은 그렇게 해서 가능했습니다.

일단 미국의 새로운 관리팀은 '비즈니스 모델 수정' 차원에서 긴축 전략을 세웠습니다.

• **하위 동반자들에 대한 모든 방어 의무들을 '조건부'로 돌린다.**

- 국가의 지출을 최대한 줄인다(세계 친미파 양성 비용 등 연성 권력 관련 비용을 아예 거의 삭감한다).
- 공무원들의 숫자도 줄인다.
- 세율 인하와 동시에 관세를 인상해 부족한 세수를 국채 발행보다 관세 소득 등으로 채운다.
- 경쟁 제국인 중국, 러시아를 경쟁과 동시에 투자 등의 차원에서 파트너로 이용한다.

사실 미국이 처한 현 상황에서 비용 절감만큼은 그 관리자들이 아마도 부득이하게 취할 수밖에 없는 노선일 겁니다. 그러나 아마도 트럼프가 취한 전략은 궁극적으로 부채 경감과 미국 부흥으로 이어지기 어렵다고 봅니다. 일단 만약에 군비 지출이 줄어들면 무기 개발 비용 등도 절로 줄어들 터인데, 무기야말로 미국의 가장 중요하고 가장 잘 팔리는 국제 시장의 상품입니다. 결국 중국과 한국 등 신흥 경쟁자들에게 무기 시장에서 점차 밀리게 될 수 있습니다. 안전 담당 공무원(원전 안전 요원, 공항 통제탑 노동자 등)을 줄이면 결국 대형 참사들이 발생해 또 엄청난 처리, 수습 비용을 감당해야 할지도 모르는 일입니다. 관세 소득이 세수 부족분을 채울 만큼 크다는 보장도 없습니다. 결국 관세 인상은 물가 인상으로 이어져 내수를 줄어들게 하고, 이는 경제 침체 등을 의미합니다. 그 사이 더 이상 미국의 보호에 기댈 수 없게 된 나라들은 중국 등 새로운 '국제 질서 보장 대국'을 밀어줄 가능성도 상당합니다. 즉, 팍스 아메리카나는 역사 속으로 사라지겠지만, 그렇다고 미국의 재정난 등은 해결되지 못하고 미국인들의 상당수는 상대적으로 가난해질 것입니다. 트럼프의 '미국을 다시 위대하게!'는 국제 위상과 국내 경제의 추락으로 끝날 가능성이 농후합니다.

러시아 간첩?

우크라이나를 포기하면서 러시아에 구애(?)하고, 러시아를 껴안고 중국과 대립하면서 미국에 보다 유리한 '딜'을 만들려고 하는 트럼프의 연아대중책聯俄對中策(러시아와 연대하고 중국과 대립하는 정책)이 하도 미국의 기존 정책 기조와 달라서 그런지 충격 여파가 큰 것 같습니다. 심지어 서방의 SNS에서 트럼프가 '실제 소련(러시아)의 고정간첩'이라는 괴담이 떠돌고 있고, 과거 소련 보안 기관 출신이라는 사람들이 그의 '간첩 가명' 등의 정보(?)를 제공하고 있습니다. 저를 포함한 그 누구도 - 트럼프 본인과 극소수 소련(러시아) 보안 기관의 종사자 이외에는 - 이 이야기의 진위를 가릴 처지에 있지 않습니다. 중요한 것은 '간첩이라서 그렇다'는 설명틀 자체의 내재적 한계라고 봅니다. 레닌이 독일제국의 간첩이어서 제1차 대전 시기의 러-독 교전을 멈추려고 했을까요? 독일 당국이 스위스에서 러시아로의 그의 이동을 허락하면서 나름의 질서 파괴적 역할을 기대했을 수도 있지만, 휴전과 혁명의 심화, 국제화라는 레닌의 빅 픽처big picture는 독일 제국의 노림수와 한참 달랐습니다. 고르바초프는 미국 간첩이 되어서 소련을 파괴했다는 스탈린주의자들이 많은데, 레이건 시대의 미국이 페레스트로이카를 환영한 점과 별개로 고르바초프 본인은 비용만 나가는 동유럽 속국과 발틱을 포기하면서 서방의 투자와 기술을 받으려는 본인의 계책을 '소련을 위한 최상의 애국'이라고 여겼을 것입니다. 그러니 확인 불가능한 간첩 여부와 관계없이, 예상치 못한 정책을 내놓은 정치인들에게는 내적인 동기, 비전이 있습니다.

트럼프의 '연아대중책'은 정확히 이야기하면 본래 미국 보수의 책사 중의 책사인 존 미어샤이머John Joseph Measheimer, 1947~ 교수의 아이디어입니다. 국제관계학에서 현실주의를 대변하는, 그리고 미군과 미국의 첩보 기관에서 계속 고문 역할을 한 미어샤이머 교수도 그렇다면 간첩인가요? 지금 대러 협상, 대우크라이나 압박, 우크라이나와의 첩보 공유 정지, 대유럽 압박 등의 트럼프 정책의 실행에 종사하는 수천 명의 미국의 군 장교와 외교관, 첩보 요원 등이, 고정간첩의 지휘를 받아 다 하나같이 일사불란하게 움직일 수 있다는 것인가요? 미국의 관료, 행정 국가는 그리 허술하지 않습니다. 미국의 고위급 관료들이 트럼프의 '큰 그림'을 비교적 무난하게 실행에 옮기고 있다면 그들이 이 계책을 어느 정도 이해했다는 이야기, 그리고 굳이 개인적으로 좋아하지 않아도 적어도 일단 미국의 국익 차원에서 '그럴 수도 있다'고 생각하고 있다는 이야기가 됩니다. 관료 기구 안에서 이 정도의 합의가 없었다면 이미 그 안으로부터 엄청난 불협화음 소리가 나왔겠지요.

그런데 만약 이 계책을 지금 다시 러시아의 속지로 돌아와야 할 우크라이나인의 입장, 또는 러시아로부터의 안보 위협에 시달릴 유럽의 입장이 아닌 트럼프와 같은 미국 제국주의자의 입장에서 본다면 사실 이 계책이 그렇게 무리하거나 머리 나쁜 것처럼 보이지 않을 것입니다. 러시아 민족주의자 일부가 미국이 마치 동유럽을 삼켰다는 식으로 사고해 왔지만, 사실 미국은 경제적으로 우크라이나는 물론이고 동유럽 전체에 대해 그다지 득을 본 게 없습니다. 예컨대 우크라이나 다음으로 대러 거래에서 미국의 또 하나의 카드가 될 수 있는 것은 발틱 3국인데, 에스토니아에서 외국 투자 총액 중 미국 기업의 투자는 4억 유로 정도, 즉 전체의 1%밖에 안 됩니다. 미국 기업의 라트비아 투자 규모 역시 이 정도입니다. 발틱 3국에서 투자를 이끈 것은 북유럽, 특히 스웨덴과 독일이고, 그다음 네덜란드 등인데, 미국이 이제 이들 유럽의 고소득 국가들을 일차적으로 경쟁국으로 인식한다면 그들의 경제적인 놀이터인 발틱 3국을 충분히 대러 거래의 수단으로 만들 수도 있습니다.

미국의 이런 대러 거래가 약소국 독립권, 즉 기존의 국제 질서를 크게 위협한다는 것은 사실입니다. 그런데 일단 거래 그 자체가 미 제국의 관점에서 가능한 이유는, 러시아가 요구하는 최대치도 미 제국의 핵심적 이해와 크게 충돌하지 않고 있기 때문입니다. 중국의 위안화와 달리 러시아 루불화는 국제 결제 수단이 되어 미 달러의 위치를 위협할 리는 만무합니다. 중국과 달리 러시아는 극히 일부의 무기 생산이나 원전, 우주공학 등 소수 분야 이외에는 첨단기술 집약적 제조업이 거의 없어 미국의 기술 주도권을 위협할 리 없습니다. 참고로, 세계 제조업에서 중국의 비중은 31%, 미국의 비중은 약 16%, 한국만 해도 그 비중은 2.7%지만, 러시아의 비중은 1.8%에 불과합니다. 지식 생산도 마찬가지입니다. 2024년 세계의 주요 대학 랭킹인 QS 랭킹에 따르면 세계 '최고' 1500개 대학 중 미국의 대학은 197개나 되고 중국의 대학은 71개나 되지만, 러시아는 48개밖에 안 되고, 그중 '톱 100'에 낀 데는 딱 한 군데입니다. 핵무기 이외에는 거의 모든 부문에서 미국과의 경쟁 그 자체가 불가능한 러시아는, 중국 견제에 올인하려고 하는 미국에 '딜' 상대로는 최적이라고 가히 말할 수 있습니다. 요구의 최대치는 아마도 구소련 영토에 대한 일종의 관리권, 그리고 동유럽에 대한 통제권일 터인데, 위에서 말한 것처럼 그게 미국에 큰 문제 될 것 같지 않습니다. 사실 구소련 영토의 재통합에는 중앙아시아 5개국이 핵심이 될 터인데, 거기에서 러시아는 잠재적으로 미국이 아닌 중국과 경쟁할 여지가 있습니다.

한마디로 정리하면, 트럼프는 2025년 이전 지난 80년 동안의 팍스 아메리카나의 구도를 획기적으로 변모시킵니다. 우크라이나부터 시작해서 일부 구소련 구성 공화국들이 러시아에 넘겨지고, 과거의 동맹국이었던 유럽은 주변화됩니다. 그런데도 트럼프가 이런 '딜'을 추구하는 이유는 충분히 있습니다. 미국의 대외 국채 규모 억제 차원에서 유럽 등 주니어 파트너들의 방어에 들어갈 돈을 삭감하는 것이고,

러시아나 인도 등 준주변부 제국들과의 상황적 연대는 대중국 견제 차원에서 유용해 보인다는 것입니다. 우리야 트럼프와 소련(러시아) 첩보 기관 사이의 전모를 알 수 없지만, 그런 관계의 유무 여부와 무관하게 순순히 미 제국의 이해관계 차원에서 이런 계책을 고안해 실행해 볼 수는 있습니다. 대한민국도 어느 순간 대중국 관계에서 하나의 카드로 이용될 확률이 있는 만큼, 일단 스스로 역량부터 키워야 합니다. '미국 없는 미래'를 가상하여, 그럴 가능성에 내외부적으로 대응해야죠. 균형 외교도 필요하지만, 다민족 사회 건설, 그리고 이민자 적극 유치 등도 필요합니다. 대한민국이 차후 약화될 수 있는 치명적인 포인트는 다름이 아닌 고령화와 인구 감소이기 때문이죠.

트럼프주의라는
심적 안식처

넷플릭스에서 〈그리고 베를린에서Unorthodox〉(2020)라는 드라마를 볼수 있습니다. 초근본주의적인 유대인 종파를 떠나 베를린에서 새 삶을 모색하는 여주인공의 '자유 갈망'은 보는 사람마다 쉽게 동감할 수있습니다. 초근본주의적 종파란 일단 가부장제의 최악을 보통 보여준다는 점까지 감안하면 여주인공의 심정을 더 잘 이해할 수 있습니다. 한데 이 드라마가 그리는 종파로부터의 탈출은 문제의 종파에서 아주예외적인 사건이었습니다. 극도로 예외적인 만큼 종파가 아예 사람들을 베를린으로 파견하여 탈출한 이를 다시 억지로라도 돌려받으려고합니다.

　영화에서만 그런 것이 아닙니다. 사실 단순한 신조를 강력하게 믿게 돼 있는, 카리스마적 지도자가 있고 바깥 세계를 타자시하는 폐쇄적인 종파들은 그 흡수력이 대단합니다. 일본의 창가학회, 아니면 세계적인 신흥종교가 되고, 현재 국내에서 큰 문제를 일으킨 통일교도 이탈은 그리 자주 있는 일이 아닙니다. 아니면 북한 이탈 주민들의 숫자를 생각해 보죠. 북한이 아직 먹고살 만하고, 미래가 보였던 시절, 즉 1989년까지 탈북자(당시 말로는 귀순자)의 누적 숫자는 607명이었습니다. 공포나 가족 관계, 아니면 어떤 물질적인 이유만으로 설명하기는 어렵습니다. 사실 북한의 생활 수준은 1990년대 초반 이전에도 동구권 등 일부 북한 사람들이 그나마 가볼 수 있는 지역에 비해서도 상당히 떨어져 있었습니다. 그런데 신천지 교회나 이슬람 근본주의 종파, 아니면 북한처럼 높은 충성도를 전제로 하고 강력한 집단성을 특징으로 하는 그룹들의 경우에는, 일단 믿는 이에게 그 삶을 아주 간편하게 만듭니다. 세상만사를 설명할 수 있다 싶은, 만능의 설명틀을 제공하기 때문입니다. 그리고 바깥세계가 타자시되고 이질시되는 만큼, '우리끼리'는 더 강력하게 따뜻한 정을 나눌 수 있죠. 내부자들만이 이해할 수 있는 그런 정情 말입니다.

물론 트럼프의 부동 지지층은 일견 '작고 폐쇄적인 종파'처럼 보이지 않습니다. 이번에 트럼프에 투표한 유권자만 해도 7700만 명이 넘습니다. 남북한 총인구와 비슷합니다. 한데 그중에서도 특히 핵심 지지층을 보면 정말이지 극도로 보수적이고 폐쇄적인 모종의 종파를 보는 것 같은 느낌입니다. 일단 하드코어 트럼프주의자들은 타자들을 무조건 불신합니다. 상당수가 면대면 공동체 같은 작은 동네 출신들이라 같은 면대면 공동체 구성원이 아니라면 불신하는 게 당연할 수도 있겠죠? 한데 그들은 모르는 사람을 불신한다기보다는 생각이 다른 사람을 절대 믿지 못합니다. 그들에게 '빨갱이'는 물론이고 자유주의자도 일단 소통이 불가능한 적입니다. 북한 주민들이 북한의 국경 안에 대개 있게 돼 있고, 근본주의적 종파들의 신도들이 적어도 일주일에 한 번이라도 같이 꼭 출석하여 예배를 보듯, 트럼프주의자들의 정보 공간 역시 아주 분명한 경계선이 그어져 있습니다. 브라이트바트뉴스Breitbart News, 폭스뉴스Fox News 등 극우 매체 아니면 보려고도 들으려고도 하지 않고 그 극우 정보 버블 안에 갇혀 있습니다. 동시에, 폭스뉴스 같은 대표적인 극우 방송을 시청하는 것은 그들에게는 거의 종교 의례 같은 것입니다. 주체사상이 바람직한 정치를 '자주, 자립, 자위, 강성대국 건설' 등과 같은, 매우 단순하고도 명쾌한 방식으로 쉽고 설득력 있게 설명하듯이, 극우 방송들은 미국의 황금기를 위한 보호 관세 장벽, 이민 최소화, 종교와 가족 가치 회복 등의 복음을 쉽게 아주 단순한 방식으로 전합니다. 주체사상이 '미제'를 만악의 근원으로 설정했듯이, 브라이트바트와 폭스는 자유주의 엘리트, 마르크스주의자, 이슬람 테러리스트 지지자들만을 탄압하고 내쫓으면 모든 문제들이 스스로 풀릴 것처럼 서사를 펼칩니다.

근본주의 종파들의 인간상은 단순하고 설득력이 있습니다. 맡은 일을 잘하고, 신심이 강하고 교주에게 바쳐야 할 것을 바치고 교주가 정한 규율을 잘 지키면 됩니다. 그렇게만 하면 인생 고민 끝, 늘 신심을 갖고 미소를 짓고 편하게 살 수 있죠. 사실 트럼프주의자들의 인간상 역시 이와 같습니다. 남성은 남성답게(강하고 씩씩하게), 여성은 여성

답게(가족적으로) 행동하고, 모든 문제들을 개인적 문제라고 생각하여 성실한 노동으로 풀고, 미국적 가치(철저한 개인주의, 성실한 노동을 통한 신분 상승, 가족 관계 등)만 믿고 비미국적인 행동(노조 가입부터 팔레스타인 연대 운동까지)을 하지 않으면 별 고민 없이 잘 살 수 있습니다. 고민이 생길 경우 극우 방송을 듣고 모든 문제들이 결국 마르크스주의자들의 음모라는 사실을 익히면 됩니다. 그리고 세금을 깎아주고 이상하게 생긴(?) 타자들이 우리 미국으로 들어오지 못하게 해줄 교주, 즉 트럼프만 무조건 믿으면 됩니다. 참, 고민도 적고 아주 편리한 인생인 셈이죠. 복잡할 것 없습니다.

　결국 신자유주의적 세계화의 피해자가 되고 세계화의 그 복잡다단한, 생소한 개념과 여태까지 많이 보지 못한 변화(젠더 아이덴티티의 변화 등)들에 대해 공포와 피로를 느끼는 수많은 소공동체 구성원들에게 트럼프주의는 심리적으로 대단히 편리한 안식처가 됐습니다. 트럼프주의의 성실한 신도가 되면 그야말로 '고민 끝', 심적으로 매우 편리한 삶의 지평이 열릴 수 있죠. 한데 트럼프주의라는 정치적 섹트의 이상은 미래에 있지 않고, 과거, 그 좋았던 옛날의 미국, 백인 농민, 수공업자, 상인 공동체들로 이루어진 나라에 있습니다. 트럼프주의의 유토피아는 과거회귀적입니다. 이 섹트의 종사자들이 지금 권력을 잡아 미국의 연구, 교육, 공공 부문 예산을 무자비하게 깎는 만큼 선진국이 돼 가는 중국과 후진화돼 가는 미국 사이의 격차만 벌어질 것입니다. 그들이 중국과의 경쟁을 외치지만, 그들의 정책은 이 경쟁에서 필패를 의미합니다.

국가의 자살

요즘 노르웨이에서 미국 상품 불매 운동이 한창입니다. 관련 그룹만
해도 페북에서 수만 명의 가입자를 획득했습니다. 참, 페북 자체도 미
국 상품이기에 페북에서 미국 상품 불매 운동을 벌인다는 것은 역설
중의 역설이지만, 미국 상품이 아닌 소셜 미디어는 유럽에 거의 없어
서 어쩔 수 없이 그런 선택을 했겠지요. 위챗微信, 카카오, 아니면 'vk.
ru'나 'ok.ru' 등을 사용할 수 있는데, 그건 다수의 유럽인들에게는 접
근성이 좋지 않거나 (중국, 러시아의 소셜 미디어의 경우) 더 거부감이
강한 편입니다.

좌우간, 저도 이런 운동에 공감해 한번 불매 운동을 같이 해볼까 싶
었습니다. 그래서 제 주위에 미국산 물건이 무엇이 있는지 한번 둘러
봤습니다. 제 집에는 미국산 물건이 거의 없다시피 해서 굳이 불매 운

동을 하고 싶어도 하기가 쉽지 않습니다. 가구는 대개 북구산, 겨울옷은 캐나다산, 세탁기는 한국산, 주방 세척기는 독일산, 청소기 역시 독일산, 컴퓨터는 대만산, 식기 등은 거의 다 중국산. 어렵게 찾아봤지만 결국 잠재적인 미국 상품 불매 운동 대상에 오른 것은 다음 5가지 범주의 상품이었습니다.

1. 학지academic knowledge 생산과 관련된 물건, 예컨대 학술 서적들입니다. 제 집에는 미국 대학 출판부에서 간행한 책들이 아주 많습니다. 단, 저자 중 상당수는 외국 유학생 출신의 재미 학자들이죠. 한국이나 중국 등지에서 미국으로 유학하고, 학위를 획득하고, 학위 논문을 보강해서 책을 내는. 사실 이런 국제 개방형 능력주의 성공의 사다리를 밟은 외국 출신들이 미국 학계의 기반을 이룹니다.

2. 제 아이폰 등 일부 전자제품입니다. 아마도 제 아이폰의 물리적 생산이야 중국 등에서 이루어졌겠지만, 소프트는 미국 애플사의 것입니다. 애플사에서 누가 아이폰 만들기에 필요한 기술을 개발했을까요? 2016년 미국 노동부 통계에 따르면, 실리콘밸리 25~44세 IT 근로자 중 74%는 외국에서 태어나 미국에 이민 온 사람들이었습니다. 이들 역시 주로 유학을 하고, 학습 능력 경쟁을 뚫고, 학위를 받고 IT 쪽에 취직하는 등의 국제 개방형 능력주의적 성공의 사다리를 밟은 사람들입니다.

3. 제 컴퓨터의 윈도우, 워드 등의 소프트웨어입니다. 구글 검색엔진도 마찬가지입니다. 페북 등 일부 소셜 미디어도 그렇고요. 참고로, 미국 전체 스템stem('Science, Technology, Engineering, Mathmatics'

의 약칭) 근로자 중 외국인들은 약 4분의 1, 마이크로소프트사의 소프트웨어 엔지니어 중 외국인의 비율은 절반 정도입니다.

4. 제 텔레비전(한국산)에 있는 넷플릭스입니다. 한데 제가 넷플릭스에서 보는 콘텐츠 내용 중 미국에서 생산된 내용(소위 미드 등)은 그다지 많지 않습니다. 참고로, 넷플릭스가 2024년 생산 주문한 콘텐츠 중 68%는 미국이 아닌 나라에 주문한 것입니다(K콘텐츠부터 시작해서 말입니다). 넷플릭스 구독자의 70%는 미국 밖에 있는 사람들이고요.

5. 은행의 투자 상품입니다. 제가 직접 투자를 하지 않습니다만, 제 임금 계좌가 있는 북구의 노르데아Nordea 은행은 미국의 국채 등에 투자를 하는 펀드를 운영합니다. 지금까지 미국의 국채는 세계의 가장 안전한 금융 상품으로 평가를 받아, 노르디아는 '저위험 상품을 선호하는 고객'들에게 미 국채 투자 펀드 가입을 계속 종용해 왔습니다. 참고로, 전체 미국 국채의 약 23%는 외국 정부나 은행 등이 보유합니다

위 명단을 보면 미국이 대체로 무엇을 만들어 팔고 사는 나라인지 쉽게 알 수 있습니다. 상당수 외국인 연구자들로 이루어진 미국 대학 시스템은 학지를 생산하고, 상당수 외국인 기술자를 고용하는 미국 전자제품, 소프트웨어 등 업체들은 소프트웨어 등 기술을 생산하고, 넷플릭스 같은 플랫폼 업체들은 주로 외국산 콘텐츠를 외국인들에게 팔고, 미국 국채의 4분의 1 정도는 외국의 투자에 의존합니다. 즉, 미국은 극도로 국제화, 세계화된 생산시스템을 가동하면서 지식, 소프트웨어, 기술, 국채 같은 고안전성 투자 상품 등을 팝니다. 미국의 대학과 전자, 소프트웨어, 플랫폼, 금융 업체들은 국제경쟁력을 보유하

고 있습니다. 그 대신 방직부터 자동차, 선박, 반도체 등까지 미국의 물리적 생산의 대부분은 이미 국내적 경쟁력마저 완전히 잃었거나 반도체처럼 점차 중국에 추월당하고 있습니다.

미국의 비즈니스 모델은 당연히 문제가 컸습니다. 일단 자동차나 반도체처럼 학지 생산도 외국 경쟁에 잠재적으로 노출돼 있고, 영원한 우위는 없습니다. 연구의 자유 등이 중요한 인문사회과학을 제외하고 스템만 봐도, 최근 중국의 스템 박사학위 숫자(7만 개 이상)는 이미 미국의 거의 2배에 가깝습니다. 미국의 학계나 소프트웨어 생산에 외국 인재들은 핵심적으로 중요한 역할을 해왔지만, 외국 인재를 쉽게 유치할 수 있었던 시대도 이미 몇 년 전부터 끝나가기 시작했습니다. 2012년 이후 예컨대 중국인 유학생 80%가 조국으로 귀환했습니다. 고임금과 안정적인 중상층 삶을 보장할 수 있는 나라는 이제 미국만이 아니란 이야기죠. 스웨덴의 스포티파이Spotify의 성공이 보여준 것처럼, 미국 업체는 아니더라도 영상 및 음악 콘텐츠를 충분히 잘 제공할 수 있습니다. 그리고 미국의 국채 규모가 GDP의 123%나 되는 상황에서 과연 미국 국채에 대한 투자가 어디까지 안전한지 노르데아 같은 외국 은행들의 애널리스트들이 이제 스스로에게 묻기 시작합니다. 즉, 현 미국의 국제 분업 참여 모델에는 분명 지속가능성의 문제가 있습니다. 거기에 또 다른 문제는 일자리 창출 효과의 한계성입니다. 예컨대 미국의 IT 산업의 전체 고용 규모는 300만 명이며, 금융(보험) 산업 역시 대체로 그 정도입니다. 한데 이는 미국 전체 피고용자(1억 3300만 명)의 4~5%밖에 되지 않습니다. 공업이 쇠퇴한 대신에 IT, 소프트, 금융이 신경제의 중핵을 이룬 미국에서 실제로 대다수의 일자리는 저임금에다 조건이 나쁜 서비스 부문 일자리들입니다. 즉, 미국식의 기존 경제 모델은 지속가능성에 한계가 있고 다수에게 더 이상 고임금의 안정적인 일자리를 제공하지 못하고 있었습니다. 결국 불만과 불안의 파도를 타고 트럼프 같은 극우 포퓰리스트가 행정부 권력을 잡기에 이릅니다.

문제는, 트럼프가 미국 자본주의라는 '환자'를 치료하기 위해 사용하는 약물은, 만약 지금과 같은 방식과 양으로 처방할 경우 차라리 약이 아닌 독약에 더 가깝다는 점입니다. 이민자 마녀사냥, 외국인 학생 감금과 추방 등은 결국 학계와 IT 산업의 기반이었던 외국 인재의 공급에 차질을 빚어 미국의 국제경쟁력을 크게 떨어뜨릴 수밖에 없습니다. 대학 연구비 삭감과 대학가에서의 '급진파' 마녀사냥은 궁극적으로 몇 안 되는 국제경쟁력이 있는 산업인 대학의 쇠퇴를 가속화하지요. 전 세계에 대한 적대성의 표명, 특히 유럽 등 기존 우호 지역들을 겨냥하는 고율 관세 도입 등은 결국 넷플릭스 등에 대한 불매 운동 등 미국의 전 세계 플랫폼 산업의 입장을 더 어렵게 만듭니다. 고율 관세 부과의 공식적 목적은 미국의 재공업화이고, 재공업화가 이루어지려면 적어도 10~15년이 필요한데 그 효과는 제한적이고, 아무리 미국에서 예컨대 자동차 생산이 좀 늘어도 고율 관세의 보호무역 세계에서 국제경쟁력은 비교적 낮을 것입니다. 한데 고율 관세의 효과는 중기·장기적으로 미국의 생산에 긍정적이라 해도, 단기적으로는 인플레이와 달러화 평가절하가 뒤따릅니다. 그러면 국채를 포함한 달러화 자산의 안전성이 떨어져 궁극적으로 달러화의 국제 기축 통화로서의 위치는 위협을 받습니다. 결국 국채 발행을 통한 미국 정부의 자금 조달 능력이 크게 떨어져 궁극적으로 미 정부의 운신의 폭, 그리고 국제 개입력이 많이 떨어집니다.

트럼프주의가 만약 10~15년 지속되면 2040년대의 미국은 지금보다 훨씬 더 고립적인 사회이고, 더 이상 해외 인재의 메카가 아닐 것입니다. 플랫폼 서비스부터 전자제품까지 가면 갈수록 더 많은 경쟁을 받을 것이고, 외채는 고위험 자산이 될 수 있습니다. 달러는 세계 기축 통화라기보다는 주요 통화 중의 하나로 전락할 수 있습니다. 미국은 동아시아에서 군사 보호령(일본, 한국 등)을 계속 보유할는지 몰라도, 유럽이나 중동에 대한 영향력의 상당 부분을 상실할 것으로 보입니다. 사실 미 제국의 장기적 이해관계 차원에서는 트럼프와 같은 정책은 거의 국가 자살에 가깝습니다. 그럼에도 그런 정책이 집행되는 것은, 궁극적으로 미 제국 몰락의 국면을 현저하게 드러내는 것입니다.

미래가 될 과거

역사는 하나의 현실로서 존재하지 않습니다. 한 연구자가 쓴 저서의 제목대로 '과거는 외국'입니다. 우리가 더 이상 가볼 수도 없는, 국경이 봉쇄된 외국이지요. 과거는 사라지고, 과거로부터 남는 것은 결국 기억과 문서인데, 그 사료들은 그 작성자의 이해관계(세계관)가 서로 다른 만큼 다 주관성과 한계성 등을 지니고 있습니다. 예컨대 2003~2009년 미국을 필두로 한 국제 연합군의 이라크 침략 역사를 연구하는 연구자가 미국 측, 이라크 저항운동 측, 그리고 예컨대 한국이나 일본 파병군 측 자료를 놓고 보면 그들 각자가 보는 전쟁은 아주 다를 것입니다. 역사가들이 사료의 주관성 등을 감안하여 여러 사료의 교차 비교 등을 통해 과거에 있었던 일의 객관적인 전모를 복구하려고 노력하지만, 아무리 의식적으로 객관성을 지향해도 과거를 복구하는 데 그들의 목적의식이 또 나름의 역할을 합니다. 예를 들어 대부분의 진보 사학자들이 이라크 침략을 연구하려는 의지 뒤에는 '두 번 다시 이런 범죄를 반복해서는 안 된다'는 반전평화 의지가 강력하게 숨어 있을 것입니다. 객관성 지향은 사학자의 직업적 덕목이지만, 연구 동기 중의 하나인 그런 사명 의식 같은 게 없는 사학자도 실제로 거의 없습니다.

사학자들도 과거를 다룰 때 각자 나름의 미래를 향한 모종의 의식이 있지만, 정치인들은 더하고, 특히 미국 정치인들은 더 그럴 것입니다. 미국 정치는 반지성주의적 특색이 강하고, 특히 20~21세기 미국 대통령 중 이렇다 할 만한 독서가들이 드뭅니다. 프랭클린 루스벨트 대통령은 그나마 해군사 관련 서적을 수집하는 등 지성적 취미가 없지 않았지만, 대통령 재임 중 독서는 거의 하지 않았답니다. 존 F. 케네디John Fitzgerald Kennedy, 1917~1963를 포함해서 전후 대통령들도 거의 독서하지 않았고, 트럼프는 그중에서도 아주 심한 편입니다. 그런 사람들이 역사를 건드린다면 그 뒤에는 아주 분명하게 현재적 의도가 숨어 있습니다. 다르게 말하자면 트럼프 같은 정객이 역사 속에서 무엇을 중시하는지 알면 그가 갈망하는 미국의 미래를 어느 정도 짐작해 볼 수 있습니다. 물론 트럼프는 외국사는 물론이거니와 자국사를 체계적으로 학습한 적이 없습니다. 그러나 그가 아는 단편적인 과거의 에피소드나 문서, 법률 등을 언급하는 태도를 보면, 그가 계획하는 미국의 모습을 엿볼 수는 있지요.

건국기, 즉 18세기 말 미국의 법률 중 트럼프가 종종 외국인 추방 정책 등의 법률적 근거로 삼는 것은 1798년의 적성외국인법Alien Enemies Act입니다. 제1·2차 세계대전 때 독일인이나 일본인에게 억류 정책을 펼 때 적용했던 법이기도 한데, 그 배경은 이렇습니다. 건국 초기 미국의 최고 우방은 바로 (영국과 적대했던 나머지 미국의 독립을 지원한) 절대왕권 시대의 프랑스였습니다. 한데 미국은 프랑스로부터 받은 차관을 갚지 못한 바도 있었지만, 1789년 이후 프랑스의 혁명은, 대개 농장주이자 노예주였던 미국 혁명의 지도자들이 바라는 지점보다 훨씬 더 멀리 나아갔습니다. 특히 프랑스의 국민공회는 1794년 초 프랑스의 카리브해 식민지를 포함해 모든 프랑스령 지역에서 노예해방령을 공포했는데, 이는 노예주인 미국 건국의 아버지들의 경제적 기반을 위협하는 조치였습니다. 그들은 프랑스령 아이티에서 일어난 노예 반란이 미국 남부에서도 일어날 것을 가장 두려워했습니다. 결국 적성외국인법이 겨냥했던 사람들은 바로 외국 이민자로서 프랑스 혁명의 급진 사상 등에 전염된 이나 급진 혁명, 노예 해방을 선동한 이 등이었습니다. 지금 트럼프 정권이 이 법을 근거로 친팔레스타인 시위 주도자들을 추방하려고 하는데, 사실 이 경우에는 이 법의 본래 취지를 정확히 살리는 것입니다. 미국의 건국 집단인 농장주, 재산가 등이 미국이 급진 사상이 들어오지 못하는 재산가들의 천국이 될 것을 원했던 그 이상으로 트럼프 역시 보수의 보루 미국 상을 그리고 있습니다.

19세기 미국 대통령들 중 트럼프가 특히 애호하는 인물은 1897~1901년 재임한 제25대 대통령 윌리엄 매킨리William McKinley, 1843~1901입니다. 역사에 무지한 트럼프가 매킨리에 꽂힌 이유는 무엇일까요? 영토 확장, 고율 관세, 그리고 인종주의 이 세 가지를 들 수 있습니다. 작가 마크 트웨인Mark Twain, 1835~1910 등 미국 사회 명망가 상당수는 반제 동맹을 창설해 제국주의 정책을 반대했는데, 매킨리는 이들의 저항을 뚫고 '이는 우리의 명백한 운명'이라고 하면서 하와이를 합병하고 필리핀 등을 식민화했습니다. 쿠바를 사실상 보호령으로 삼고 필리핀과 쿠바의 옛 식민 본국인 스페인에 상당액의 보상금을 지급하는 등 전쟁과 딜을 겸비하는 영토 확장 전략을 구사했습니다. 매킨리 시대 미국은 아직 연방 개인 소득세를 도입하지 않아 연방 정부의 주요 수입원은 40%에 이르는, 세계에서도 가장 높은 측에 속했던 관세였습니다. 부자들은 세금을 낼 필요가 없었고, 고율 관세는 고스란히 모든 소비자들의 부담으로 전가됐죠. 매킨리는 "고율 관세는 우리 노동자들을 보호한다"고 노동자들에게도 호소했는데, 그가 상대하려고 했던 노동자들은 오로지 백인 노동자였습니다. 남부 백인들의 상당한 지지를 받았던 그는 흑인 우체국 국장 등이 백인 인종주의자들의 공격을 받아도 별로 반응하지 않고, 북캐롤라이나의 윌밍턴Wilmington에서 백인 인종주의자들이 수백 명의 흑인을 학살하는 만행을 벌이고 흑인 주민들을 폭력적으로 추방해도 연방군을 파견하지 않는 등 아무런 반응도 보이지 않았습니다. 트럼프가 원하는 위대한 미국이 대체로 어떤 모습일지 짐작할 수 있습니다.

　20세기 미국 역사에서 트럼프가 특히 좋게 언급하는 것은 1930년의 스무트-홀리 관세법Smoot-Hawley Tariff Act입니다. 미국이 평균 관세율을 20%로 올리고 캐나다 등 가장 가까운 무역 상대국으로부터의 보복을 초래한 이 법은, 반대로 미국의 실업률을 높이고, 금융 시장 상황을 악화시키고 대공황을 심화시켰습니다. 이외 트럼프가 긍정적으로 언급하곤 하는 시기는, 비서구 이민이 극도로 통제돼 있고 시민 운동이 아직 미약하고 한국전쟁 등으로 미국 기업들이 큰돈을 벌어들여도 반전 운동이 그다지 크지 않았던 1950년대입니다. 트럼프의 이런 자국사 인식은 무엇을 가리킬까요? 트럼프 현상은 결코 미국 정치사상의 우연이나 갑작스러운 돌연변이가 아닙니다. 트럼프 현상은 미국 건국부터 태동한 미국의 보수주의, 급진 운동 혐오증, 외국 급진파 혐오증, 인종주의, 영토 확장론, 고율 관세와 저세율을 통한 부자를 위한 복지 등의 전통을 기반으로 성립한 것입니다. 그런 전통을 토양 삼은 MAGA 운동, 그 운동의 수령인 트럼프는 쉽게 사라지지 않을 것이고, 트럼프주의와 미국의 진보, 혁신 운동가들의 투쟁은 힘들고 위험하고 오래 걸릴 수도 있습니다. 외국의 진보 운동이 그 투쟁 속에서 그들의 좋은 우군이 될 수 있기를 기대해야만 하겠지요.

'딜' 외교의 실패

트럼프의 정책을 결산하기에는 아직 너무 이릅니다. 한데 임기 초기가 어느 정도 다 관찰된 지금 분명한 것은, 트럼프의 외교가 지금까지 거의 실패의 연속이었다는 점입니다. 소기의 목표가 달성되지 못하는 것을 실패라고 부른다면 여태까지 트럼프의 딜 외교는 실패 그 자체죠. 소기의 목표는 무엇이었나요?

1. 신흥 초강대국 중국에 맞서 일단 부차적인 지역(동유럽, 중동 등)에서 미국의 군사, 외교 개입의 정도를 줄인다.
2. 모든 가용 안보 자산들을 동아시아에 집중한다.
3. 대러 접근 등을 통해서 중국에 대한 포위망을 보다 완벽하게 구축한다.
4. 미국 경제에 대한 보호주의 정책 위주로 세계 무역 판도를 바꾼다.

5. 유럽과 동아시아의 군사 보호령(동맹국)들을 대중국 포위망에 동원한다.

하지만 이 플랜은 실행률이 대단히 저조하고, 별다른 효과도 없습니다.

1, 3, 그리고 4. 미국이 우크라이나의 대러 저항에 투자를 극도로 줄인 것은 사실입니다. 바이든 정권 때 이미 책정한 군사 원조는 2025년 6월로 끝난 셈이고, 그 뒤 돈 받고 무기를 팔 수 있지만 이외에는 첩보 위성 정보 제공 정도만 부분적으로 지속할 것으로 보입니다. 한데 미국의 대우크라이나 군사 투자가 극도로 줄어든 만큼, 우크라이나에 대한 영향력도 상당히 줄어들었습니다. 그래서 트럼프는 3의 목표, 즉 새로운 대러 접근을 위해 러-우 휴전을 알선하려 했지만, 2025년 6월 1일 우크라이나의 러시아 전략 폭격기 기지 공격 등으로 당분간 휴전 협상 타결이 어려워지는 등 트럼프의 대우크라이나(러시아) 외교는 고전苦戰을 면치 못하고 있습니다. 만약 3의 목표 실현을 위해 우크라이나에 압박을 가해 러시아와의 불리한 휴전이라도 억지로 맺게끔 하자면 우크라이나를 후원하는 또 하나의 세력, 즉 유럽연합과 함께 공동으로 우크라이나를 압박해야 했습니다. 한데 트럼프 행정부는 또 동시에 4의 목표, 즉 미국 경제만을 위한 보호주의 정책 실행 과정에서 대유럽 관계부터 매우 복잡하게 만들어 우크라이나에 대한 정책 공조를 어렵게 합니다. 결국 1과 3, 4를 매우 혼란스러운 방식으로 동시에 추구했는데 그중 현재 (2025년 6월)까지 아무것도 실행된 게 없습니다. 물론 미-러 관계 정상화 협상은 지금도 진행 중이지만(제3의 목

표), 동시에 트럼프가 중단시키려고 했던 중-러의 파트너 관계는 오히려 더 심화돼 가고 있습니다.

1과 2. 만약 미국의 전략 자산들을 극동에 집중시키자면 일단 중동 등 이외의 민감 지역에서는 되도록 철수하고, 적어도 그 지역에서는 미국의 개입을 초래할 수 있는 대형 사태들이 일어나지 말아야 했습니다. 그래서 트럼프는 (본인이 제1기에 이란과의 핵 협정문을 휴지조각으로 만들고 나서) 이란과의 핵 협상을 재개했습니다. 한데 2025년 6월 13일 이스라엘은 이란을 전격 공습하여 미국 측과 협상한 고위 공직자들을 표적 살해하고 일부 핵 시설을 파괴했습니다. 이 전격 공습 사실을 미국 측이 사전에 인지한 것은 거의 확실한데, 사전에 동의했는지는 불분명합니다. 아마도 협상 중인 만큼 트럼프의 사전 동의가 없었던 것으로 보는 게 맞을 겁니다. 만약 이스라엘이 트럼프의 동의 없이 주요 지역 강국과의 전면전을 시작할 수 있었다면, 이스라엘에 대한 트럼프의 통제력, 지휘력이 매우 약해졌고, 이것도 외교 실패라고 봐야 합니다. 이란-이스라엘 전쟁의 전개 양상을 예측하기가 힘들지만, 깔끔하게 종결되기는 쉽지 않을 게 분명합니다. 그렇다면 미군의 직접 개입은 없다 해도, 중동에서의 미군 주둔에 드는 비용을 줄이고 전략 자산들을 동아시아로 옮기는 계획은 실행하기 불가능해집니다. 트럼프로서는 또 하나의 외교 실패입니다.

4와 5. 보호주의로의 전환은 신자유주의적 세계화가 실패한 결과로 몇 년 전부터 세계적 추세가 됐지만, 트럼프형 고율 관세 부과 위주의 보호주의는 누가 봐도 조악하고 매우 비효율적입니다. 사실 미국에서 재공업화 정책을 벌이자면 동아시아나 유럽으로부터 수입될 공장 설비 등에 대한 관세 부과를 아예 하지 말아야 했는데, 이런 정책 배려조차 없었던 것으로 보입니다. 졸속과 혼란의 고율 관세 부과 과정은, 재공업화를 위해 미국에 공장 설립 투자를 해야 할 유럽과 동아시아 기업들에게는 오히려 미국에 대한 신뢰를 파괴해 투자 의지를 꺾은 것으로 보입니다. 한국 기업들의 입장에서는 2010년 한미FTA를 한국과의 사전 협의도 없이 사실상 백지화한 트럼프 정권을 믿고 과연 미국에 대한 장기 투자를 쉽게 결정할 수 있겠습니까? 이런 과정에서 유럽과 동아시아의 미국의 하위 파트너들은 오히려 중국과의 무역, 투자 관계의 유지나 강화를 더 지향하고, 일부의 경우에는 중국과 협력해서 미국발 관세 폭탄에 같이 맞서는 모습도 볼 수 있었습니다. 미국의 의지와 달리 일본이나 한국, 독일 등은 트럼프가 구축하고자 하는 반중국 대연합에 동원되지 않고 있으며 될 것 같지도 않습니다. 트럼프에게는 실패일 수밖에 없습니다.

트럼프가 러시아까지 동원해 모종의 글로벌 반중국 연대를 꿈꾸었던 것으로 보이지만, 지금 우리가 볼 수 있는 것은 그 파트너인 이스라엘, 우크라이나, 유럽 등에 대한 미국의 영향력 저하입니다. 미국은 지금 다시 위대하게 되기는커녕 그냥 쇠락의 가속화를 경험하고 있습니다. 물론 미국의 현재와 같은 위치는 미국이 세계 주요 제조업 국가가 된 20세기 초반부터 구축된 만큼 한꺼번에 무너지지는 않을 것입니다. 즉, 패권 쇠락의 과정은 장기 지속될 것입니다. 한데 트럼프의 극우적 폭거들과 개인 독재에 가까운 리더십 스타일, 정책의 졸속과 혼란, 비전문성 등으로 이 쇠락의 과정은 2020년대 중·후반에 크게 탄력을 받을 것으로 보입니다. 이재명 정부가 이 과정을 정확히 분석해 가면서 몰락해 가는 패권 제국과의 거리 조절을 잘할 수 있었으면 좋겠습니다.

오바마와 바이든의 계승자

트럼프는 많은 면에서 미국 정계의 비주류 인물입니다. 공무원이나 군인 경력이 없는 대신에 34건의 중범죄 혐의와 유죄 판결 등이 있는 사람입니다. 무려 27명의 여성들로부터 성추행, 희롱, 폭력, 폭행의 가해자로 지목된 사람이죠. 그의 콘크리트 지지층은 총기류 소유 활동가와 백인 인종주의자, 백인 우월주의 민병대 등이며, 그의 발언 상당수는 아예 1930년대 유럽의 파시즘이나 미국의 극단적 고립주의를 연상케 합니다. 저런 사람이 공화당에서 득세하여 대통령이 될 수 있었다는 것은, 미국의 경제, 사회, 정치의 심각한 위기 상황을 반영하고 있습니다. 트럼프의 일부 정책은 그의 극우적 배경과 신념을 반영하면서 기존의 정책 흐름과는 상당한 괴리가 있습니다. 예컨대 2024년 680억 달러에 이르던 미국의 대외 원조는, 2025년 국제개발처가 거의 해체되고 나서 170억 달러에 불과할 것으로 보입니다. 고립주의라는 트럼프의 핵심 의제를 담은 정책인데, 산업화한 부유한 나라가 이처럼 대외원조를 돌연히 4배 정도 줄인 예는 세계사적으로 전례를 찾기 어렵습니다. 이외에 미국 국립보건원NIH 예산의 약 40% 삭감이나 미국 국립과학재단NSF 예산의 약 55~57% 삭감도 역시 트럼프 특유의 반지성주의적 의제를 반영한, 다소 전례를 찾기 어려운 정책들입니다. 이런 정책들은 장기적으로 첨단기술 대국 미국의 '국가 자살'의 성격이 짙은데, 극우들은 그걸 잘 인식하지 못합니다.

그런 다소 전례 없는 정책들이 다수 있는 데다 트럼프는 극우 포퓰리스트답게 일종의 '극장 국가'를 운영합니다. 이민세관단속국ICE이 카메라 앞에서 이민자를 사냥하듯이 단속하고 군 운송기에 화물처럼 실어 엘살바도르에 있는 수용소에 보내는 것은 인종주의적 색채가 짙은, 미국의 극우들이 엄청나게 좋아할 하나의 쇼에 가깝습니다. 단, 본인의 승낙 없이 이 인간 사냥 드라마에 사냥감의 역할을 맡게 된 이들의 인생은 진짜 망가지고 맙니다. 그런데 가만히 생각해 보면 일부 트럼프 특유의 극우 정책과 쇼의 요소를 제외하면 트럼프의 정책 상당 부분은 오바마나 바이든 시절과 상당한 지속성이 있습니다. 즉, 트럼프라는 비주류의 등장으로 미국의 보호주의적 행보나 중-미 대립이 가속화, 심화되긴 했지만, 어차피 미국은 대체로 이 방향으로 천천히 가고 있었습니다. 일단 사항별로 정리해 보겠습니다.

보호 무역. 이미 바이든이 자유 무역의 룰을 깡그리 무시하는 국내 산업 진흥책을 구사했습니다. 2022년의 인플레이션 감축법Inflation

Reduction Act이나 반도체 및 과학법CHIPS and Science Act 등은 미국의 반도체나 청정에너지 관련 기술 생산자들에게 세액 공제와 현금 보조금 지급을 약속했습니다. 이건 세계무역기구에 제소할 만한 보호주의 사례인데, 바이든 정권은 세계무역기구 상소기구Appelate Body 판사 임명에 협조하지 않아 그 분쟁 해결 기능이 사실상 정지됐습니다. 그러니까 바이든이 글로벌 무역룰을 파괴하기 시작하고, 트럼프가 고율 관세 부과 등으로 정책의 흐름을 이은 것입니다. 민주당이든 공화당이든 미국의 산업 경제가 상대적으로 쇠락하는 만큼 보호주의로의 선회는 아마도 불가피했을 테고 정도의 문제였습니다.

미등록 이민자 단속. 지금 자유주의 황금기로 종종 기억되는 오바마 행정부 시대에 거의 트럼프 이상으로 미등록 이민자들을 추방했습니다. 2013년에는 43만 8421명이나 추방했는데, 작은 도시의 인구 규모입니다. 트럼프는 지금까지 약 20만 명을 추방했는데, 이 속도로 가면 아마도 2025년 말에는 추방 피해자가 2013년과 비슷할 듯합니다. 트럼프는 아마도 더 많이 추방하고 싶겠지만, 이민세관단속국의 행정력은 여기까지일 뿐입니다. 진짜 큰 차이는 홍보의 수준입니다. 자유주의자 오바마는 이런 이민자 단속을 업적으로 크게 내세우지 않았지만, 트럼프는 위에서 말한 것처럼 카메라 앞에서 인간 사냥 쇼를 벌이게 만들었습니다.

중국과의 대립. '아시아로의 회귀'를 시작한 것은 오바마였으며, 그 정책이 뚜렷해진 원점은 2011년쯤으로 (시진핑의 공격적인 외교 정책이 나오기도 전에) 중국의 부상이 가시화된 시점이었습니다. 단, 오바마는 그 대립의 차원에서 환태평양경제동반자협정TPP을 통해 동아시아, 동남아시아 각국의 경제들을 미국에 더 강하게 연결시켜 중국을 고립시키려 했는데, 한국이나 일본 등을 경제적 경쟁자로 인식하는 트럼프는 – 필패일 수밖에 없는 – 미국의 국가 단위의, 단독의 대중국 대립 전략을 선택합니다. 민주–공화 양당 사이에 대립의 강도나 진행 방식 등에 대해 차이가 있으나 중국을 전략적인 경쟁자로 보는데 미국의 주류 정계에서는 거의 이견이 없습니다. 역시 러시아에 친화적으로 접근하여 러시아를 중국에서 약간이라도 떼어내려는 정책도 이미 오바마가 시도한 것입니다. 2009년 국무부 장관 힐러리 클린턴Hillary Clinton, 1947~ 은 대러 관계에서 리셋(새 설정) 개념을 처음으로 도입했으며, 2010년에 신전략무기감축협정New START을 체결하는 등 나름의 성과도 올렸습니다.

이외에도 예컨대 이스라엘에 대한 불변의 지원 등 트럼프의 정책은 기존 정책 틀의 계승과 발전으로만 보입니다. 단, 미국의 패권 쇠락이 심화되고 트럼프의 콘크리트 지지층의 요구가 극단적인 만큼, 기존 정책들도 눈에 띄게 극단화됩니다. 예컨대 바이든 때인 2024년에 미국의 평균 수입 관세율은 2.5%에 불과했는데, 지금은 협상이 잘 타결돼도 15% 정도로, 적어도 6배나 올랐습니다. 즉, 바이든이 조심스럽게 시작한 자유 무역 질서의 해체를, 트럼프가 매우 급진적인 방식으로 본격화했습니다. 그런데 이와 같은, 급격한 룰 깨기는 결국 규범 권력의 대국normative power으로서의 미국의 지위를 망가뜨려 미국의 세계 패권을 스스로 무너뜨리는 효과만 발휘할 것입니다.

4장

이스라엘 너는 누구냐

유대인 지배론

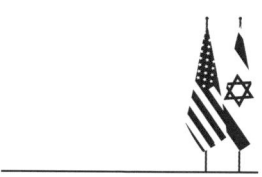

세상이 이제 다 잊었겠지만, 2007년 대한민국의 여러 사건 중 하나는 '《먼나라 이웃나라》미국 편 사건'이었습니다. 이 책은 한국 만화계의 아이콘이라고 할 이원복李元馥, 1946~ 교수의 유명한 만화 시리즈죠. 미국 편에서 다룬 유대인 관련 내용은 시몬 비젠탈 센터Simon Wiesenthal Center 등 해외 유대인 단체의 주목을 받을 만큼 국제적으로 보기에 충격적이었습니다. 내용에 따르면 유대인이란 구미권, 그 중 특히 영미권 전체를, 그리고 그 중 금융업과 방송매체 등을 거의 장악하고 지배하는, 영미권 정치의 막후 실력자였습니다. 작가는 서구 사회에 대한 유대인의 장악을 벗어나려는 움직임이 19세기 말 이후 번지게 된 반유대주의라는 열병이라고 서술했는데, 이는 반유대주의라는 열병의 출현을 합리화하는 듯한 뉘앙스를 담고 있었습니다. 거기에다 이 만화는 유대인의 미국 사회 장악이 재미 한인들의 미국 사회 내 신분 상승에 걸림돌이라고 주장했습니다. "한인들이 유대인이라는 벽에 부딪힌다"와 같은 식의 내용이었죠. 이 내용이 재미 한인 단체의 반박, 해외 유대인 단체의 반발, 거기에 미 국무부 〈세계 반유대주의 보고서〉에 인용돼 국제적 스캔들이 되었고, 작가는 결국 이 내용을 삭제하고 사과했습니다. 사건의 내용은 여기까지였습니다.

한 종족 집단의 구성원들을 뭉뚱그려서 다 똑같은 부자, 막후 실력자 등으로 그리는 것은 물론 객관적인 접근과는 아주 거리가 멀죠. 재미 유대인들의 4분의 1이 고소득층(연간 소득 20만 달러 이상)으로 분류되는 등 재미 유대인이라는 집단은 미국에서 재미 대만인, 재미 인도인 등과 함께 비교적 성공한 마이너리티로 구분하긴 합니다. 한데 그 집단 안에서 계급 차도 만만치 않아 재미 유대인의 약 10%는 3만 달러 이하의 저소득층이기도 합니다. 중세 이후 농지 소유 금지라는 불이익 때문에 금융업 등에 종사해왔던 영국 등 유럽의 유대인들이 근현대 금융업·공업·방송업 등에서 커뮤니티의 규모에 비해 상대적으로 더 큰 몫을 차지해왔다고 하면 큰 거짓말은 아닐 것입니다. 한데 '큰 몫을 차지한다'와 '지배한다'는 다릅니다. 경제사 연구 성과에 따르면 비농업 부문에서는 예컨대 1910~1919년 영국에서 최고의 부호(100만 파운드 이상의 재산 보유자) 중 유대인들이 약 23%를 차지했습니다. 1970년대에 이르러 그 숫자는 줄어들어 9%밖에 되지 않았습니다. 재영국 유대인이 전체 인구의 0.5~1% 정도의 커뮤니티라는 사실을 염두에 두면 나름 상당한 숫자이긴 하지만, 좌우간 지배와는 거리가 멉니다. 최근 몇 년 〈포브스Forbes〉지가 발표하는 미국 최고 부호 400명의 명단을 보면 해마다 조금씩 바뀌지만 유대인의 비율이 25~30% 안팎이라고 말할 수 있습니다. 한데 그들이 종족적으로 유대인이라 해도 각자 종교 지향이나 정치 지향, 지지 정당 등이 다 달라서 그들이 상당한 로비력을 보유한다고 말할 수는 있어도 '미국을 지배한다'는 말은 너무 심한 과장입니다.

전혀 객관적이지 않고 명확한 자료에 뒷받침되지 않지만, 이원복이 표현한 유대인의 미국 지배론은 한국에서 거의 국민적 상식(?)인 것 같습니다. 이스라엘 국기를 흔드는 극우들에게 그 '사실'이 긍정적으로 받아들여지지만, 반대쪽에서는 '재미 유대계의 영향력 때문에 미국이 이스라엘의 가자 제노사이드를 지원한다'고 분노를 품습니다. 실제로 이스라엘과 깊이 유착돼 있는 미국의 펜타곤이나 첩보 기관 등은 유대계의 영향과는 다소 무관하고, 그들이 이스라엘을 전폭 지원하는 이유는 기본적으로 이스라엘의 군사력이 중동에서 이란 등을 견제하며 인접 지역을 컨트롤하면서 미국의 이해관계를 대리하며 관철하고 있기 때문입니다. 미국과 이스라엘의 군사적 유착은 1967년 6일 전쟁에서 이스라엘의 군사력이 확인된 뒤에야 본격화됐고, 그 주된 원인은 냉전이라는 상황에서 아랍 국가들의 상당수가 친소련 진영으로 넘어가는 바람에 미국이 그들을 견제할 수 있는 군사 국가가 중동에서 필요했기 때문입니다. 종합적으로 봤을 때 '유대계의 영향력 때문에 미국이 이스라엘을 챙겨주고 지원한다'는 말은 음모론에 다소 가깝고, 유대계의 미국 지배론은 단순한 음모론일 뿐입니다.

이 음모론은 과연 얼마나 위험할까요? 한국의 경우에는 그다지 위험하지 않다고 보는 게 맞을 듯합니다. 한국 사회에서는 온갖 혐오들이 난무하고 있지만, 그중 유대인 관련 부분들은 한참 부차적이며 주변적입니다. 한국은 여전히 레드 콤플렉스, 즉 반북 의식이 가장 강하고, 그 뒤로는 혐중Sinophobia과 이슬라모포비아Islamophobia, 그리고 아시아 노동자에 대한 혐오 등이 가장 현저한 위험성을 보이고 있습니다. 대구 대현동에서 "이슬람 사원 건설 반대"를 외치는, 개신교 광신도로 추측되는 주민들이 이슬람 신도를 모독하려고 돼지고기 파티를 벌인 것만 봐도, 한국의 이슬라모포비아가 이미 어느 정도의 파괴력을 보유하고 있는지 실감할 수 있습니다. 자유통일당이라는 극우 정당의 열성 지지자들이 전국을 돌며 총선 유세를 하면서 공단 근처에서 외국인 노동자들을 사적으로 검문, 감금하는 등 주로 중앙아시아나 동남아 출신의 외국인에 대한 혐오에 기반하는 일련의 불법 행동을 벌인 것도, 한국의 극우 배외주의가 위험 수위를 한참 넘었다는 사실을 보여주고 있습니다. 한데 극우 배외주의자들의 타깃은 대개 더 약한 집단으로 판단되는 개도국 출신의 아시아 노동자들입니다. 저들은 더 강한 집단으로 판단되는 유대인 등을 혐오하기보다는 반대로 이스라엘의 극우들을 은근히 배우고 따르는 것 같습니다.

하지만 구미권의 맥락에서 특정 종족 집단의 지배력을 논하는 것은 훨씬 더 위험해 보입니다. 히틀러의 반유대주의만 해도, 유대계가 자본주의 미국도 제국주의 영국도 볼셰비즘 소련도 동시에 다 지배하면서 독일 민족에 해를 끼치고 있다는 개념에 입각해 있었습니다. 즉, 지배론은 가장 강력한 혐오 의식의 기반이었습니다. 1920~1930년대와 비교할 수 있는 혐오의 해일을 (아직) 구미권에서 볼 수 없지만, 유대인 지배론은 여러 가지로 변모하면서 여전히 상당히 강하게 버티고 있습니다. 5년 전 '사업계에서 유대인의 영향력이 지나치다'와 같은 주장에 헝가리 응답자의 71%, 폴란드 응답자의 56%, 러시아 응답자의 50%가 동의했습니다. 서유럽의 경우 유대인 지배론의 골수 지지층은 대개 10~15%에 불과하지만, 극우 정당 지지층 중에서는 그보다 훨씬 많은 편이고, 극우 정당들은 위기의 시대인 오늘날에 오히려 주가가 오르고 있습니다. 앞으로 자본주의의 위기가 심화할수록 더 오를 수 있습니다. 그러니까 한국에서는 별문제가 되지 않지만, 유대인 지배론이 앞으로 어떤 문제를 일으킬지 지금은 알 수 없습니다.

'유대인 사회주의 운동'
흥망사

요즘 이스라엘 이야기를 뉴스에서 들을 때마다 저는 제 어머니 쪽 할머니를 종종 떠올립니다. 어린 시절 이스라엘의 국무총리는 레바논 침공 등으로 악명을 떨친 극우파의 메나헴 베긴Menachem Begin, 1913~1992이었는데, 그에 관련된 소식이 흑백 텔레비전 화면에서 나올 때마다 할머니는 거의 쌍욕에 가까운 무서운 말들을 혼잣말로 퍼붓곤 했습니다. 열렬한 공산주의자였던 할머니는, 베긴과 같은 극우파 시온주의자들에 대한 지극히 개인적인 혐오감을 지니고 있었습니다. 유대인 운동에서 공산주의와 극우파 시온주의는 화합이 불가능한 양극이었기 때문입니다.

생각해 보면 할머니가 속했던 그 세대에는 극우파 시온주의자보다 할머니와 같은 급진 좌파(공산주의, 사회주의) 계열의 유대인들이 훨썬 많았습니다. 할머니는 1905년생입니다. 대체로 1860년부터 약 1930~1935년까지 태어난 아슈케나지Ashkenazi(유럽지역) 유대인이라면 시온주의보다 모종의 (급진) 좌파에 입문할 가능성이 훨씬 높았습니다. 늦춰잡으면 거의 1960~1970년대까지 유대인 사회주의 같은 현상을 충분히 이야기할 수 있습니다.

이유는 자명했습니다. 예컨대 과거에 재일 조선인들이 좌파 쪽으로 갈 확률이 매우 높았던 이유와 거의 같았습니다. 1960~1970년대까지만 해도 구미권 유대인의 상당수는 중하층 이하의 삶을 살아야 하는 수공업자나 영세업자, 노동자들이었습니다. 계급적 억압에 민족 차별이 가미됐습니다. 히틀러나 나치만큼 극단성을 띤 건 아니더라도, 1930년대 홀로코스트를 피해 피난 가는 유대인들의 미국 입국을 막았던 미 국무부의 많은 관료들부터 심한 반유대주의적 성향을 가지고 있었습니다. 노암 촘스키Noam Chomsky, 1928~ 의 어린 시절 회상을 들어 보면, 그는 1930년대의 미국에서 "유대놈"이라고 놀리고 괴롭혔던 백인 아이들과 날마다 주먹다짐을 했답니다. 재일 조선인의 경우도 그렇지만 심한 가난과 민족 차별, 거기에 이동 제한(많은 국가들이 유대인의 입국을 통제했죠) 등이 겹치면 '왼쪽으로의 급진화'가 당연히 이어지죠. 거기에다 문자 해독률이 높고, 공부의 위상이 높았던 유대인 공동체의 분위기도 생각해 볼 수 있습니다. 마르크스주의를 공부해도 일단 공부하는 활동가는 사회적 인정을 받을 수 있었던 거죠.

이런 상황이어서 구미권에서 1960~1970년대까지 유대인과 사회주의는 거의 동의어였습니다. 아마 20세기 가장 유명한 유대인이라면 아인슈타인일 터인데, 아인슈타인은 1949년에 〈먼슬리 리뷰Monthly Review〉라는 급진 마르크스주의 잡지 창간호에 '왜 사회주의인가?'라는, 사회주의 필요성을 설파하는 글을 실은 평생의 사회주의자이기도 했습니다. 냉전 초기 FBI의 감시를 받고 살았던 이민자 아인슈타인이 그런 글을 싣는 데는 사실 상당한 용기가 필요했습니다. 그렇지 않아도 미국의 보안 기관들은 1920년대부터 이미 '유대인 빨갱이'에 대해 신경을 곤두세우고 있었습니다. 뉴욕 등 미국 대도시마다 1920~1930년대 미국 공산당 당원의 다수는 유대인이었습니다. 1929년 당시 LA 공산당 시당 당원의 90%가 유대인이었습니다. 1920~1930년대 뉴욕에서 이디시어 공산당 신문인 〈디 프라이하이트Di Frayhayt〉(〈자유신문〉)의 발행부수(약 3만 부)는 공산당의 영문 일간지인 〈데일리 워커Daily Worker〉보다 훨씬 더 많았습니다. 정통 공산당만 그런 게 아니었습니다. 국내의 '노동자연대'의 모체인 영국의 사회주의노동당 창립 당시 당수이자 이론가인 토니 클리프Tony Cliff, 1917~2000(본명은 이가엘 글룩슈타인)를 비롯하여, 세계 트로츠키주의 이론가나 지도급 간부 역시 유대인 출신인 경우가 매우 많았습니다. 촘스키 같은 경우를 보면 아나키스트들도 마찬가지였습니다.

유대인들이 이미 적어도 법적으로 동등한 권리를 누렸던 서구 이상으로, 유대인 차별이 오래 지속됐던 동유럽에서 유대인의 혁명성은 더 강했습니다. 1917년 이전 러시아에서는 볼셰비키뿐만 아니라 사회혁명당이나 멘셰비키 등 거의 모든 혁명 지향의 정파에서 유대인 계열의 열성 멤버나 지도자들이 수두룩했습니다. 혁명 이후에는 소련 정권이 유대인이라는 과거 피억압 민족의 고등교육 이수, 간부로의 진출 등을 장려했기에 벨로루시 등 도시 인구 가운데 유대인이 많았던 일부 지역에서는 1930년대 말 공산당 당원의 거의 40%가 유대인이었습니다. 1939년 모스크바 유대인 인구의 82%가 고등교육을 이수한 사무원들이었습니다. 1920년대 김철수 등 조선 공산주의자들이 모스크바에 가서 조선 공산당 관련 정책에 대해 회의를 하고 대화를 나누었던 코민테른의 간부(보이틴스키Grigori Naumovich Voitinsky, 퍄트니츠키Osip Aaronovich Piatnitsky, 마자르Lajos Magyar 등) 역시 거의 다 유대인이었습니다. 심지어 김일성에 대한 관리(이미지 메이킹 등)나 김일성의 연설 작성 등을 담당했던 그리고리 메클레르Grigory Mekler, 1909~2005 대령 같은 해방 이후 정치부 계열의 소련 장교 역시 유대인 출신이었죠.

유대인과 사회주의의 연결줄이 끊기기 시작한 것은 대략 1940년대 소련의 민족주의화 때부터였습니다. 이미 1941~1945년 전쟁 시절에 보수적인 성향의 스탈린은 '국제주의' 이데올로기를 대신해서 '러시아 애국주의'를 내세워 러시아인 간부 중심의 새로운 정치적 구도를 만들기 시작했습니다. 특히 1948년 이스라엘 건국, 그리고 이스라엘의 친미화 이후 소련 유대인들에게 불어닥친 숙청 바람은 무서웠습니다. 군과 비밀경찰, 당 간부 자리에서 거의 쫓겨났으며, 학계나 예술계 등에서만 겨우 활동이 용인됐습니다. 이런 출세 제한에 대한 불만이 쌓여 결국 1970년 이후 대대적으로 소련을 떠났습니다. 그보다 더 결정적으로 1960년대 이후 구미권에서 유대인들의 대대적인 중산계급화가 이루어졌습니다. 반유대주의가 상당히 완화된 가운데, 과

거의 수공업자나 영세업자, 노동자 가정 출신의 자녀들이 교수나 변호사, 의사, 기업 임원 등으로 진출하는 것이 다반사였습니다. 그래서 예컨대 노암 촘스키나 버니 샌더스Bernie Sanders, 1941~ 처럼 좌파 운동에 이미 입문한 유대인들이야 그 궤도를 계속 달렸지만, 1970년대 이후에 태어나서 이미 유복한 가정에서 크고 그다지 차별을 많이 당하지 않았던 유대인들의 다수는 좌파보다 차라리 자유주의 쪽으로 갈 확률이 더 높아졌습니다. 유대인들이 점차 주류화되었고 유대인 사회주의의 한 세기는 그렇게 해서 저물어갔습니다.

사회주의자인 저로서는 이게 상당히 안타까운 이야기지만, 긍정적인 측면이라면 자유주의 계열의 재미, 재유럽 유대인들도 요즘에는 이스라엘의 제노사이드적 정책에 대해 더 명확하게 반대 입장을 내비친다는 것입니다. 앞으로 유대인 디아스포라의 압력이 이스라엘 정책변화의 한 중요한 요인이 될 수 있기를 기대하고 있습니다.

소련과 시온주의

제가 태어난 곳은 구소련이었고, 친척의 상당수는 이스라엘에 살고 있습니다. 이 둘 사이의 관계를 역사적으로 정리하려면 정말 난제 중의 난제죠. 볼셰비즘과 시온주의는 서로 양극의 관계였지만, 동시에 서로를 계속 의식하지 않을 수 없고 관계를 맺을 수밖에 없었던 거죠. 그리고 소련(러시아)과 이스라엘의 특수 관계 속에 20세기 역사의 '큰 그림'의 여러 가지 중요한 측면들이 굉장히 잘 부각돼 있습니다. 민족주의, 소련식 현실 사회주의, 그리고 냉전 질서나 현재 러시아와 서방의 관계 등은 이 특수 관계의 프리즘을 통해서 보면 의미 파악이 훨씬 쉬워집니다.

19세기 말 세계에서 러시아는 유대인들에게 핵심적으로 중요한 나라였습니다. 1880년 세계 유대인들의 53%가 러시아 국경 안에서 살았습니다. 한데 제정 정권의 학대와 엄청나게 흔했던 반유대주의적인 민간의 폭력 등으로 미국으로의 유대인 이민이 계속 진행돼 1914년 세계 유대인 중 재러시아 유대인의 비율이 39%로 떨어졌습니다. 학대와 압제 속에서 유대인들은 계급이나 민족 중심의 운동에 몰려들지 않을 수 없었습니다. 계급 중심 운동의 가장 급진적 표현은 바로 볼셰비즘이었는데, 레닌은 민족 중심의 시온주의 운동을 대단히 부정적으로 평가했습니다. '선택 받은 민족'이나 '약속의 땅' 등이 무산계급으로서 받아들일 수 없는 개념이라는 논리였죠. 한데 동시에 시온주의 운동과 급진적 사회주의 운동 사이의 교류가 물밑에서 계속 진행됐습니다. 과거의 사회주의자들이 시온주의 진영으로 가기도 하고, 시온주의자 출신들이 소련 사회에서 잘 적응해 상당히 높은 위치에 오르기도 했습니다. 예컨대 소련 아동 문학을 대표하는 사무일 마르샤크Samuil Marshak, 1887~1964는 바로 1917년 혁명 이전에 예루살렘 순례까지 갔다온 열성 시온주의자 출신이었죠(물론 소련 시절 그는 그 사실을 철저히 숨겨야 했죠). 좌파 시온주의자들은 소련의 집단농장이나 계획 경제, 노조들의 경영 참여 등을 벤치마킹하기도 하고, 시온주의 민병대(하가나)는 소련군처럼 여성의 직접적 교전 참여를 허용했습니다. 1920년대 말까지만 해도 소련 당국은 소련 유대인들의 팔레스타인 이민을 허용했습니다. 즉, 어디까지나 피억압 민족 해방론이라고 당시에 인식됐던 시온주의에 대해 완전히 부정적인 입장을 취한 것도 아니었습니다.

소련에서 시온주의에 가장 부정적인 조직은 본래 코민테른이었습니다. 팔레스타인에서 유대인과 아랍인의 적대, 충돌, 대립이 양쪽의 혁명적 협력을 불가능하게 해 결국 제국주의만을 이롭게 한다는 논리였습니다. 코민테른 산하의 팔레스타인 공산당은 영국 위임 통치 시기 팔레스타인에서 유일한(!) 유대인과 아랍인의 공동 정치 단체였습니다. 한데 보수주의적 국가주의자였던 스탈린에게 코민테른과 세계 혁명, 계급 본위의 논리는 눈엣가시였습니다. 결국 코민테른은 1943년에 해산당하고, 대체로 그 시기부터 스탈린의 소련과 팔레스타인의 (좌파적) 시온주의자들이 협력 관계를 구축했습니다. 독소 전쟁 시절의 소련은, 1941년 이라크의 친독 쿠데타 시도나 예루살렘의 종교 지도자 아민 알 후세이니Amin al-Husseini, 1897~1974 같은 팔레스타인 아랍 지도급 인사들의 친파쇼적인 경향에 대단한 위기감을 느껴, 친독 아랍 민족주의를 견제하기 위해 당시에 친소련적으로 보였던 다비드 벤구리온David Ben-Gurion, 1886~1973 계열의 좌파 시온주의 세력을 지원하기로 했습니다. 즉, 1917~1942(1943)년 사이의 시온주의에 대한 '묵인, 비판, 물밑 교류'의 관계는, 1943~1948년 사이에 적극적인 협력으로 바뀝니다. 1947년 소련은 유엔에서 팔레스타인 분할 계획을 적극 지원했고, 1948년 이스라엘 건국 이후 즉시 이스라엘을 인정하여 수교했습니다. 그때 인적 자원이 유한한 소련은 소련 유대인들의 이스라엘 이주를 일단 막아놓았지만, 초기에는 소련의 통제하에 있었던 폴란드나 헝가리 등 동유럽 유대인들의 이스라엘 이민은 막지 않았습니다. 1948년 소련이 이스라엘에 체코산 무기를 공급한 것은 독립 전쟁에서 이스라엘의 승리를 보장해 주었습니다. 그러니까 '이스라엘 건국의 일등 공로자는 바로 스탈린'이라 해도 과언은 아닙니다.

　도대체 스탈린이 이념적으로도 그다지 친화적이지 않았던 (좌파) 시온주의자들을 이 정도로 도와 이스라엘의 '생명의 은인'이 된 이유는 무엇일까요? 물론 이스라엘 정부는 초기부터 소련에 여러 방식으로 작은 친절을 베풀어주었죠. 예컨대 이스라엘 정부는 건국 즉시 러시아 제정 정권이 팔레스타인 영토에서 보유했던 각종의 교회 등의 재산을 바로 소련 명의로 재등록해 놓았습니다. 즉, 부동산 등으로 스탈린의 도움에 답례한 거죠. 한데 스탈린은 그것보다 훨씬 큰 것을 바랐습니다. 스탈린은, 이스라엘이 동유럽 국가나 북한처럼 특정 지역(중동)에서 소련의 대변자이고 소련의 우방이기를 바랐습니다. 이스라엘 안에서도 소련에 다소 친화적이었던 좌파 시온주의 정치인들이 없지 않았지만, 문제는 건국 비용이었습니다. 새로운 이민자 정착, 인프라 구축, 군 유지에 천문학적인 비용이 들 수밖에 없었는데, 그 비용을 대줄 수 있었던 재미 유대인 디아스포라는 당연하게도 이스라엘의 친소련화를 절대 바라지 않았습니다. 더군다나 미국에서 트루먼 대통령 스스로 시온주의의 열렬한 지원자였기에, 친미의 길을 걸을 경우 순탄하게 지원을 받을 수 있을 것처럼 보였습니다. 결국 1950년 한국전쟁 발발이 하나의 분기점이기도 했지만 1948~1950년 사이 이스라엘은 점차 친미화되어 1950년 이후 완전하게 친미 국가가 되었습니다. 사실, 사민주의 세력이 통치했던 당시 영국이나 노르웨이 같은 나라와 동일한 '온건 사민주의자들의 냉전 시대 친미화'의 경우였죠.

　스탈린의 대응은 잔혹했습니다. 1949~1953년 사이 소련에서 활동하던 대부분의 잘 알려진 이디시어 문학자들이 형장의 이슬로 사라지고, 이디시어 학교들이 거의 다 폐교당하고 이디시어 매체도 거의 다 사라졌습니다. 이스라엘의 민족주의자인 시온주의자들이 친미로 갔으니, 재소련 유대인들이 더 이상 민족어나 민족 문화를 가지면 안 된다는 논리였습니다. 재소련 유대인들은 민족 해체, 즉 강제 동화의 과정을 겪는 동시에 당 국가 메커니즘 안에서 행동반경이 극도로 좁아졌습니다. 즉, 당이나 군, 비밀경찰로의 진출이 벽에 막혔습니다. 그나마 교육계나 학계, 일부 경제관리직 등에서 활동이 제한적으로 허용됐습니다. 이런 벽을 만난 재소련 유대인들의 엑소더스가 1970년 이후 시작되었는데, 오히려 궁극적으로 소련(러시아)과 이스라엘을 다시 더 가깝게 만들기도 했습니다. 수많은 구소련 유대인들이 이스라엘로 향하게 되고, 1991년 이후 그 숫자는 더 늘어 지금 이스라엘 총인구의 약 20%가 러시아어를 자유자재로 구사하게 된 것입니다. 이 '재이스라엘 구소련 유대인'은 결국 러시아와 이스라엘을 다시 잇게 하는 '인간 가교'가 되었습니다.

대략 1989년까지 구소련은 반미, 반이스라엘 아랍 (좌파) 민족주의를, 상당한 비용을 들여 후원했습니다. 한데 푸틴 시대의 러시아는 그것보다 더 다원적, 다방면의 실리 외교를 펼칩니다. 일면으로는 소련 때부터 이어온 좌파 민족주의 계열의 시리아 아사드 정권 등에 대한 후원 관계는, 그 정권이 몰락하기 전까지 계속 유지해왔습니다. 한데 또 일면으로는 초강경 국가주의자인 푸틴은, 이스라엘에서도 강경 민족주의, 권위주의 지향 세력인 네타냐후 세력과 장기 지속 파트너십을 구축했습니다. 베냐민 네타냐후는 12번이나 모스크바를 공식 방문하여 푸틴과 정상 회담을 가질 정도로 '서방' 지도자 중 푸틴과 가장 가까운 사람입니다. 그 파트너십의 기반은 푸틴과 네타냐후의 강경 우파 민족주의 사이의 친화성만이 아닙니다. 재이스라엘 구소련계 유대인이나 모스크바에 사는 8만 명 이상의 이스라엘 교민 중 부유한 사업가들이 많기에 두 나라 사이의 경제적 이해의 중첩도 만만치 않습니다. 그래서 우크라이나 침공의 상황에서 무기가 급해진 모스크바가 이스라엘의 숙적 이란과 아주 밀착해도, 이스라엘과의 관계가 상당 부분 유지됩니다. 여전히 이스라엘은 한국과 달리 대러 제재에 참여하지 않고 있습니다.

지난 100년 이상 소련(러시아)과 시온주의(이스라엘)의 관계를 보면 한 가지를 확실히 알 수 있습니다. 소련(러시아)과 시온주의(이스라엘)의 역사적 궤도는 많은 면에서 닮은꼴입니다. 1920~1930년대 코민테른이 반시온주의 노선을 추구하고 시온주의자들은 은근히 소련의 집단농장을 모방하여 키부츠를 만들었지만, 어쨌든 양쪽은 모종의 좌파적인 미래를 꿈꾸고 계급 혁명이든 민족 혁명이든 혁명을 추구합니다. 1948~1950년 이후에 스탈린의 도움으로 건국된 이스라엘이 미국의 돈에 의존하면서 소련은 점차 아랍 민족주의의 후원자가 되는데, 양쪽은 냉전 질서 속에서 냉전의 논리가 요구한 역할을 맡은 셈입니다. 1990년대 이후 수많은 구소련 유대인들이 이스라엘로 이민 가고 이스라엘과 러시아가 다시 많이 가까워졌지만, 양쪽은 엄청나게 우경화했습니다. 결국 지금은 푸틴도 네타냐후도 다원화된 미국 헤게모니 이후의 세계 질서에서 실리 외교를 통한 자국 이익의 극대화를 노리면서 이익 위주의 관계망을 구축합니다. 네타냐후는 우크라이나에 대해서 미국의 입장을 그대로 따르지 않으면서도 미국의 지원을 따내는 한편 동시에 러시아나 중국과의 관계 증진도 추진합니다. 푸틴은 이란과는 무기 거래와 투자를, 사우디와는 석유 생산 감산 등 석유 관련 협력을, 시리아에 대해서는 러시아 영향력 구축과 군사기지화를 각각 진행하면서 이스라엘과의 관계에서도 경제적 이익을 챙기고 있습니다. 그 어떤 '미래 이상'도 사라진 러시아나 이스라엘의 정치에서 남은 것은 결국 민족(국민) 국가의 이해관계뿐입니다. 그리고 우크라이나의 전장을 보나, 가자의 학살 현장을 보나, 푸틴도 네타냐후도 국제법이나 인권에 대해 아예 관심이나 고려가 전무하다는 생각밖에 안 듭니다. 1920년에 러시아는 볼셰비즘의 계급적 실험, 팔레스타인은 좌파 시온주의자들의 민족적 실험의 현장이었는데, 지금은 러시아도 이스라엘도 극우 보수 국가의 전형에 가깝습니다.

시온주의: 종족적 민족주의의 폐쇄회로

생각해보면 저는 '시온주의'란 단어를 아홉 살쯤 처음 접한 것 같습니다. 1982년 이스라엘이 레바논을 침략했을 때 소련에서 아주 강력한 인민적 반대 운동을 전개했습니다. 이 반대 운동은 소련 유대인에 대한 또 하나의 탄압 캠페인으로 작용하는 측면이 있었습니다. 스탈린 말년 이후 국가적 반유대주의에 피로를 느끼는 소련 유대인들은 1970년대 이후 대대적으로 이민을 꿈꾸었지만, 그러면 그럴수록 소련의 프로파간다는 그들을 은밀히, 종종 거의 명시적으로 시온주의 분자로 매도하기에 이르렀습니다. 이런 관영 매체들의 매도 속에서 아이들을 포함한 인민들도 일상생활 속에서 반유대주의로 심하게 기울었습니다. 1982년에 3학년이었던 저는 하굣길에 만난 덩치 큰 아이들 한 무리에게 "너 시온주의자 아니냐"고 심하게 추궁을 당했습니다. 이스라엘에 친척이 있느냐고 닦달도 당하고 나서 울면서 집에 갔습니다. 하여간 시온주의와 저의 첫 만남은 자못 좋지 않았습니다.

나중에 시온주의 관련 문헌을 읽게 된 저는 시온주의가 일종의 종족적 민족주의라는 사실을 이해하게 됐습니다. 그런 의미에서 시온주의란 예컨대 〈대한매일신보〉 시절 단재丹齋 신채호申采浩, 1880~1936 선생의 '신성한 부여족'에 대한 예찬이나 보국론, 국문에 대한 강조 등과 일맥상통하는 주의라고 봐야 합니다. 종족적 민족주의란 대개 3가지 요소의 삼위일체입니다. 첫째, 매우 다양한 지방과 계급, 계층의 성원들을 하나의 민족이라고 혈통 위주로 호명합니다. 둘째, 그 민족이 무조건 국가 위주의 삶을 살고 국가 본위의 사고를 가져야 한다는 점을 강조합니다. 셋째, 하나의 민족과 하나의 국가 못지않게 하나의 민족어가 강조됩니다. 이런 종족적 민족주의의 맹아적 상태를, 1896년에 독어로 나온 테오도르 헤르츨Theodor Herzl, 1860~1904의 《유대국론Der Judenstaat》에서 이미 감지할 수 있습니다. 헤르츨은 전 세계에 흩어져 있는 모든 유대교 신자들을 종족인 유대민족으로 재개념화했으며, 그들이 하나의 국가에서 주권을 가지지 못하면 차별을 받지 않고 민권(인권)을 충분히 누릴 수 없다고 못박았습니다. 《유대국론》은 종족적 민족주의의 3가지 요소 중 종족과 국가에 대한 명확한 인식을 내포하지만 언어 문제를 다루지 않습니다. 사실 그때만 해도 (무신론자이기도 한) 헤르츨은 유대국 성립의 후보지로 팔레스타인과 함께 아르헨티나를 심각하게 고려하기도 했습니다. 우간다도 고려했지만, 결국 팔레스타인으로 결정짓고 나서는 '히브리어 본위의 민족 만들기'를 비로소 본격화했습니다. 1913년 터키령 팔레스타인에서의 언어분쟁מלחמת השפות 사건 이후 유대인 학교의 언어는 히브리어로 통일됐습니다. 히브리어에 독어나 러어, 영어에 이미 있는 근대적 어휘들이 아직 번역되어 있지 않았기 때문에 많은 지식인들이 히브리어 전용에 대단히 회의적이기도 했습니다. 일제 시절과 그 후 국어 순화나 한자 폐지를 둘러싼 각종 논쟁들을 상기하면 히브리어 민족주의자들의 주장이 대체로 어땠는지 이해할 수 있을 겁니다.

19세기 말~20세기 초 전 세계는 민족주의의 시대를 살고 있었습니다. 특히 조선인이나 유대인처럼 시련을 당해야 하는 위치에 처한 약소 민족에게 민족주의는 종종 진보적 사상으로 받아들여지기도 했습니다. 단재만 해도 1920년대 초 무정부주의로 기울어지기도 전에 주세페 마치니Giuseppe Mazzini, 1805~1872 같은 상당히 진보적인 유럽의 혁명적 민족주의자들을 추앙했고, 구한말 시절 그의 독자들은 베트남이나 폴란드 등 약소국가들의 수난에 대한 번역서들을 열독하기도 했습니다.《월남망국사越南亡國史》같은 초기의 제국주의 비판 서적들이 한국 초기 민족주의자들 사이에서 인기가 있던 시절이었습니다. 이와 다르지 않게 초기의 시온주의도 상당히 진보적인 색채를 띠고 있었습니다. 헤르츨의《신구국론Altneuland》(1902)만 해도 미래의 유대인 국가에서 유대인과 아랍인들이 같이 살면서 같은 권리를 누리고, 주요 자원들을 공유하고, 복지 국가가 작동하는 준 사회주의 국가를 그립니다. 1920년대 이후 블라디미르 자보틴스키Vladimir (Ze'ev) Zhabotinsky, 1880~1940의 수정주의적 시온주의는 상당히 극우적이었지만, 이스라엘 건국까지 시온주의의 주류는 일종의 민족 좌파였습니다. 벤구리온 같은 이스라엘 건국의 아버지는 본래 노동 시온주의자로 1928년 이전까지 새나라 건설의 모델로 바로 그가 1923년에 방문한 소련을 생각했습니다. 그 뒤 스탈린주의 당 국가의 권위주의 등에 경악해 일단 다당제 모델로 전환했지만, 건국 초기 이스라엘은 소련의 계획 경제 모델의 대대적 영향을 받는 준 국가자본주의 사회였습니다. 가장 큰 고용주는 일단 국가와 노총(히스타드루트)이었으며, 첫 총선(1949년)에서 온건 사민주의자(마파이당)와 급진 사민주의자(마팜당)가 도합 50% 이상의 의석을 얻어, 온건 사민주의자들이 주요 각료로 다수를 차지하는 연립 내각을 구성하게 됐습니다. 그러니까 전후 초기의 세계에서 이스라엘은 영국이나 북구 국가들과 함께 사민주의 블록에 속했습니다.

한데 정착민 사회의 현실에서는 애당초부터 '노동하는 유대인의 사민주의 국가'의 이상이 제대로 실현될 수 없었습니다. 벤구리온은 한때 팔레스타인인들을 '고대 유대인의 후손'이라고 인정하여 아예 유대인과 함께 사회에 편입시켜 통합하는 안까지 내놓았지만, 외부 정착민으로 온 이들도, 외부인들의 돌연한 침범에 놀라 외부인들을 적대시하게 된 본래 주민들도 이런 통합에 동의하기가 힘들었습니다. 무엇보다 그런 안을 받아들이기에는 우리 민족만을 본위로 하는 시온주의의 기본적 가치 체계가 너무나 배타적이었습니다. 노총만 해도 1958년 이전까지 비유대인들을 조합원으로 받아주지도 않았습니다. 결국 이스라엘 건국(나크바) 전후 시기에 벤구리온 등 건국 주역들은 아랍인 통합론에서 아랍인 배제론으로 돌아섰습니다. 나중에 벤구리온이 이스라엘의 또 하나의 공식 언어인 아랍어로 이름이 병기된 주민등록증의 교부를 거부한 일화가 유명한데, 과거에 사회주의적 민족주의자였던 그는 결국 사회주의 아닌 민족주의를 선택한 것입니다. 초기 이스라엘은 복지 국가 건설 등을 추진했지만, 유럽계 유대인-아랍계 유대인-아랍인과 같은 공식(비공식) 서열은 이미 처음부터 만들어져 사회주의의 핵심인 보편적 평등은 전혀 실현되지 못했습니다. 한마디로 사민주의와 민족주의의 결합체에서는 건국 초기부터 민족주의가 사민주의를 압도하고 말았습니다.

사민주의 국가의 기본 구조는 그나마 1945~1973년 세계적인 자본주의 황금기 동안 유지될 수 있었습니다. 1970년대 세계 체제 핵심부의 고성장 시대의 종언 및 신자유주의로의 전환 등은 핵심부의 자금 흐름에 의존해온 이스라엘도 같이 휩쓸었습니다. 이스라엘의 신자유주의는 애당초부터 종교적 민족주의와 군사주의와 일종의 삼위일체를 이루었습니다. 1977년 이스라엘 역사상 최초의 우파 정부가 등장하고 나서 3년간 아동 빈곤율이 2배나 뛰었습니다. 1980년대 레바논 침략(1982년)과 같은 군사주의적 모험들과 함께 경제에 대한 국가 통제 시스템의 해체가 진행됐습니다. 오늘날 이스라엘의 빈곤율(약 21%)은 한국(17%)보다 높습니다. 헤르츨이나 벤구리온이 오늘날 이스라엘의 사회·경제적 현실을 본다면 아마도 본인들의 꿈의 나라를 알아보기 힘들 것입니다. 한데 이스라엘의 이와 같은 경향적인 우향우, 즉 장기적인 우경화와 궁극적인 신자유주의화는 어떻게 보면 사민주의보다 민족주의를 훨씬 더 일차적인 것으로 다루는 시온주의의 기본 구조와 직결돼 있기도 합니다. 민족, 국가, 국어 본위의 이데올로기는 무분별한 시장화와 불평등의 누적을 궁극적으로 충분히 허용할 수 있습니다.

이스라엘이 인권을 존중하고 평등을 실천하는 유대인과 아랍인 모두의 민주 국가로 거듭나자면 결국 시온주의라는 이름의 퇴행적인 종족적 민족주의를 과감히 벗어나야 한다고 생각합니다. 민족 본위 사고의 폐쇄회로에서는 위기의 어떤 해법도 전혀 보이지 않습니다. 한데 오늘날 지구적 위기와 세계적 전란기의 도래는 역으로 이스라엘에서도 여러 다른 나라에서도 가장 폐쇄적이고 퇴행적인 민족주의를 강화시키고 있습니다. 민족주의는 결국 그 민족의 구성원으로부터 버림을 받아야 극복될 수 있는데, 전쟁의 상황은 오히려 민족주의적 내부 결속을 더 강화하고 있습니다. 그래서 영구적인 전쟁이 오히려 이스라엘 정계의 최악의 극우들에게 가장 도움이 되고 있습니다.

소수자 혐오에 대하여

2019년 유대인 볼로디미르 젤렌스키가 우크라이나의 대통령에 당선
됐을 때 솔직히 상당히 놀랐습니다. 처음에는 제 눈을 의심할 정도였
습니다. '우크라이나에서 반유대주의'란 세계 유대인 역사상 전설적
이기 때문이었습니다. 본래 폴란드나 러시아 제국의 유대인 상당수
가 바로 오늘날의 우크라이나 땅에서 살았습니다. 제2차 세계대전 이
전에 우크라이나에 약 270만 명의 유대인들이 살았습니다. 당시 세
계 유대인 총인구의 약 5분의 1에 가까운 숫자였습니다. 우리가 예전
에 뉴스에서 자주 접할 수 있었던 미 국무부의 블링컨_{Antony John Blinken,}
_{1962~} 이라든가, 미국의 양심으로 불리는 촘스키 등은 바로 우크라이나
유대인의 후손들이죠. 한데 우크라이나에서 유대인 인구가 많은 만큼
유대인에 대한 혐오도 상상을 초월할 정도였습니다. 중세나 근세의

폴란드에서 상공인, 즉 일종의 중간계급으로서의 유대인들은 대개 폴란드 대지주와 우크라이나 농민 사이에 위치해 있었습니다. 농민들은 부재지주인 폴란드 귀족을 만나볼 일은 별로 없었지만, 지주 마름이나 주막 주인, 상인 유대인은 계속 만나야 했습니다. 계급적 반감이 종족적 혐오로 발전하는 데 교회까지 열심히 도와주고(?) 있었습니다. 교회에서 농민들에게 "유대인들은 예수를 죽인 정교회의 불구대천지 원수"라고 가르쳤기 때문입니다. 그렇게 해서 17세기 이후로 우크라이나는 유대인에게 고향이자 공동묘지이기도 했습니다.

1647~1648년 보흐단 흐멜니츠키Bohdan Chmielnicki, 1595~1657의 반란 이후 우크라이나에서 우크라이나 민족 국가의 모체인 헤트만국Hetmanate이 탄생합니다. 흐멜니츠키 반란이란 우크라이나 민족 국가 맹아의 탄생이자 폴란드 대지주를 향한 우크라이나 소농(중농) 사회의 투쟁이었습니다. 정교회인들의 천주교회에 대한 투쟁이기도 했죠. 한데 흐멜니츠키군은 그래도 같은 기독교인으로 인식했던 폴란드인이 아닌, 바로 유대인을 가장 심하게 학살했습니다. 그때 우크라이나에서 적게는 약 2만 명, 많게는 10만 명의 유대인들이 학살당하고, 헤트만국에서 유대인 거주가 금지됐습니다. 즉, 초기 우크라이나의 농민 민족주의에는 '유대인을 모조리 죽여야 한다'는 이념이 강하게 깔려 있었습니다. 1768년 폴란드의 귀족 국가가 약화되는 국면에 우크라이나에서 하이다막Haidamak(의용군) 농민 반란 때 또 우만Uman이라는, 주로 유대인과 폴란드인들이 살았던 도시에서 약 3000명의 유대인들이 집단 학살당했습니다. 당시 관찰자들이 학살당한 영아들의 시체

를 돼지나 개들이 먹는 장면을 서술하곤 했죠. 18세기 말 우크라이나 영토의 대부분은 러시아 제국에 편입되었는데, 경찰력이 약한 제정 러시아에서는 위기 국면마다 극우들이 유대인 학살을 반복했는데, 그 학살 사건들의 대부분은 바로 우크라이나에서 일어났습니다. 1882~1884년 유대인으로 오인됐던 인민주의 혁명가의 황제 암살 등이 촉발한 유대인 포그롬 이후 바로 유대인들의 대대적인 미국 이민이 시작됐습니다. 오늘날 미국에서 만나볼 수 있는 유대인들의 상당수는 바로 학살을 피해서 우크라이나에서 도미한 사람들의 후손이죠. 1903~1906년 일련의 포그롬 이후에는 오데사 등 여러 우크라이나 도시에서 좌파 시온주의자들이 주도하는 민병대들이 생겨나고, 팔레스타인으로의 이민이 가속화됐습니다. 굳이 이스라엘의 역사적 뿌리를 찾자면 바로 거기라고 보시면 됩니다.

1918~1921년 러시아 내전 시기는 우크라이나에서는 포그롬의 시대였습니다. 당시 민족 국가 건설을 시도했던 시몬 페틀류라Symon Petlyura, 1879~1926 등 우크라이나의 우파 사민주의 지도자들이 포그롬을 말리려 해도, 농민 출신의 일선 군인들의 유대인에 대한 살의는 하늘을 찌를 정도였습니다. 약 9~10만 명의 유대인이 학살되었는데, 일부 도시에서는 민족 청소의 양상을 띠었습니다. 예컨대 키이우 근방의 티티브Tetiiv에서는 19세기 말 약 2만 명의 유대인들이 살았는데, 1920년대 초반에는 200명도 남지 않았습니다. 내전 시대의 포그롬 속에서 2만 명 중 대다수가 학살된 겁니다. 우크라이나 군인들이 유대인을 목조 교당(유대교의 시나고그)에 몰아놓고 불 질러 생화장하고,

서로 경쟁하듯이 영아들을 공중에 던져 죽이는 등 잔혹 행위를 자랑했던 걸로 악명 높았습니다. 이런 곳곳에서의 작은 민족 청소는 어쩌면 우크라이나에서의 홀로코스트의 서곡이기도 했습니다. 홀로코스트 속에서 우크라이나 유대인 인구의 60% 정도가 학살당했는데, 그 과정에서 독일 파시스트의 하수인 역할을 자주 담당했던 것은 바로 현지인들이었습니다. 여기까지 보게 되면 유대인과 우크라이나의 인연이 정말 악연이라는 생각이 들 정도입니다. 어느 세기의 역사를 봐도 학살, 학살, 학살, 그것밖에 보이지 않습니다.

그런 학살을 저질렀던 민초들의 내면은 어땠을까요? 그들의 삶은 고되고 위험했습니다. 대부분이 농민인 그들은 모든 도시민들을 '우리보다 삶이 더 나은', 그리고 '우리를 등쳐먹고 사는' 이들로 치부했습니다. 구조적인 고통은 집단적 혐오로 이어졌습니다. 그런데 이 혐오가 계급적인 모순에 대한 자각에 따라 계급화되려면 그들에게 우선 계급이라는 사회과학적 개념이라도 필요했습니다. 그런 개념조차 도입이 안 된 문맹자 농민 사회에서 이 집단 혐오의 성격을 규정했던 것은 그들에게 유일하게 알려진 이데올로기, 즉 정교회 기독교였습니다. 그 이데올로기에서는 유대인들이 예수의 적이었기에 모든 유대인을 모조리 죽이는 게 마치 선행처럼 보였습니다. 결국 포그롬은 계급적 모순 등에 따라 생긴 집단 혐오가 종교화, 종족화되는 경우에 속했는데, 이런 차원에서는 현대 저소득층 유럽인들의 이민자 혐오 정서와 상당히 비슷했습니다. 포그롬은 약탈전이기도 했지만, 종교전쟁이기도 했습니다. 단, 전쟁이라고 하기에는 대부분의 경우 일방적인 학살로 그치고 만 경우가 압도적으로 많았습니다. 수백 년 동안 이 폭력의 도가니에서 살아야 했던 유대인들에게는 '늘 적대적인 외부 세계에 대한 우리의 저항은 늘 정당하다'는 생각이 굳어져 갔습니다. 나중에 이 집단 통념에 입각한 것은 팔레스타인에서 현지인들과 무장 대립하게 된 20세기 초기 유대인 민병대들의 행동 방식이었는데, 여기에서 끝이 보이지 않는 이-팔 갈등의 역사가 시작됩니다.

한데 제2차 대전 이후 이 폭력의 악순환은 드디어 차차 차단되는 쪽으로 갔습니다. 우크라이나는 도시화됐고 교육 수준은 계속 올라갔습니다. 후기 소련 사회는 분명 위계서열적이었지만, 과거와 같은 도시 상공인과 농민 사이의 괴리는 더 이상 존재하지 않았고 주민들은 같은 소련 공민으로서 어느 정도 동질화됐습니다. 극도로 폭력적이고 살인적이었던 반유대주의도 과거의 기억 속에만 남았습니다. 1978년생인 젤렌스키의 증조부 등 일가의 상당 부분은 홀로코스트 때 학살당했지만, 교수의 아들로 공업 도시 그리위 리흐Kryvyi Rih에서 태어난 젤렌스키 본인은 약간의 폭언 이외에는 반유대주의를 경험한 일이 없었으며, 우크라이나 사회에서 연예인, 그리고 기업인으로 살아가는 데 별 지장을 받지 않았습니다. 결국 대통령에 당선되기까지 한 것은, 그만큼 반유대주의가 극복됐다는 증거일 수 있습니다. 그런 의미에서 집단 혐오라는 사회적 병리가 치유 가능하다고 분명히 이야기할 수 있습니다. 문제는, 혐오의 최악의 폭력적 형태들이 차차 역사 속에만 남게 되더라도, 비록 덜 폭력적이라 해도 국민 국가와 자본주의라는 제도적 환경이 계속해서 새로운 배제나 차별의 대상들을 만들고 새로운 배제, 차별의 메커니즘을 만든다는 것입니다. 1931년 재한 화교에 대한 포그롬이라고 할 '만보산萬寶山 사태'를 경험한 한반도에서는 오늘날에는 물론 집단 폭력 사태까지야 일어나지 않지만, 약자 집단이 고립되어 갑질의 대상이 되는 극단적인 신자유주의적 사회인 만큼, 예컨대 학교에서 다문화 가정 출신의 2세 이민자들이 계속해서 왕따 등의 문제에 부딪힙니다. 몇 년 전 인천에서 한-러 혼혈 가정 출신의 아이가 가혹 행위를 당하다가 건물 옥상에서 떨어져 죽는 사태까지 일어나 사회에 큰 충격을 주었는데, 이건 신자유주의 사회에서 전형적으로 발생하는 약자에 대한 폭력 형태인 혐오의 문제입니다. 그러니 계급 사회에서는 소수자에 대한 혐오가 완전히 극복된다기보다는 그 대상이 바뀌고 그 형태가 바뀐다고 말하는 게 더 맞을 것 같습니다. 대상, 형태가 바뀌어도, 그 심도나 농도는 좀 얇아져도 혐오의 흐름은 지속됩니다. 그래서 반혐오, 반차별 투쟁이 늘 필요합니다.

반유대주의 없는 사회?

제가 반유대주의라는 현실을 처음 정면으로 맞닥뜨린 것은 아홉 살이 된 1982년이었습니다. 그해 여름 극우 내각이 이끌던 이스라엘이 레바논을 침략했습니다. 침략은 매우 야만적이었고, 이스라엘과 친이스라엘 세력들이 팔레스타인 피난민에 대해 민간인 학살 등을 자행했습니다. 소련은 반이스라엘 진영의 총본산에 가까웠는데, 스탈린 말기 이후의 반유대주의를 피해 1970년 이후 수많은 소련 유대인들이 이미 이스라엘로 이민을 갔습니다. 남은 유대인마저도 거의 오열 분자, 내부의 적 취급을 받았습니다. 그해 가을 정체 모를 괴한들이 우리 가족의 우편함을 불태웠습니다. 피해가 컸다면 아무래도 수사의 대상이 됐겠지만, 나무로 만든 우편함을 불지르는 정도의 불량배적 행각은 낮은 수준의 테러라 당시에는 수사도 잘 하지 않았습니다. 한데 우편함들이 같이 붙어 있는 아파트의 구조 때문에 이웃의 우편함들도 약간 불에 탔습니다. 이웃들이 제 어머니에게 "유대인의 우편함을 불태울 때 우리도 간접 피해를 입었다"고 했습니다. 하지만 그들이 우리들에게 화를 내지는 않았던 것 같습니다. 반유대주의를 모종의 불가피한 상황, 그저 하나의 현실로 알고 본인들도 피해를 좀 입은 건 운명이라고 본 것 같았습니다.

그때부터 지금까지 '반유대주의가 없는 사회가 과연 존재할까?'라는 질문이 머리를 떠나지 않았습니다. 사실 이건 우문입니다. 수많은 역사적인 비유럽적 사회들은 반유대주의를 모르고 살았습니다. 예컨대 중국에서는 유대인들이 당나라 시절 처음으로 중동에서 상인으로 입국하고, 황소의 난黃巢之亂, 875~884때 광주에 상주한 다른 외국 상인들과 마찬가지로 여러 손실을 봤지만, 송나라 이후 그 다수가 개봉에 정착한 뒤에는 그 어떤 차별 대우도 받은 바 없었습니다. 중국인들은 그들을 이슬람 신도인 회족의 한 부류로 취급했고, 또 '예후디Yehudi(유대인)'라는 히브리어의 말을 한자로 음차표기하여 竹忽(쭈후: zhúhū), 珠赫(쭈해: zhūhè) 등 다양한 방식으로 불렀습니다. 송나라 때 그들은 황실의 성씨인 조씨 성을 사성 받고 과거 시험에 응시하기 시작하여 청나라 말기까지 수많은 유명한 관료, 학자들을 배출했습니다. 즉, 개인 영역인 종교 이외에는 그저 보통의 중국인으로 살 수 있었습니다. 마찬가지로 상인으로 현지에 정착한 남인도 고친 왕국(오늘날 게랄라주)의 유대인들은 거기에서 차별받지 않았습니다. 주로 상업에 종사하는 만큼 중산층이나 상류층으로 편입하기도 했습니다. 그러니까 반유대주의란 세계사의 문제라기보다는 그리스-로마 시대의 역사를 이어, 유일신을 받드는 아브라함 계열의 종교(기독교, 이슬람 등)를 믿는 유럽사 등의 문제입니다. 한데 유럽의 정신세계가 제국주의 시대에 세계화된 뒤 유럽의 반유대주의도 같이 세계화됩니다. 그렇게 해서 반유대주의 전통이 전무하던 한국에서마저도 반유대주의 인식의 일부가 수입돼 정착한 것이죠.

유럽적 반유대주의의 기원은 무엇인가요? 제가 청년 시절에 입수할 수 있었던 가장 연대가 오래된 반유대주의 관련 기록은 고대 이집트의 알렉산드리아에서 살았던 유대인 계열의 플라톤주의적 철학자 필론Philo, 기원전 25~기원후 50의 책이었습니다. 알렉산드리아 유대인 공동체의 대변인 격인 그는 기원후 38년 알렉산드리아의 희랍인과 이집트인들이 폭동을 일으켜 많은 유대인 가족들을 잔인하게 살해했던 일을 상세히 기록했습니다. 유럽사 최초의 포그롬이라고 알려진 알렉산드리아 폭동의 원인은? 비유대인의 입장에서는 유대인들이 폐쇄적인 공동체, 주변 사회에 잘 적응하지 못하고 동화가 안 되는 공동체로 보였다는 것입니다. 유대인들은 목숨 이상으로 안식일שבת을 지키고, 로마 황제의 동상을 숭배하는 것을 기피하고 비유대인과의 혼인 등을 회피했습니다. 비유대인들은 모두에게 남, 타자인 그들을 아주 쉽게 희생양으로 삼을 수 있었습니다. 즉, 사회·경제적 상황이 악화하거나 정치적인 불안이 생길 때마다 영원한 타자로 인식됐던 유대인들이 분풀이 대상 1호였습니다. 로마 제국이 기독교로 개종하기 이전에도 이미 그랬다는 것이죠. 제국이 기독교로 개종하고 나서는 제국의 판도

내에서 도처에 살았던 디아스포라 유대인들의 상황이 더욱 악화됐습니다. 기독교는 대표적인 선교형 종교였는데, 로마 시대의 유대교도 선교 행위에 적극적이었고, 로마 제국 말기에 총인구 중 유대인의 비율은 약 10%에 달했습니다. 기독교인의 입장에서는 유대인들이 바로 최악의 경쟁자였습니다. 유럽 유대인들의 비극의 씨앗은 그렇게 뿌려집니다.

기독교가 정체성의 기반이 된 중세나 중세 이후의 유럽에서 유대인들은 사실 거의 유일한 비기독교적 마이너리티였습니다. 이슬람 신도들이 유럽의 기독교 사회들에 정착하기 시작한 것은 대체로 19세기 중후반 이후이니, 그전에는 유대인이 사실 소수자의 대명사였죠. 그래서 유대인에 대한 개인적 폭력부터 사회적 폭력(포그롬)까지 그저 일상이었습니다. 여성에 대한 가부장적인 남성들의 폭력이나, 식민지 침략, 통치 과정에서 유럽인들이 행사했던 폭력처럼 유대인에 대한 폭력도 상습적이었습니다. 러시아와 우크라이나가 계승한 키이우 루시의 역사에서 최초의 포그롬은 이미 1113년에 이루어졌다고 알려져 있습니다. 비기독교인으로서 토지를 소유할 수 없었던 유대인들은 비농업 활동, 즉 수공업과 상업, 그리고 고리대업 등에 종사했는데, 경제적 상황이 악화됨에 따라 키이우의 기독교인들이 그 해에 많은 유대인을 살해하고 재산을 약탈했습니다. 물론 12세기 초 키이우는 그저 유럽의 다른 도시들과 다를 게 없었습니다. 유대인에 대한 혐오나 폭력이 하나의 아비투스가 된 이상, 유럽이 탈기독교화되어도 혐오는 새로운 채널들을 찾아 오히려 더 번창한 것입니다. 19세기 말부터 독일 등 유럽 선진국의 반유대주의는 종교와 관계없는 인종 그 자체를 문제 삼은 형태로 바뀌면서 오히려 더 독해졌습니다. 종교는 그나마 버릴 수도 있었겠지만, 인종이라는 생득적인 범주를 아예 벗어날 수 없었기 때문입니다. 전 세계 유대인들은 소련 초기에 반유대주의 청산을 상당히 기대했는데, 그 시도 역시 1940년대 중후반부터 스탈린의 지도부에 의해서 종식되고, 소련에서 국가 주도의 반유대주의가 냉전의 분위기 속에서 다시 도입됐습니다. 반유대주의 바이러스는 적어도 유럽 문화권에서 죽지 않고 계속 변이되어 생명력(?)을 과시해 왔습니다.

2024년 세계에서 가장 민주적인 나라로 알려진 노르웨이에서마저도 (오슬로대 홀로코스트 연구센터의 여론 조사 결과에 따르면) 14%의 주민들이 "전 세계 유대인들이 세계 지배를 공고히 하기 위해 같이 움직이고 있다"든가 "유대인들의 세계 경제에 대한 지배력은 지나치다"와 같은 유의 주장을 믿는 것으로 나타납니다. 대한민국은 어떤가요? "유대인들이 미국을 움직인다"는 유의 음모론들을 거의 당연시하고, 심지어 진보적인 인사들의 입에서도 계속 나옵니다. 이 주장이 반유대주의적 음모론에 속한다는 의식 자체가 없는 것처럼 보입니다. 유대인들이 왜 계속 불안을 느끼고 왜 이스라엘 같은 유의 피난처를 필요로 하는지 궁금한 분들은 이런 주장들에 내재돼 있는 타자화, 그리고 집단 악마화에 대해 생각해보는 게 좋을 것 같습니다. 물론 현재 세계 혐오 시장(?)에서 반유대주의는 아마 최대 상품(?)도 아닐 겁니다. 중국(인) 혐오나 이슬람 혐오 등이 해일처럼 일어나는 형국이고, 특히 후자의 경우 유럽의 전통적 반유대주의의 많은 특징들을 그대로 내포하기도 합니다. 한국에서도 중국(인) 혐오(혐중)나 이슬람 계열의 소수자에 대한 혐오의 태도 등은 반유대주의보다 훨씬 크고 급한 문제들일 겁니다. 각종 혐오가 가장 잘 팔리는 이념 상품이 되고 만 이 신자유주의 위기 시대에 유대인들도 안심하고 살기 어렵다는 사실을 많은 사람들이 알아주었으면 합니다.

소수자의 동화

동화同化, 동화 정책이라는 말을 하면 대개 한국인들은 일제 말기의 소위 민족 말살 정책 같은 것을 연상합니다. 말살이라는 말은 모종의 물리적인 폭력의 이미지를 짙게 띠고 있지만, 민족 말살은 그보다는 상징적 폭력, 즉 별도의 조선인으로서의 아이덴티티를 없앤다는 것을 의미했습니다. 그런 아이덴티티가 제거된 다카키 마사오高木正雄(박정희의 창씨개명 이름)나 가네야마 사쿠겐金山錫源(김석원金錫源의 창씨개명 이름) 같은 조선계 일본 군인들은, 어쩌면 나름 출세가도를 달릴 수도 있었습니다. 다만, 이 출세를 위해 지불해야 할 대가는 대일본 제국의 신민뿐만 아니라 내선일체의 강제에 따라 광의의 야마토 민족의 구성원으로서의 새로운 자아 규정이었습니다. 그렇게 스스로를 재규정하여 반도인에서 완벽한 내지인으로 스스로를 변모시킬 수 있는 사람들 역시 어디까지나 돈이나 학력이 있는 소수였고, 일본어를 끝내 배우지 못한 다수에게 동화 정책이란 그저 징용, 징병, 징발, 각종 통제 등 식민지적 폭력 이상의 별다른 의미를 지니지 못했습니다.

식민지적 폭력의 이미지가 짙어서 이제 대부분 동화라는 말의 사용을 꺼리지만, 사실 오늘날 대한민국 국책의 일부로 다문화 가정 관련 사회 통합 정책의 내용을 보면 동화 정책의 업데이트된 버전인가 하는 생각이 들 정도입니다. 사회 통합이란 말은 분명 동화 정책보다 훨씬 좋게 들리지만, 그 정책의 현실적 내용이란 소수자들의 한국인 되기이지, 소수자들이 갖고 있는 문화, 언어 자원에 대한 보호나 육성 같은 게 아닙니다. 예컨대 베트남이나 필리핀 출신의 결혼 이민자들에게 한국 예절 익히기부터 김장담그기까지 가르치는 것은 사회 통합 정책에 들어가지만, 마을 도서관에 베트남어나 타갈로그어 책을 비치하는 것은 그 정책에 거의 없습니다. 그러니까 한국 사회에서 일종의 내부 식민지가 된 소수자들은 지금도 – 물론 일제 말기와 비교하기 어려운 소프트한 방식이지만 – 동화 압력을 계속 받고 있습니다.

유대인들에 대한 동화 압력은 이미 기원전 4~3세기 헬레니즘 사회에서 시작됩니다. 일종의 고대판 세계화 시대인 헬레니즘 시대에는 당시의 영어 격인 희랍어 구사나 당시의 헬스 격인 도시 공공 체육관에서의 체육(주로 나체로 했던), 그리고 개개인이 개인의 취향에 맞추어 알아서 선택하는 여러 신에 대한 신앙 등과 같은 생활을 즐기는 헬레니즘 사회의 상류층이나 중산층의 입장에서는 유대인들의 신앙 고집이나 족내혼 고수, 성직자 본위의 사회 구성, 그리고 아람어 사용 등이 그저 폐쇄적이고 비현대적으로 보였을 뿐입니다. 헬레니즘 사회에서 유대인에 대한 시각은, 꼭 비교하자면 오늘날 유럽 사회가 갖고 있는 이슬람 근본주의에 대한 편견을 방불케 할 정도였습니다. 늘 그렇듯이 동화 압력에 가장 크게 노출된 사람들은 바로 사회 지도층이나 유식층이었습니다. 마카베오 반란Maccabean Revolt, 기원전 167~160은 바로 희랍화라는 이름의 동화 압력에 대한 반발에서 비롯했지만, 반란의 결과로 권력을 잡은 하슈모나이 왕국Hasmonean Dynasty, 기원전 140~37의 왕조나 귀족, 도시 상류층은 철저하게 헬레니즘 문화를 내면화하기에 이르렀습니다. 알렉산드리아의 대철학자 필론이나 로마의 유명한 사학자이자 저술가 플라비우스 요세푸스Flavius Josephus, 37~100 등을 보면 동화된 유대계 지식인이 그 시대에 어떤 모습이었는지 쉽게 상상해 볼 수 있습니다. 한데 유대인 사회의 근로 대중들, 빈농이나 도시 빈민들은 여전히 희랍어가 아닌 아람어를 사용했으며, 삶이 너무 고되면 고될수록 《토라Torah》에서 언급한 메시아의 왕림을 더 절실하게 기다렸습니다. 바로 그런 동화될 위치에 있지도 않은 유대인 빈민들이 대개 예수의 제자, 즉 초기 기독교인 집단으로 몰립니다. 단, 그들 중 사도 바울로(약 기원후 5~64) 등 어느 정도 로마 제국의 문화에 동화된 이들도 종종 보이긴 합니다.

중세 이후 최근까지도 특히 종교적인 유대인들에게 동화Hitbolelut, התבוללות는 대체로 배신, 배교와 같은 의미로 통했습니다. 아직도 종교가 기본 구성 원리였던 20세기 이전까지 구미권 사회에서 유대인의 동화란 기독교 세례를 받는 것을 기본 조건으로 했는데, 세례자가 나온 문중의 구성원들은 대개 그가 죽었다고 생각하여 장례식처럼 슬프게 통곡하곤 했습니다. 그런데 생각보다 배교자들이 그렇게까지 많지는 않았습니다. 모든 가족들과 완전히 절연한다는 것도 개인이 주로 가족의 일부분으로 기능했던 사회에서 그렇게 쉽지 않았지만, 배교자들도 특히 반유대주의가 종교뿐만 아니라 인종 배척의 문제가 된 1870~1880년대 이후 아무리 배교해도 차별이 여전하다는 쓰라린 경험을 했기 때문입니다. 특히 파시즘이 유행한 1930년대의 유럽에서 배교나 세례는 더 이상 아무 의미도 없었습니다. 유대인으로서 기존의 정체성을 과감히 벗어나야 일반적인 네덜란드인이 되고 보편적인 인간이 될 수 있다고 믿었다가 결국 1940년 히틀러 군이 네덜란드를 점령하자마자 자살이라는 극단적인 방법으로 파쇼들의 박해를 벗어나야 했던 네덜란드의 온건 사회주의적 문필가인 루이스 플레스Louis Fles, 1872~1940의 경우는 가장 전형적입니다.

정체성이라는 게 무엇일까요? 파시스트들은 유대인의 정체성이 피의 문제라고 생각했지만, 피, 즉 혈액은 민족별로 다를 리가 없습니다. 정체성을 유지하고 세대를 이어주는 것은 바로 각종의 제도입니다. 교회(유대교의 시나고그), 학교, 도서관, 언어 환경 등은 바로 정체성을 만들어주고 유지하는 제도적 장치들입니다. 이스라엘이 친미 노선을 걸고 나서 스탈린은 1950~1951년에 기존 이디시어 학교 등 소련 유대인의 정체성을 유지하는 제도적 장치들을 대부분 철폐했습니다. 이디시어 극장이나 신문사 등도 대부분 문을 닫았습니다. 나중에 니키타 호루쇼프Nikita Khrushchev, 1894~1971 시대인 1950년대 중·후반에서 1960

년대 초반에 이디시어 문예잡지인 〈소베티시 하임란드סאָוועטיש היימלאַנד〉(《소비에트 조국》)〉 하나가 나왔을 뿐입니다. 그렇다고 유대인의 정체성이 없어졌을까요? 분명 언어적 정체성은 거의 멸절됐습니다. 1980년대 말에 이르러 이디시어를 할 줄 아는 유대인들은 극소수였습니다. 한데 아이러니하게도 다수자 사회의 반유대주의가 정체성(소속감)을 유지하는 데 일조했습니다. 계속 크고 작은 차별이나 모욕에 노출돼 있으면 본인이 원하지 않아도 일종의 소속감을 갖게 됩니다. 피차별 집단의 구성원으로서의 소속감 말입니다.

국가나 다수자 집단이 폭력으로 동화를 요구하면 오히려 각종의 차별 등을 수반하는 그 폭력이야말로 역으로 피차별 소수자 집단의 결속을 더 강화시킬 수 있습니다. 결국 스탈린 이후 소련의 유대인 강제 동화 정책의 결과는 유대인들의 집단 결집, 이스라엘이나 미국으로의 대대적인 이민뿐이었습니다. 한데 소수자에게 동화를 강요하지 않는 개방적인 현대 다민족 국가의 경우 동화까지는 아니더라도 소수자 집단의 희석화는 숙명에 가깝습니다. 한국어보다 영어를 더 잘하고 매너 등도 상당히 미국적인 재미 한인 교민 2세를 봐도 알 수 있듯이, 다민족 사회에서 소수자는 국가의 노골적 입력이 없어도 서열적인 위치가 더 높은 다수자들의 언어나 문화 등을 습득하게 돼 있습니다. 결국 몇 세대 동안 다민족 사회 속에서 소수자들은 소수자-다수자 접경지대contact zone에서 꽃피는 일종의 혼종적 문화를 생산해 왔습니다. 유대계 이민 2~3세인 솔 벨로Saul Bellow, 1915~2005나 필립 로스Philip Roth, 1933~2008 같은 20세기 재미 유대인 문호들의 문학이야말로 그런 혼종적 문화의 좋은 사례입니다. 그런데 2~3세의 경우 이질적인 문화의 결합인 혼종을 이야기할 수 있지만, 예컨대 10세대 정도 되면 과연 그 먼 조상이 러시아 제국에서 온 유대인이라는 사실을 어렴풋이 기억하는 미국인들에게 과연 다수자의 문화와 다른 모종의 이질성이 있을까요?

결국 민족(국민) 국가로 이루어진 현대 세계에서 문화나 정체성의 장기적 보존의 조건 중 하나는 아마도 그런 민족 국가의 존재가 아닌가 싶습니다. 디아스포라 소수자들에게 그 종족적 고국이 중요한 이유도 결국 여기에 있을 겁니다. 한데 유대인의 종족적 고국을 자임하는 이스라엘이 만약 지금처럼 팔레스타인인 배제, 차별, 탄압 정책을 계속 펴고, 팔레스타인 땅에서 오늘날과 같은 제노사이드 수준의 학살극을 계속 벌인다면, 이스라엘과 유대인 디아스포라 관계가 장차 무난히 이루어질 수 없을 것입니다. 유대인 디아스포라로서도 사실상 과거 남아공 아파르트헤이트 수준의 정책을 펴는 나라와 관계를 맺는다는 것은 적지 않는 부담이 아닐 수 없고 부담은 갈수록 더 가중될 것이기 때문입니다.

적대적 타자의 이미지

지금 기억으로는 1988년쯤 이스라엘 사람을 처음 보았습니다. 그때 소련에서 페레스트로이카 정책의 일환으로 1970~1980년대에 이민을 선택한 이들에게 최초로 일시적 귀환의 가능성을 열어주고 입국 비자를 주기 시작했습니다. 그전에는 냉전 시대의 적국인 미국이나 이스라엘 등으로 이민 간 이들은 사회주의 조국의 배신자로 여겨져 한번 가면 영영 돌아올 수 없는 몸이 되곤 했는데, 냉전이 점차 해소돼 이런 귀환이 가능해졌습니다. 그때 이렇게 귀환해서 만나게 된 사람은 어머니 친구의 친척이었습니다. 1970년대 초반 소련을 떠나 이스라엘로 간 그는 자신이 올바른 선택을 했다고 강변하고, 그를 만나러 온 소련 유대인들에게도 조국 이스라엘로의 귀국^{aliyah, עלייה}을 권고했습니다. "나는 소련 군대에서도 복무하고 이스라엘 군대에서도 복무했는데, 소련에서는 흑빵과 죽을 먹었지만, 이스라엘에서는 바나나까지 거의 매일 식탁에 오르더라"와 같은 말은 주요 논거 중 하나였습니다. 전부 수입품인 바나나는 그 당시 소련에서 귀중품이었기에 이런 논거가 통하던 시대였죠. 한데 가장 기억에 남은 것은, 이스라엘군에서 복무해본 그의 팔레스타인인에 대한 경멸이었습니다. 그는 팔레스타인인을 지칭할 때 "저 오랑캐", "저 야만인"이라는 말을 계속 썼습니다. 40대 후반의 얌전한 엔지니어 아저씨가 이런 인종주의적 표현을 써대는 게 솔직히 상당히 당혹스러웠습니다.

그 뒤 소련은 몰락을 향해 가고 수많은 친척과 친구, 지인 등이 이스라엘로 이민을 갔습니다. 다양한 사람들이었습니다. 암 전문의 의학 박사와 힌디어 강사가 있었고 허벌라이프 장사, 즉 다단계 판매를 하는 청년도 있었습니다. 일부는 이스라엘에서 잘 정착해 이스라엘 사회의 중상층으로 편입했고, 일부는 표류했으며, 한 명은 아예 러시아로 다시 역이민 오기도 했습니다. 종족적 러시아인 아내와 함께 이스라엘로 간 그는 자기 아내가 이스라엘 사회로 편입하는 데 계속 실패하자 안타깝게 보다가 결국 다시 상트페테르부르크로 오고 말았습니다. 아주 다양했지만, 공통점이 하나 있었습니다. 팔레스타인인 말만 나오면 초강경 발언이 계속 나오기 시작했습니다. 팔레스타인 사람뿐만이 아닙니다. 베타 이스라엘, 즉 피부색이 흑색인 에티오피아 출신의 유대인들도 종종 경멸적으로 언급하곤 했습니다. 대체로 교육, 교양 수준이 높고, 구소련에서 주로 지식인층이었던 이들이 이렇게 수준 낮은 인종주의적 언어를 쓰는 게 미스터리였습니다. 2018년 이스라엘을 방문했을 때 이 의문이 어느 정도 풀렸습니다.

　8년 전 예루살렘에서 그야말로 여러 소사회로 이루어진 위계질서의 사회를 보았습니다. 초종교적 유대인(하레딤 Haredim)과 아랍권 출신의 유대인(미즈라힘 Mizrahim), 서유럽 출신의 아슈케나짐 Ashkenazic Jews과 1990년대 초반 이전의 옛 동구권 이민자와 최근의 동구권 유대인 이민자 사이에 물론 교통이 있지만 가장 가까운 인간관계는 주로 하나의 출신 지역을 가진 커뮤니티 안에서 이루어지곤 하는 것 같았습니다. 한데 유대인들과 이스라엘 국적 아랍인의 관계는, 여러 유대인 커뮤니티 사이의 관계보다 훨씬 더 멀고 멀었던 것 같았습니다. 유대인 전체에 비해 아랍인들의 상대적 가난도 눈에 띄었습니다. 유대인의 빈곤율은 20% 이하였지만, 아랍인은 절반에 가까웠습니다. 한데 서안지구나 가자지구의 팔레스타인인들은 이스라엘 국적의 유대인과 아랍인보다 훨씬 더 어려운 환경 속에서 살았습니다. 그들은 이스라엘에서 주로 공사장 등 고난도 저임금 직장에서만 일자리를 얻을 수 있었습니다. 이스라엘 사회는 누가 봐도 확실히 수직화돼 있는 커뮤니티들의 서열로 보였습니다. 1990년대 이후 소련 출신의 이민자들은 옛 동구권 이민자나 구미권 출신의 유대인을 우러러봤지만, 본인들보다 더 가난하게 사는 미즈라힘이나 베타 이스라엘 등을 안하무인으로 대해도 된다고 종종 생각했습니다. 한데 서로 불평등하고 많이 다른 이 커뮤니티들을 하나로 묶는 건 바로 팔레스타인인이라는 적대적 타자의 이미지였습니다. 바꾸어 말하면 팔레스타인인에 대한 적대적 타자화가 불평등한 수직적 공동체인 이스라엘 사회를 하나로 결속시키는 역할을 했던 것이죠. 마치 1990년대 이전 한국의 레드 콤플렉스처럼.

이스라엘이 언젠가 평화 지향적인 국가가 될 수 있을까요? 평화주의자인 저는 이스라엘이 궁극적으로 살길은 평화와 공생이라고 봅니다. 아니, 그렇게 보고 싶습니다. 끝없는 타자에 대한 적대적 배척과 억압, 살육 등은 인간다운 삶도 아니며 유대민족의 '우리나라'에 대한 숙원과도 거리가 너무 멀기 때문입니다. 핍박받는 민족이라고 스스로 생각하고 해방을 원했던 19세기 말~20세기 초중반의 그 수많은 유대인 좌파 운동가들은 '우리나라 만들기'를 생각할 때 대개 타자들을 억압하고 정기적으로 학살을 벌이는 군국을 결코 원하지 않았을 것입니다. 한데 이스라엘의 수출 구성을 보면 약 12%는 무기이며, 40%는 주로 군수복합체와 관계가 많은 기업들이 생산해내는 하이테크 제품들입니다. 사실 이스라엘 경제에서 무기 생산과 군-민 양쪽에서 이용이 가능한 하이테크, IT 제품 생산은 한국의 반도체, 자동차, 선박처럼 주력 부문입니다. 군대는 다양한 이질적 공동체로 구성된 사회를 통합하는 주된 메커니즘이고, 팔레스타인인과 관련된 안보 의식, 그리고 그 의식과 불가분의 관계에 있는 팔레스타인인에 대한 적대 의식 등은 사회 결속의 기제입니다. 이런 방식으로 구성된 사회가 과연 그 체질을 평화 지향적 방향으로 바꿀 수 있을까요? 상상하기조차 힘든 환골탈태가 요구됩니다. 그러니 이스라엘의 평화 지향적 시민들은, 단순히 이번 학살의 정지뿐만 아니라 궁극적으로 평화 본위의 재건국 수준의 사회 개혁을 요구해야 합니다. 그런 재건국이 아니면 이스라엘이 정상 국가로 다시 태어나기는 쉽지 않을 것입니다.

하마스에 대하여

블라디미르 레닌Vladimir Lenin, 1870~1924에 대해서는 여러 관점에서 생각할 수 있으며, 어떤 부분들을 비판할 수도 있습니다. 예컨대 레닌의 전위정당이 결국 노동자 계급 위에 군림하는 위치에 설 여지는 처음 전위정당론을 만들었을 때부터 있었습니다. 전위, 지도 또는 영도는, 결국 주로 지식인 출신이나 직업적 혁명가 등으로 구성된 당의 상근자(간부 집단)가 그 지지 계급보다 애당초 더 우월적 입장에 선다는 걸 의미했습니다. 그것도 그렇고 1917년 이후 레닌이 멘셰비키 등 좌파적 반대자들을 다루었던 방식은 차후 스탈린 독재 시절 정적 탄압으로 이어진 부분이 있습니다. 한데 레닌주의에 내재한 권위주의의 맹아를 논할 수 있겠지만, 한 가지는 확실합니다. 레닌은 전략과 전술의 천재였으며, 당시 각종의 정치 세력들에 대해서 늘 냉정하고 정확한 판단을 내릴 줄 알았습니다. 레닌은 중요한 판단 오류를 범한 적이 거의 없었습니다. 그게 그의 혁명이 성공할 수 있었던 한 가지 중요한 이유였습니다.

레닌은 1904~1905년 러-일 전쟁 국면에서 일본의 승리와 자국 러시아의 완패를 적극 희망했습니다. 이미 혁명적 상황이 거의 조성된 러시아에서 전쟁 패배야말로 가장 완벽한 혁명의 도화선이 될 수 있다는 그의 판단은 적중했습니다. 그는 1914년 제1차 대전 국면에서도 ─ 민주 국가 프랑스를 지지한다고 밝힌 한때 그의 스승 게오르기 플레하노프Georgi Plekhanov, 1856~1918와 달리 ─ 양쪽 진영을 똑같은 제국주의 깡패로 보면서도 자국 러시아의 패배와 제국주의 전쟁의 계급 전쟁으로의 전환을 외쳤습니다. 패배의 가능성이 어차피 높고 계급 전쟁이 곧 터질 확률이 높았던 당시의 러시아에 딱 맞는 전략이었습니다. 1918년 2~3월에 브레스트 강화 조약의 강도적 조건을 일단 수용한 것도 마찬가지로 그야말로 천재적 판단이었습니다. 우크라이나 등지를 점령한 독일군은 어차피 이미 서부 전선에서 미국의 참전 등으로 패배를 당할 운명에 처해 있었습니다. 한데 독일군이 우크라이나나 발틱 지역을 임시 점령하는 것은, 혁명을 더 효율적으로 탄압할 수 있었던 연합군이 그 지역으로 들어가지 못하게 작용했습니다. 그리고 코민테른이 창립된 1919년부터 식민지 등 주변부 국가에서 공산주의자들이 혁명적 민족주의와 손을 잡아야 한다는 판단 역시 20세기 중후반의 탈식민화를 가능케 만든, 그야말로 세계사를 바꾼 용단이었죠. 역시 마르크스주의적 변증법을 제대로 내면화한 천재여서 이런 판단력을 지닐 수 있었던 것 같습니다.

저는 하마스를 지지한다고 하면서 하마스의 행동을 무비판적으로 응원하는 자칭 좌파를 볼 때마다 레닌의 마르크스주의적 판단력이 그리워집니다. 하마스가 2023년 10월 7일에 저지른 행위(예컨대 영유아 살해, 여성 살해·납치·성학대, 노인 살해, 민간인 납치, 제3국 노동자 살인 및 납치 등)나 그런 행위에 대한 지지의 도덕성 여부 등을 떠나서, 하마스의 행동에 열광하는 것은 중동의 진보적 변혁을 이끌어준다기보다는 오히려 그 가능성을 더 축소, 차단하기 때문입니다. 일단 하마스 지지론의 문제점을 하나씩 살펴보겠습니다.

하마스Hamas(하라카트 알마카와마 알이슬라미야, 즉 이슬람 저항 운동의 약칭)는 이집트 등의 이슬람 형제단의 팔레스타인 지부로 시작한 운동입니다. 1988년에 발표된 헌장을 보면 계급 같은 단어들은 아예 보이지 않으며 세속주의는 '적'으로 명기돼 있습니다. 그 목적은 '이슬람의 영토인 팔레스타인을 빼앗은 유대인의 시온주의 집단을 궤멸'시키는 일이라고 나옵니다. 사회적 문제와 관련해서 자선이나 상호 공제, 즉 부자들의 시혜 이외에 하마스가 바라는 부분이 없는 것처럼 보입니다. 애당초 하마스를 은밀히 키운 것은, 좌파 지향, 친소련적 팔레스타인 해방기구의 영향력을 상쇄시키려고 했던 이스라엘의 첩보 기관입니다. 팔레스타인 해방기구의 후원자들이 소련과 소련 진영의 국가(북한 포함)라면 하마스의 후원세력은 현재 절대 왕권의 왕국인 카타르와 신정 국가 이란, 그리고 신권위주의 국가 튀르키예입니다. 하마스의 지도자 격인 이스마일 하니예Ismail Haniyeh, 1962~2024(2024년 7월 31

일 이란 테헤란에서 암살당함)는 카타르에서 거주하던 부호富豪였습니다. 그 지도부의 다른 구성원들도 정치적 영향력을 이용해 상당한 규모로 치부합니다. 하마스는 2006~2008년에 가자에서 선거를 통해 집권하지만, 집권하고 나서 그 어떤 선거도 치르지 않았습니다. 즉, 가자지구 주민들이 하마스의 결정이나 행동에 민주적으로 어떤 영향력도 행사할 수 없는 반면, 하마스를 지원하는 이란 등은 거의 절대적 영향력을 행사할 수 있습니다.

10월 하마스의 공격은 팔레스타인 주민들에게는 백해무익 그 자체였습니다. 그 공격이 초래한 이스라엘의 가자 공습 및 침탈로 이미 수만 명의 팔레스타인인들이 목숨을 잃었다는 것도 그렇지만, 그것만이 아닙니다. 이 공격과 전시 상태 선포로 모든 팔레스타인인의 운동에 대한 탄압이 가중되었는가 하면, 사법제도 개악 등으로 이미 민심을 다 잃은 네타냐후의 극우 내각은 정치적 생명이 연장됐습니다. 이스라엘 사회 안에서는 아랍계 이스라엘 시민들이 엄청나게 위축되고, 그렇지 않아도 계속 줄어갔던 정치적 좌파의 영향력은 더 줄어 우경화가 가속화됐습니다. 지금 이스라엘 국회에서 좌파라고 할 수 있는 정당(하다쉬Hadash당, 노동당 등)의 의원들은 120석 중 9석만 차지하고 있고, 이번 공격과 전쟁 상태로 좌파의 주변화가 더 진행될 테고, 팔레스타인(평화) 문제에서 중도 우파 등의 입장은 더 강경해질 것으로 보입니다. 결국 팔레스타인인들에게 이번 공격이 초래한 것은 억압과 차별의 심화, 탄압의 가중화, 평화 프로세스 전망의 증발, 그리고 그나마 연대가 가능했던 파트너인 이스라엘 좌파의 약체화 등입니다.

반대로 이 공격으로 부분적으로 득점한 쪽은 이란과 러시아 등 미국과 경쟁 관계에 있는 열강들입니다. 이스라엘의 경쟁자이며 지역 강국인 이란의 입장에서는 전시 상태 선포와 부분 동원 등으로 이스라엘이 경제적 손실을 입었기에 당연히 플러스가 됩니다. 이스라엘이 당한 굴욕은 지역 전역에서 친이란 세력들의 사기 진작에 큰 도움이 되기도 했죠. 튀르키예에서도 레제프 에르도안_{Recep Erdoğan, 1954~} 정권이 "팔레스타인 투쟁지지"를 선언하면서 경제 위기로 이탈했던 민심을 회복했고, 러시아에서 푸틴은 미국의 주의와 자원이 우크라이나와 이스라엘 양쪽으로 분산되어 우크라이나에 대한 지원이 줄어드는 틈을 타서 우크라이나 영토를 추가적으로 강탈할 수 있었습니다. 무엇보다 이 공격과 이스라엘의 대응이 부른 것은 이스라엘-사우디 수교 교섭의 중단과 사우디의 (러시아와 연대해서 실시하는) 석유 생산 감산 조치의 지속, 즉 고유가 유지 정책의 지속인데 이건 석유를 팔아 전쟁 자금을 마련하는 푸틴에게는 하늘의 선물 격입니다. 도대체 위와 같은 이번 사태의 결과 중 마르크스주의자나 진보주의자들이 지지하고 응원할 만한 게 뭐가 있을까요.

고통을 당하고 사력을 다해 저항을 하는 팔레스타인 사람들에 대한 좌파의 지지는 당연합니다. 이스라엘의 가자 공습, 침탈, 학살 중지를 요구하는 것 역시 당연하고 정당합니다. 한데 그렇다고 해서 팔레스타인 주민들의 고통을 더 가중하고 그 투쟁과 평화적 해결의 전망을 더 어둡게 만든 하마스의 폭거를 지지한다는 것은 자가당착이며 좌파로서는 실격에 해당합니다. 좌파로서 논리적으로는 이스라엘 좌파의 힘을 키우는 데 도움을 주고, 차후 진보 쪽으로 민심이 바뀌는 이스라엘과 팔레스타인인 사이에서 모종의 평화적 해결을 바라는 게 맞을 것입니다. 하마스의 행동은 역으로 이스라엘과 팔레스타인의 상황을 정반대의 방향으로 가게끔 했습니다. 이 행동에 득을 본 것은 이란과 튀르키예, 러시아의 지배자들입니다. 우리들의 자칭 좌파 중에서 푸틴의 우크라이나 침략과 우크라이나 영토 강탈까지도 반미라고 생각하기에 진보적으로 해석한 사람들까지 있었던 것을 생각하면, 정말이럴 때마다 레닌의 판단력이 그리워질 뿐입니다.

미래는 있는가?

대학교 2학년 때 블라디미르 (제브) 자보틴스키라는 시온주의 사상가의 저작을 만났습니다. 소련에서 금서였던 그 책들이 그때 해금돼 읽을 수 있게 됐습니다. 처음에 읽었을 때 충격이 상당했습니다. 자보틴스키가 창립한 민병대 방식의 수정주의 (극우파) 시온주의 조직인 베타르ㄲㄲ는, 엄격한 군사 규율, 폭력에 대한 수용과 장려, 그리고 상명하달식 조직 운영 방식을 특징으로 했습니다. 자보틴스키의 말 하나하나를 보면, 조선 해방 직후의 족청(조선민족청년단의 약칭)이나 서북청년단, 그리고 중화민국 시절의 극우 비밀결사인 남의사藍衣社 같은 조직들의 강령들을 연상하게 됩니다. '민족 본위의 삶', '민족 지상주의', '지도자에 대한 복종'부터 시작해서 '타민족에 대한 기본적 태도로서의 무관심'까지, 하나같이 해방적 근대의 이상과 한참 거리가 있었습니다. 건국 전후 이스라엘의 정계에서 자보틴스키 계열의 극우 민족주의자들은 소수파였습니다. 다수는 노동 시온주의, 즉 민족주의적 색채가 강한 민족 사민주의자들이었습니다. 지금은 반대로 자보틴스키의 계열이라고 할 수 있는 네타냐후 등의 범우파 진영이 거의 완벽한 헤게모니를 잡고 있습니다. 국회에서 좌파라고 할 수 있는 사람들은 7% 안팎이고, 나머지는 범우파나 종교주의, 초종교주의 등입니다. 한데 시온주의 좌-우 사이의 모든 갈등, 모순에도 불구하고 저들은 한 가지를 공유해 왔습니다. 바로 우리 민족만의 국가의 이상이라는 거죠.

소수자(팔레스타인 아랍인, 드루즈인, 베두인 아랍인 등)들도 시민권을 가지지만, 오로지 유대 민족의 구성원만이 이스라엘로의 귀환권을 가지고 있습니다. 굳이 그렇게 이야기하자면, 일본이 일계인(닛게이진)에게, 그리고 한국이 해외 동포에게 각각 주는 특권과 같은 논리, 즉 혈통의 논리죠. 그런데 해외 유대인들이 살고 있는 다수의 다민족 국가에서는 우리 혈통의 소유자만을 뽑는 것은 거의 불가능에 가까운 일입니다. 러시아만 해도 저를 포함해서 유대인 디아스포라는 상당수 혼혈인으로 이루어져 있습니다. 그래서 우리 동포들을 식별하는 한국 정부처럼, 이스라엘 정부도 현실적으로는 4조부모(모계, 부계 조부모 4명) 중에서 한 명이라도 종족적으로 또는 종교적으로 유대인이라면 귀환을 허용합니다. 한데 핏줄을 골라내는 이 방법은, 꼭 1930년대 후반의 독일을 연상케 합니다. 그리고 오로지 유대인 핏줄만을 위한 국가는 결국 노동시장의 서열화와 분절화를 의미합니다. 국가의 지원을 받을 권리가 있는 종족적 유대인들은, 그런 권리가 없어 주로 농장이나 공사장을 전전해야 하는 외국인 노동자나 팔레스타인 노동자 위에 군림하는 존재가 되어버립니다. 한데 동시에 종족만을 내세우는 논리는 이스라엘 경제의 핵심인 하이테크에 외국 인재 영입 등을 어렵게 만듭니다. 세계의 우수한 인재들이 미국에 가면 가지, 핏줄에 매달리는 폐쇄 사회로 왜 가겠습니까?

그야말로 1930년대의 유물로밖에 보이지 않는 종족 본위 사회의 기본 구조와 직결되어 있는 것은 바로 군사 부문의 과다 팽창과 전쟁, 폭력 중독입니다. 이스라엘은 1인당 군사 부문 지출(2535달러)로 치면 카타르(3379달러) 다음으로 세계 최대입니다. 미국(2101달러)은 바로 이스라엘 다음입니다. 엄청난 돈을 군에 퍼붓는 것 이외에 군사주의는 항상 총동원의 가능성을 의미합니다. 사실, 가자에서 벌어지는 인종청소 격의 전쟁에 동원된 30만 명은 이스라엘의 유대인 총인구의 약 4%에 해당합니다. 사회적 압력이 너무 강해, 다른 데에서 흔하디흔한 병역 기피나 동원 기피가 이스라엘에서는 거의 불가능합니다. 한국(아니면 미국)과 참 다르게, 가자에서 전투를 벌이는 군인들 중에는 이스라엘 대통령의 아들도, 교통부 장관의 딸도, 복지부 장관의 아들도, 경제부 장관의 딸도 포함돼 있습니다. 기본적으로 이스라엘에서 (유대계) 시민은 동시에 군인이기 때문에 그럴 수밖에 없습니다. 한데 이와 같은 절대적 동원의 논리는 동시에 폭력과 죽임에 대한 절대적 수용도 의미합니다. 예컨대 이스라엘에서는 가자지구 등에 대한 정기적 공습이나 포격 등을 흔히 '잔디 깎기'라고 표현하곤 했습니다.

잔디를 깎는 것처럼 대담해진 하마스 등의 조직원들을 정기적으로 조금씩 죽인다는 이야기입니다. 물론 이런 공습마다 하마스 조직원들과 함께 아이, 여성, 노인을 포함한 민간인들도 계속 끔찍한 죽임을 당하곤 합니다. 한데 이스라엘 사회는 이에 대한 공감 능력이 거의 없습니다. 평상시가 늘 전쟁이라면 '저쪽의 손실은 늘 우리에게는 기쁜 소식'이라는, 야만 그 자체인 원칙이 그대로 적용되기 때문입니다.

핏줄, 영구화된 전쟁, 군사 동원, 그리고 타자를 향한 무제한 폭력에 대한 무제한 긍정을 본위로 하는 사회에 과연 미래가 있을까요? 이스라엘은 아시아나 아프리카, 중남미에서는 물론이거니와, 구미권 시민 사회에서도 갈수록 고립돼 갑니다. 해외 유대인 사회 안에서도 이스라엘의 인종 청소 정책 등을 비판하는 목소리는 가면 갈수록 높아집니다. 전쟁의 대명사가 된 혈통주의의 종주국 이스라엘에 가고자 하는 세계 인재들이 그다지 없는 것은 물론이거니와, 해외 유대인도 최소한의 선택만 주어진다면 이스라엘로의 귀환을 대개 사양합니다. 다른 선택지가 없을 때 이스라엘로 갑니다. 1930년대 유물 수준의 이데올로기를 지금도 국시로 삼는 나라가 과연 미래로 나아갈 수 있을까요? 결국 이스라엘의 미래가 평화에 걸려 있습니다. 팔레스타인인과의 평화적 해결이 가능하다면, 시대착오적 군사주의나 초민족주의 이데올로기 등을 벗어날 희망이라도 보일 수 있겠지요.

교류의 힘

최근에 노르웨이 학계에서 이스라엘 대학을 보이콧하자는 운동이 계속 확산돼 나갑니다. 급진적 사회 운동들이 늘 그렇듯이, 박사과정생 등 학계의 주니어 구성원들이 대개 앞장섭니다. 우리 학과에서도 이스라엘 대학들과의 모든 공식적 관계를 끊자는 호소문이 돌고 있으며, 서명을 받고 있습니다. 이스라엘이 가자에서 벌이는 제노사이드적 행각을 생각하면, 놀랄 일도 아닙니다. 제노사이드적 행각에 놀란 노르웨이 주민의 절반 정도가 아예 이스라엘에 대한 전반적인 보이콧에 찬성한다는 여론 조사 결과도 나온 바 있습니다. 국회에서도 사회주의좌파당 등 좌파 정당들이 관련 법안 발의를 한 바 있어 이미 입법 운동까지 벌이고 있습니다. 그러니 이스라엘 학계(대학)에 대한 보이콧이 거론된다는 게 당연할 수 있습니다. 예전에도 이스라엘이 가자를 폭격할 때마다 이 문제가 거론되곤 했으며, 우리 학교 총학생회가 보이콧을 해야 한다는 결의도 몇 년 전에 이미 한 바 있었는데, 총학생회 결의 사항을 대학 당국이 이행할 의무까지는 없습니다. 참고 사항이지요. 전 그때도 지금도 이런 발의를 하는 분들의 마음을 십분 이해합니다. 사실 이스라엘과의 무역 관계를 최소화하고, 특히 이스라엘 군수 기업들을 보이콧하는 게 당연히 필요한 조치라고 봅니다. 그건 그렇지만 전 보이콧을 해도 학계(대학)는 예외여야 한다고 생각합니다. 이유는 이렇습니다.

첫째, 대학은 대개 그 사회의 영향을 받지만, 늘 나름의 특수성을 보유하기도 합니다. 예컨대 왜 한국에서는 1980~1990년대에 대학생과 시위가 종종 하나로 연결된 단어였을까요? 고3까지 부모(학교)는 학생을 아주 철저하게 통제합니다. 그리고 입사하고 나면 대개는 시위뿐만 아니라 아내나 아이들과 정상적으로 대화할 시간조차 갖기 힘들 정도로 매일매일 파김치가 되어 집에 돌아갑니다. 그러니까 고교 졸업과 입사 사이의 그 얼마 안 되는 '대학 다니는 사이'에 유일하게 자유를 누릴 수 있었던 것입니다. 마찬가지로 일반 사회와 다르게 대학에서는 다르게 생각하는, 즉 비판적 사고 능력을 갖춘 교수 등을 만날 수 있었습니다. 1970~1980년대의 대학에 강만길姜萬吉, 1933~2023이나 안병무安炳茂, 1922~1996 같은 교수들이 없었다면 아마도 그때 사회 운동의 판도 좀 달랐을 겁니다. 이스라엘 대학가도 마찬가지로, 이스라엘 사회 전체보다 훨씬 개방적입니다. 팔레스타인 연대 운동에 앞장서는 일란 파페Ilan Pappé, 1954~ 같은 아스라엘계 사학자는 지금 영국에서 교편을 잡고 있지만, 본래 이스라엘 하이파대 교수 출신입니다. 파페는 이스라엘의 소위 신역사가 중 한 명인데, 정통 시온주의의 도그마에 정면으로 도전한 신역사가들의 책들이야말로 나크바an-Nakba 등 팔레스타인인의 추방, 억압, 배제의 근원을 밝히는 데 중요한 역할을 합니다. 대부분의 신역사가나 그 제자들은 대학에서 교편을 잡고 있는데, 보이콧을 할 경우 그들과 같은 팔레스타인인의 연대 세력들도 피해를 같이 입습니다.

둘째, 대학(학계)은 국가적인 과제만을 담당하지는 않습니다. 그런 국가적인 과제, 즉 예컨대 무기 생산 등과 관련이 있는 학과라면, 보이콧을 해도 무방합니다. 한데 대학에 있는 사람들은 인류 역사를 복원해야 하는 고고학부터 인류 미래를 책임져야 하는 기후 변화 연구까지 다 합니다. 예컨대 푸틴이 우크라이나를 침공하자 유럽연합이 러시아 대학과의 교류 정지를 모든 유럽 대학에 명령했는데, 상당한 타격을 받은 부문은 바로 기후 변화 연구입니다. 러시아는 동토 연구, 그리고 기후 온난화로 인한 동토의 해동 과정에서 누수되는 메탄 유출 문제의 연구 중심지입니다. 러시아 과학자들과 협력하지 않으면 시베리아 현지 조사 등을 포함한 해당 연구를 거의 할 수 없는데, 러시아 대학에 대한 보이콧은 지구의 미래를 위해 생명적으로 필요한 협력까지 불가능하게 만듭니다. 러시아 연구자들의 85%가 푸틴의 전쟁을 반대한다는 사실까지 생각하면 이런 보이콧이 적절한지 의문이 듭니다. 네타냐후도 푸틴도 틀림없이 재판받아야 할 범죄자입니다. 러시아도 이스라엘도 극도로 군사화돼 있는, 전쟁 없이는 거의 존재하기 어려운 전쟁 국가입니다. 그것은 사실이고 러시아나 이스라엘이라는 국가에 대해 그 어떤 환상도 가져서는 안 되지만, 학술 연구는 어느 정도 정치 영역과 분리돼야 하지 않을까요?

셋째, 보이콧은 바로 학생과 연구자들의 기동성을 박탈한다는 것을 의미합니다. 보이콧할 경우 우리 학교가 이스라엘의 그 어느 대학과도 학생 교환 협정을 체결할 수 없게 되고, 이미 체결된 협정의 효력은 정지됩니다. 지금 러시아 대학과의 관계도 이처럼 정지된 상태에 있습니다. 그렇다면 러시아 대학과의 학생 교류 정지는 푸틴 독재 전쟁의 조속한 종식을 위한 투쟁에 도움이 됐을까요? 만약 러시아 학생들이 예전처럼 오슬로에 올 수 있었다면, 그들은 여기에서 푸틴의 침략을 비판하고 푸틴의 전쟁 국가를 비판적으로 해부하는 많은 문건을 자유로이 접하고 전쟁 피해자인 우크라이나 난민들도 만나 그 사정을 직접 들을 수 있었을 겁니다. 나아가 여기에 있으면서 재외 재야 운동과 연결할 수도 있고, 어쩌면 재외 반독재 운동을 접하고 나서 본인들도 운동가로 자랄 수 있었을 겁니다. 한데 지금 러시아와의 모든 교류의 중지는 그들을 러시아라는 군사주의적 정신병동에 그대로 가두어놓은 거나 마찬가지입니다. 그러면 이스라엘 교환 학생들이 여기에 올 경우, 그들이 오슬로에서 매주 일어나는 팔레스타인인 인권 옹호 시위라도 보고 노르웨이 사회의 이스라엘(팔레스타인) 문제에 대한 담론을 접했다면, 그들의 생각을 바꾸는 데 도움이 되지 않았을까요? 그리고 이스라엘 대학생의 약 18%는 아랍계인데, 피억압 민족인 그들의 기동성까지 박탈한다는 게 무슨 의미가 있을까요?

이스라엘은 국제 법정에서 유죄 판결을 받을 만한 제노사이드 행각을 벌인 범죄 국가입니다. 그 현실을 당연히 직시해야 하죠. 한데 그 국가의 성격이 여하한가와 무관하게, 만국의 연구자, 학생들의 국제 교류의 권리를 존중해야 합니다. 국가들이 뭘 어떻게 해도, 국가들 사이에서 어떤 일이 벌어져도 연구자 사이에서의 대화는 그 어떤 상황에서도 멈추어서는 안 됩니다. 늘 대화할 수 있는 능력, 그리고 대화하려는 의지 등은 연구자 사회의 존재 조건이며 본질입니다. 그럴 일이 아마도 없겠지만, 설령 노르웨이와 이스라엘이 단교해도, 이스라엘 연구자들과 계속 대화해야 합니다. 그건 저의 굳은 신념이지만, 요즘처럼 감정이 주도하는 분위기에서는 제가 동료들을 어디까지 설득할 수 있을지 솔직히 잘 모르겠습니다.

작은 희망

최근에 이스라엘이 저지른 헤즈볼라 활동가들에 대한 '삐삐 동시 폭발 사건'은 아마도 국가 테러리즘의 교과서적인 사례에 해당할 것입니다. 유사 전투원이라고 할 수 있는 활동가 본인뿐만 아니라 다수의 미성년자를 포함한 그 가족이나 주변인들을 죽이거나 부상을 입힐 수 있었던 무차별적 공격인 만큼 테러리즘이 틀림없고, 이는 이스라엘이라는 국가가 장기간(15년이라는 보도가 있었습니다.) 치밀하게, 국가만이 동원할 수 있는 모든 자원들을 다 동원해 준비한 것입니다. 미 국무부에 테러 후원 국가 명단이 있는데, 사실 제대로 하자면 거기에 이스라엘이 제1호로 들어가야 합니다. 이스라엘만큼 전투 상황이 아닌 평시에 민간인들에게 막대한 피해를 입히는 무차별적인 공격을 많이 진행한 국가는 없을 겁니다. 최근 헤즈볼라 지도부에 대한 참수 작전의 성공을 기뻐하는 이스라엘 네티즌들의 분위기를 보니 이 국가적 테러리즘이 또 이스라엘 시민 사회에서 상당한, 사실 거의 압도적인 지지를 받는, 끔찍한 현상을 목격하게 됩니다.

그런데 테러리즘에 대한 강력한 집착은 아무래도 극우파 시온주의 운동의 역사에 상당히 깊이 뿌리를 박고 있는 것 같기도 합니다. 그 피해자들 중 다수는 아랍인 등 팔레스타인 주민들이었지만, 시온주의 운동에 적대적이라고 판단되는 외세들까지도 종종 공격의 대상이 됐습니다. 참수 작전으로 이야기하자면 1944년 유대인 극우 테러 단체 레히Lehi(로하메이 헤루트 이스라엘. '이스라엘의 자유를 위한 투사', ישראל" חרות לוחמי)가 영국의 중동 총독 모인Walter Moyne, 1880~1944 경을 암살한 것이 가장 잘 알려져 있습니다. 그때 영국의 신탁 통치를 받았던 팔레스타인 지역의 최고 행정관 모인 경을 죽인 두 명의 테러리스트인 엘리야후 하킴Eliyahu Hakim, 1925~1945과 엘리야후 베트주리Eliyahu Bet-Zuri, 1922~1945의 시신은 나중에 이스라엘로 돌아가 헤르츨산 국립묘지에 안장되어, 국가 최고의 예우를 받았습니다. 둘 다 무솔리니 시대의 이탈리아를 흠모했던 극우였지만, 온건 좌파인 벤구리온마저도 그들의 '의거'에 무한한 존경의 뜻을 표했습니다. 레히는 나중에 데이르 야신Deir Yassin 마을에서 미성년자와 여성을 포함한 107명의 아랍인들을 학살하는 등 팔레스타인 주민들에 대한 테러를 감행하여 악명을 떨쳤는데, 1948년 유엔안보리가 파견한 중재자인 스웨덴의 외교관 폴케 베르나도테Folke Bernadotte, 1895~1948를 암살하기도 했습니다. 모인 경은 반유대주의자로 알려져 있지만, 베르나도테는 홀로코스트 시절에 덴마크 유대인을 구제하는 데 공을 세운 사람이었습니다. 좌우간 한때 바로 그 레히의 수장이며 베르나도테의 암살을 지휘한 이츠하크 샤미르Yizhak Shamir, 1915~2012는 나중에 이스라엘의 국무총리가 되었습니다. 샤미르의 뒤를 이어 우파 리쿠드당의 당수 자리에 오른 이가 바로 오늘날 이스라엘의 국무총리인 네타냐후입니다. 그는 테러리스트의 후임자인 셈이죠.

온건 좌파마저도 극우 테러리스트들의 '의거'를 추앙하고 테러리스트들을 영웅시한 이유는 무엇이었을까요? 좌우를 막론하고 이스라엘 정가의 지도자들은 거의 전부 동유럽 출신들이었습니다. 특히 극우들은 거의 전부 다 러시아 제국 영토에서 태어나고 자란 이들이고, 레히의 지도자 아브라함 슈테른Avraham Stern, 1907~1942의 경우 러시아 내전 때 간신히 살아남은, 한때 공산 청년 단체 멤버였던 사람입니다. 러시아 내전 시절에 특히 백위군이나 우크라이나 민족주의자들이 저지른 포그롬 속에서 죽어간 유대인만 해도 적어도 10만 명, 많게는 20~25만 명으로 그 숫자가 추산됩니다. 어릴 때부터 주변의 슬라브인들의 모욕과 폭행에 맞서가면서 민족의식을 키워나가고, 그다음에 팔레스타인에 이민 가서 시온주의자가 된 이들의 의식 세계는, 신채호의 표현을 빌리자면 '아와 비아의 투쟁' 그 자체였습니다. 그들은 삶을 생존 투쟁으로 파악하여 투쟁 속에서 생존만을 추구하는 우리는 늘 도덕적으로 옳다고 믿었습니다. 테러를 저질러도 그가 정당 방어라고 그들은 믿었고, 이런 사고방식은 이스라엘에서 일종의 비공식적인 국시가 되었습니다. 이런 국시로 교육을 받고, 국립묘지에 안장된 테러리스트들을 찬양하는 수업 내용을 듣고, 관련 대중문화물들을 섭취하면서 자란 이스라엘인들에게는 우리가 저지르는 것이라면 테러라 해도 도덕적 거부감 같은 게 많이 없는 것 같습니다.

　저는 극우 테러리스트들이 영웅 대접을 받는 폐쇄적인 단일민족 사회가 바뀌기는 어렵다고 봅니다. 그나마 제게 희망이 있다면 재미 유대인 사회에 있습니다. 반유대주의가 이제 많이 없어진 미국에서 몇 대에 걸쳐서 살아온 유대인들에게는, 동유럽 계열의 이스라엘 유대인 사회의 '아와 비아의 투쟁' 멘탈리티가 더 이상 그리 강하지 않습니다. 반대로 다수는 미국 사회의 법치국가론이나 자유주의를 기본 바탕으로 삼고 있으며, 상당수는 미국 정치의 중간축보다 더 왼쪽으로 가 있습니다. 팔레스타인 학살의 중단을 요구하는 시위의 대열에도 수많은 재미 유대인들이 참여했습니다. 평화 공존, 폭력적인 '단일민족 국가론 폐지'를 향한 재미 유대인들의 운동은 비록 이스라엘 사회에 직접 영향을 바로 주지 못해도, 적어도 이스라엘의 극우 파쇼 정권에 대한 미국의 지원을 더 어렵게 만들 수 있습니다. 미국의 원조에 상당히 의존하는 이스라엘인 만큼, 이런 원조 감소가 어쩌면 평화의 기폭제가 될지도 모르겠습니다.

5장
——

과거가 다시
돌아오지 않도록

제국의 주요 상품, 무기

1991년 한국에 처음 갔을 때 저는 한국의 상황을 저의 상식으로 제대로 이해할 수 없었습니다. 일면으로는 한국이 미 제국의 통제하에 있다는 건 분명했습니다. 용산의 옛 일본군 병영이 이제 미군 기지가 되고, 서울 이북의 동두천부터 서울 이남의 오산까지 미군 기지들이 포진돼 있고, 한국인들이 영어를 배우느라 미군 방송을 시청하는 걸 봐도, 이 나라를 누가 컨트롤하는지 분명했습니다. 한데 또 일면으로는, 미국이 도대체 한국을 왜 돈을 써가면서 지배하는지 잘 이해할 수 없었습니다. 제가 공부한 서울의 한 대학에서 운동권 학생들이 레닌의 제국주의론을 열심히 학습했고, 저 역시 《제국주의, 자본주의의 최고 단계》(1916년)를 이미 고교 시절에 통독했지만, 그게 한국 상황에는 부합하지 않았습니다. 레닌이 본 제국주의란 원자재 제공 지대 및 완제품 판매 시장을 확보하는 방식이었습니다. 한데 저는 한국에 '미제'가 필요로 하는 무슨 원자재가 있는지 도저히 알 수 없었습니다. 제가 본 한국의 유일한 자원은 '사람'이었습니다. 그리고 완제품 시장? 서울의 거리나 가정집에서는 미제 자동차 하나, 미제 가전제품 하나 거의 볼 수 없었으니, 그것도 현실성이 없는 이론으로밖에 보이지 않았습니다. 소련의 보호국인 북한과 미 제국이 경쟁하고 있다고 치부할 수도 있었지만, 이 경우에는 다음의 문제가 제기될 수밖에 없었습니다. 소련의 대북 관계에서 소련의 이득은 과연 무엇인가, 하는 문제였죠.

제가 잘 알았던 1980년대 말의 소련은 북한산 마그네사이트 등 일부 매장 자원을 수입하긴 했는데, 비교적 미미한 수준이었습니다. 굳이 원재료라면 소련이 북한에 훨씬 더 많은 석유와 석탄 등을 내다 팔았습니다. 전체적으로 1990년 소련의 대북 수출은 약 20억 달러였는데, 대부분 에너지 자원이었습니다. 소련은 북한에 '형제 국가 가격', 즉 세계 시장 가격보다 훨씬 더 싸게 팔았습니다. 그렇게 해서 북한은 1985~1990년 사이 소련에서 수입한 에너지 자원의 국제 시장 가격과 실제 가격의 차액 약 4억 달러 정도를 절약할 수 있었습니다. 이외 소련은 북한에 무기 등을 지원했는데, 상당 부분은 외상 거래, 즉 북한의 대소련 채무를 늘리는, 대금 지불이 없는 거래였습니다. 그렇게 해서 생긴 북한의 대소련 채무 약 110억 달러를 1991년 이후 러시아가 인수했는데, 2012년 푸틴은 그 채무를 그냥 손실 처리해 버렸습니다. 1948년 이후 미국의 대한국 원조액은 1971년 기준으로 약 140억 달러에 달합니다. 참고로, 현재의 달러 가치는 1971년에 비해 약 7배나 떨어져 있습니다.

결국 미국도 소련도 한반도의 피후견 국가들을 컨트롤하거나 지원하며 레닌의 제국주의론이 이야기하는 이윤 창출을 그다지 하지는 않았습니다. 현금 차원에서는 계속 소득보다 지출이 훨씬 컸습니다. 지금 트럼프와 트럼프주의자들이 한국 같은 국가들에 "무임승차" 운운하면서 "부담금을 대폭 올리겠다"고 기염을 토하는 배경은 대체로 그렇습니다. 그렇다면 미·소 양 제국이 굳이 한반도에 돈을 써가면서 계속 관여해온 이유는 무엇일까요? 보통 이 질문에 우리 연구자들은 "지정학적인 고려 때문"이라고 답합니다. 일단 경제적으로 계속 손실이 발생해도 전략적으로 중요한 지대에 후국(피후견) 국가 하나쯤 가지는 게 글로벌 제국으로서는 충분히 이용가치가 있다는 이야기입니다. 물론 틀린 말은 아닙니다. 제국에게 후국은 그 쓰임새가 아주 다양합니다. 1964~1973년 사이에 한국이라는 후국은 미 제국의 베트남 전쟁에 30만 명 이상의 병력 자원을 제공했는데, 지금 북한 역시 같은 전철을 밟고 있습니다. 현재 한국은 서방의 후국이 되려고 하는 우크라이나에 우회적으로 포탄을 제공했고, 북한 역시 우크라이나를 침략해 내부 식민지나 후국으로 만들려고 하는 러시아에 포탄 등을 지원합니다. 그러니 푸틴이 김정은 정권 초기에 북한의 누적 채무를 다 탕감해준 것은 공짜라기보다는, 차후 훨씬 더 높은 수준의 양국간의 거래로 초대하기 위한 것이었습니다. 러시아든 미국이든 제국은 '공짜로' 해주는 일은 절대로 없습니다.

그런데 우리가 눈여겨봐야 할 대목은 이 후견(피후견) 관계에서 무기 생산과 무기 거래의 역할입니다. 무기류는 미국 제조업 생산에서 약 10% 정도를 차지하지만, 유관 업체까지 합산하면 미국 제조업의 약 50~60%는 직간접적으로 군수복합체와 연결돼 있습니다. 군수복합체는 미국의 경제와 사회에서 사실상 주도적인 역할을 해왔습니다. 군수복합체와 이런저런 연결줄이 닿아 있지 않는 사회적 부문은 없습니다. 예컨대 캘리포니아주 연기금CalPERS이나 대부분의 투신사들Vanguard, American Funds, Fidelity, 그리고 하버드대를 비롯한 대학 재단들도 다 군수 기업의 주식이나 증권에 투자해서 소득을 올리고 있습니다. 펜타곤이 연간 배분하는 약 1000억 달러의 연구개발비는 미국의 연구계, 학계의 주요 지원금 중의 하나입니다. 펜타곤의 지원을 받는 연구자들이 인터넷 등 미국을 초강대국으로 만든 주요 발명들을 해왔습니다. 미국의 무기 수출은 미국 국민총생산에서 0.8% 정도 차지하고 있지만(2023년 통계), 미국의 무기 생산이 미국 경제 전체를 이끌어주고 있는 상황에서 미국의 군수복합체를 살찌워주고 있는 무기 수출은 미국의 절대적인 국익에 해당합니다. 한국과 같은 부유한 후국들은 일단 미국 무기 산업의 가장 중요한 '항상적인 고객'이기에, 결국 미국은 1971년 이전까지 한국에 투자한 140억 달러 정도의 원조액에 대해 이윤을 너무나 잘 챙기고 있습니다. 북한의 경우 소련제 무기를 외상으로 사들이고 나중에 채무 탕감을 받았다 해도, 북한의 소련 무기 구매는 국제 무기 시장에서 소련 무기의 위치를 끌어올리면서 궁극적으로 소련(러시아) 군수복합체에게 이득을 줍니다.

결국 트럼프는 한국에 대한 '보호 비용'을 최소화하면서 무기 수출 등으로 생기는 이익 등을 최대화하려고 합니다. 그런데 어느 시점에서는 '보호가 빠진 이윤 갈취'가 더 이상 한국의 지배층을 만족시키지 못할 수도 있습니다. 그 시점에서는 어쩌면 후국과 제국의 관계가 현재보다 소원해질 수도 있는데, 일단 트럼프 2기 대한국 정책의 파괴성이 어느 정도인지 먼저 봐야 그 시점이 언제쯤 올지 가늠할 수 있을 것 같습니다.

글로벌 민족주의 시대

근대의 틀이 어느 정도 완성된 20세기 초반 근대적 세계의 주된 이데 올로기적 패러다임이 딱 세 가지라는 사실이 판명됐습니다. 바로 민 족주의와 자유주의, 그리고 사회주의입니다. 민족주의는 특수의 이념 으로서 특정 국가나 인민(민족)의 이해를 전경화하고, 보편의 이념인 자유주의는 이론상 만국, 만민에 해당할 수 있는 '룰'을 강조합니다. 애당초 사회주의도 어디에나 적용이 가능한 '탈시장, 탈자본의 대안 적 근대'를 내세우는 보편 이념입니다. 물론 실질적으로는 지난 100 여 년 동안 이 세 가지 큰 패러다임이 계속해서 서로 중첩되고 뒤섞이 고 혼종화되곤 했습니다. 예컨대 남북한만 놓고 봐도 북한의 사회주 의는 이미 극도로 민족화한 것입니다. 또한 민족주의, 사회주의, 자유 주의에는 수많은 변종들이 있습니다. 한국만 해도 박정희의 극우적 민족주의와 예컨대 박현채朴玄埰, 1934~1995 선생 유의 좌파적인 민족주의 색채의 민족경제론은 서로 상당히 다른 위치에 있었습니다.

결국 사상사의 차원에서 본다면 1917년 이후의 세계사는 자유주의, 사회주의, 그리고 민족주의의 상호 경쟁과 상호 중첩, 혼합화, 그리고 이념적 패권 교체의 역사입니다. 1917~1945년 사이에 소련에서 스탈린화 되어 궁극적으로 상당히 민족화된 사회주의와 구미권의 자유주의는 파시즘이라는 극단적 민족주의를 상대로 일대 사투를 벌였습니다. 그 사투는 1945년에 완승에 가까운 결말을 낳아, 2010년대 이전까지 적어도 구미권은 민족주의보다는 주로 자유주의와 사회주의 사이의 경합과 상호 침투, 혼종화의 무대였습니다. 아시아, 아프리카, 남미에서는 민족주의의 파도가 계속 일어났지만, 그 민족주의 역시 북한의 사례에서 볼 수 있듯이 상당 부분 좌파적이었습니다. 서구의 자유주의에 사민주의적 요소가 가미됐다면, 동유럽의 (스탈린화된) 사회주의 진영에는 가면 갈수록 자유주의 지향의 세력들이 집권 정당 안에서 힘을 키웠습니다. 페레스트로이카에서 그 세력들이 집권하여 1990년대에는 러시아를 포함하여 구미권 전체가 자유주의 일색이 되고 말았습니다. 프랜시스 후쿠야마Francis Fukuyama, 1952~ 는 자유주의의 이런 완승에 감동을 받아 "역사의 종언"까지 언급하기도 했습니다.

1989년 '자유주의의 완승'의 기반은 생각보다 아주 허약했습니다. 1990년대식 자유주의를 뒷받침하는 두 다리는 신자유주의와 세계화였습니다. 한데 노동 인구의 다수를 경향적으로 빈민화시키는 신자유주의는 결국 노동자들의 상당수를 신자유주의 체제를 수용한 좌파로부터 떼어내 민족주의적 우파의 지지자로 만들었습니다. 한편, 세계화는 궁극적으로 제조업의 대부분을 이양받은 구미권 밖의 강력한 민족 국가들에게 유리했습니다. 세계화의 가장 큰 승자는 바로 사회주의적 색채에 민족주의적 본질을 겸비하는 중국이었습니다. 결국 1990~2010년대 자유주의적 세계의 안팎에서 민족주의 세력들이 커져가고 있었습니다. 안에서는 상층과 고학력 중산층 이외 대부분의 사회적 계층에서 민족주의 우파의 영향력이 커져가고, 밖에서 세계화의 혜택을 가장 많이 받은 건 민족주의적 당 국가인 중국과 걸프 지역의 절대 왕권 국가들, 그리고 사실상의 당 국가인 싱가포르같이 자유주의와 무관한 세력들이었습니다. 이런 세계는 결국 내파될 수밖에 없습니다. 이 내파의 순간이 지금 온 것입니다.

미국에서 이제 트럼프 2기가 시작됐지만, 사실 극우파의 영향력은 미국에만 국한되는 것도 아닙니다. 네덜란드부터 이탈리아, 오스트리아까지 일련의 유럽 부자나라에서도 극우파는 이미 집권한 상태입니다. 그러니까 미국의 큰 트럼프와 각국의 작은 트럼프들은 이제 '콤비'를 이루는 것이죠. 트럼프는 추격형 개발을 선택한 국가들과 같은 보호주의 정책(관세 장벽 등등)과 푸틴을 방불케 하는 영토 제국주의(그린란드 등을 향한 영토적 야심)를 겸비하는 노선을 추구하고 있는 것처럼 보입니다. 그러면 이제 세계 4대 열강이라고 할 미·중·러·인도는 공히 민족주의의 이념과 정책으로 무장하여 서로 합종연횡과 경합, 협력을 벌이는 것으로 봐야 합니다. 이념의 차원에서는 푸틴의 러시아나 트럼프의 미국이나 시진핑의 중국이나 모디 Narendra Modi, 1950~ 의 인도나 다 똑같이 강경, 초강경 민족주의입니다. 1989년에 구미권이 자유주의로 일색화됐다면 2025년에 전 세계의 열강들은 민족주의로 일색화되고 말았습니다.

　좀 암울해 보이지만 비관은 금물입니다. 1989년의 모멘텀도 오래 가지 않았지만, 2025년의 민족주의 모멘텀도 오래 가기 어렵습니다. 푸틴이든 트럼프든, 민족주의 지도자들이 자본주의의 말기적 문제들을 성공적으로 풀어갈 가능성은 제로입니다. 2025년 초에 LA를 불바다로 만든 기후 문제도 그렇고, 신자유주의적 양극화 문제도 그렇습니다. 보호 관세를 부과해도 그만큼 물가 인플레이만 커지는 것이니 트럼프의 보호주의는 미국의 노동계급을 궁극적으로 도와주지 못합니다. 결국에는 중산 계층의 지속적인 위축과 사회의 빈곤화, 기후 재앙과 각종의 전쟁, 갈등 속에서 좌파는 다시 한번 그 세를 회복할 가능성을 확보할 수 있습니다. 기후 문제와 양극화 문제를 해결하는 데 가장 적합한 이념은 아무래도 민족주의도 자유주의도 아닌 혁신적이고 미래지향적인 사회주의일 것입니다. 이 차원에서 당분간 세계를 비관해도 장기적으로는 낙관적으로 봅니다.

미국의 고립주의 전통

우리에게 '미국 제국주의'라는 말은 귀에 익지만, 사실 구한말의 조선 지식인들이 유럽 열강에 비해 미국을 대개 더 좋게 봤던 이유 중의 하나는, 미국이 19세기 말의 필리핀 정복 이전에 식민지를 가진 '제국'이 아니었기 때문입니다. 미-서 전쟁과 미국의 필리핀 식민화는 조선 지식인 상당수에게 큰 실망을 안겼지만, 일단 동아시아에서 홍콩이나 베트남 등의 정식 식민지를 가진 유럽 국가와 달리 미국을 영토적 야심이 그다지 없는 대국으로 보는 것은 보편적이었습니다.

사실, 미국이 탄생 시점부터 대외 정책에 소극적이었던 이유가 있었습니다. 원주민들에게 극도로 폭력적인 '제거 작전'을 해가면서 자국 영토에 편입해야 할 동서안 사이의 광활한 영토를 가지고 있고, 또 남부에서 전쟁으로 멕시코 영토의 상당 부분을 할양받은 영토 대국 미국으로서는, 굳이 해외 정책에 적극적일 필요까지 없었습니다. 1823년에 먼로주의를 선포하고 미 대륙 전체가 미국의 영향권이었기에, 굳이 이외의 세계에 제국주의 정책을 펼 만한 이유가 뚜렷하지 않았습니다. 그래서 미국은 건국 과정에서 비록 프랑스로부터 결정적인 지원을 받았지만, 1792년에 영불 전쟁이 발발한 뒤 전쟁에 중립을 선포하고, 예컨대 1863년 러시아군의 잔혹한 폴란드 독립 투쟁 진압에 대해 항의를 표명하자는 프랑스의 제안마저도 거절했습니다. 스페인 제국의 약화를 틈탄 미-서 전쟁(1898년)과 필리핀 식민화 등은 미국의 제국화가 시작됐다는 것을 과시했지만, 미국 사회 내에서 반발이 엄청났습니다. 미국 내 반제동맹Anti-Imperialist League이 결성돼, 마크 트웨인Mark Twain, 1835~1910처럼 당시의 유명한 문호나 앤드루 카네기Andrew Carnegie, 1835~1919 같은 주요 재벌들까지도 그 핵심 멤버가 되었습니다. 즉, 미국 지식인의 상당수뿐만 아니라 미국 자본가 상당수에게도 영토 바깥에서 미국의 세력 확장은 '불필요한 짓거리'였던 것이죠.

그러면 미국은 어쩌다가 우리에게 익숙한 '미제'가 되었을까요? 결국 발단은 미국 자본을 위한 '황금의 기회'인 제1차 세계대전이었습니다. 1914~1917년 사이에 미국의 산업 생산은 참전국, 그 중 특히 영국과 프랑스로의 수출 등으로 32%나 증가했습니다. J. P. 모건John Pierpont Morgan, 1837~1913 등 은행 자본은 영국과 프랑스에 융자를 제공해 미국을 전쟁에 빠진 세계의 채권국으로 만들었습니다. 그래서 미국은 채무 상환 차원에서라도 영국과 프랑스 등 연합국들의 승리를 보장받으려 했는데, 1917년 2월 러시아의 1차 혁명 이후 동부 전선이 교란돼 승리가 불확실해졌습니다. 그러자 미국은 같은 해 4월 헨리 포드Henry Ford, 1863~1947 등 재벌가 상당수의 반대까지 무시하면서 참전합니다. 즉, 일단 전쟁이 제공한 비즈니스 기회가 제국으로 전환하는 발단이었습니다.

전쟁은 미국의 산업 발달에 매우 결정적인 역할을 했지만, 제1차 대전 이후 미국은 패권적 열망보다 고립주의적 지향을 더 강력하게 보였습니다. 즉, 전쟁을 통해 벌이는 하되 국제적 책임은 지지 않으려는 태도로 일관했습니다. 캘리포니아의 하이럼 존슨Hiram Johnson, 1866~1945 등 공화당계 상원 의원들의 절대적 반대로 1차 대전 이후 국제동맹에도 가입하지 않았는데, 가입을 반대한 이유는 바로 가입할 경우 국외 전쟁에 휘말려 참전을 강요받을 수 있기 때문입니다. 특히 1940~1941년까지 특히 공화당에서 고립주의가 지배적이었습니다. 그래도 루스벨트가 미국의 지배층을 결속시켜 제2차 대전에 참전한 것은, 일본의 진주만 공격과 같은 도발 이외에 독일과 일본이 영국과 프랑스 대신에 패권을 행사하는 세계에서는 미국 기업의 활동이 훨씬 더 어렵다는 예상이 크게 작용했습니다. 즉, 기존의 패권 국가인 영국의 패권이 약화하는 국면에서 미국은 자본의 대외 기업 활동을 보장하기 위해서 불가불 영국의 파트너이자 그 패권의 상속국으로 나섭니다.

1945년 이후 미국이 1970년대 초반까지 한국 원조 등을 포함해서 세계 제국을 운영한 동기는 무엇일까요? 미국 기업들의 해외 자원(시장) 확보가 분명 중요한 이유였겠지만, 그 영향은 생각보다 크지 않았습니다. 미국이 한국전쟁에 개입함으로써 남한이라는 아시아 대륙의 교두보를 끝까지 사수할 의지를 보였던 1950년 여름 당시, 미국의 국민총생산에서 무역의 비율은 불과 9%였습니다. 기본적으로 미국은 한국과 달리 상당히 자기 완결적 경제 구조를 가지고 있습니다. 미국 기업의 해외에 대한 이해도 작동했겠지만, 그보다는 미국 제국의 운영에서 두 개의 다른 요인이 더 크게 작용했습니다. 첫째, 미국 경제에서 무기 생산이라는 산업 경제 부양책이 아주 중요한 역할을 담당하고 있는데, 이 무기들의 주요 구매자는 바로 미국의 제국적 대외 정책의 주된 행위자인 국방부, 즉 펜타곤입니다. 둘째, 자본가 계급을 당관료로 대체시킨 소비에트식 체제(그게 '진짜' 사회주의였느냐는 논쟁과 별도로)가 정통(즉, 개인의 사유재산제도에 기반한) 자본주의의 유력한 현실적 대안으로 부상하고, 특히 1949년 중국 대륙의 공산화 이후 아시아로 확산한 것은 미국 지배 계급에게는 도전이었습니다. 즉, 세계적 반공 전선을 총지휘하는 차원에서 다소의 지출을 감수하면서 패권적 역할을 자임한 셈입니다.

대안으로서의 소비에트식 체제는 이미 흔적도 없이 사라졌습니다. 중국은 비록 당 국가지만, 체제는 광의의 국가 (관료) 자본주의에 해당합니다. 소련 몰락 이후 미국은 힘의 공백을 틈타 이라크 유전과 중앙아시아의 요충지(아프간) 등을 물리적으로 점령하려고 했지만, 약 9조 달러라는 천문학적 전비를 낭비하면서 낭패를 봤습니다. 즉, 지금 트럼프 지지자나 그 측근을 위시한 상당수 미국인들의 입장에서 세계 패권이란 그 효능, 즉 그로 인해 발생하는 소득에 비해 낭비성이 지나쳐 경제성이 떨어집니다. 그들의 생각은, 제1차 대전 참전을 반대한 헨리 포드의 생각이나 1920~1930년대 고립주의자들의 생각, 국제 동맹 가입을 반대한 논리 등과 크게 다르지 않습니다. 무기를 팔아 돈 벌이하는 것까진 좋은데, 타국에 대한 보호, 즉 필요시 전쟁 개입의 책임을 되도록 축소해야 한다는 논리입니다. 하위 동반 국가들까지 챙겨야 하는 패권 국가보다 그냥 자국의 이해만 챙기는 보통 열강 미국을 원하는 이 논리는, 위에서 서술한 것처럼 미국 건국 직후부터 장기간 미국의 국시에 가까웠습니다. 즉, 트럼프가 상징하는 고립주의로 회귀는, 어쩌면 상당 기간 미국 대외 정책의 기조일 가능성도 배제할 수 없습니다. 그렇다면 대한민국의 현명한 선택은 무엇일까요? 남북한 대화를 재개하고, 중국 등 역내 국가들과 긴밀히 협력하면서 미국의 후견을 필요로 하지 않는 역내 안보 질서를 구축하는 것이 아마도 장기적으로 가장 좋은 대응이 아닐까요?

중국의 '미국 시대'의 종언

기나긴 중국 역사를 보면, 비록 중국인들이 일찌감치 중국을 천하의 중심으로 파악해 왔지만 계속해서 외부세력들이 문화적·정치적 영향을 지배적으로 행사하는 특정 시기들이 나타납니다. 예컨대 남북조와 수나라, 그리고 당나라 시대 초·중기 중국의 불교문화 전성기가 가장 전형적입니다. 비록 중화 중심의 세계관이 본격적으로 바뀌지는 않았지만, 인도의 날란다那爛陀 불교 대학으로 유학을 간 현장玄奘, 602~664 등 중국 고승대덕들의 사례들이 보여주듯이 석가모니의 고향이었던 인도 역시 세계 중심의 하나로 인식하지 않을 수 없었습니다. 또 하나의 중심이 아니라면 가서 공부할 의미가 없습니다. 정치적으로는 당연히 몽골인들이 지배했던 원나라나 만주인들이 지배했던 청나라 등이 전형적입니다. 이 두 왕조의 업적도 역대급이었습니다. 송나라와 금나라, 서하西夏국 등으로 나누어졌던 천하를 통일시킨 것은 몽골 기마병의 힘이었고, 이 천하를 수도 북경까지 이어진 대운하 등으로 종으로, 횡으로 연결한 것은 원나라의 거대한 행정력이었습니다. 사실 목화부터 화기, 지폐 등의 지역적, 세계적 보편화는 원나라가 이루었습니다. 그리고 오늘날 중국의 국경은, 외몽골의 독립만 제외하면 사실 청나라의 국경과 거의 같습니다. 과거 일부 일본 및 서방 학자들이 청나라를 '정체된 사회'로 묘사했지만, 이건 사실과 아주 다릅니다. 18세기의 청나라는 세계에서 가장 다이내믹하게 발전하는 근세 국가였습니다. 옹정제 시절 노비제 철폐만 해도 당시 서방이나 조선과 비교할 때 알아줄 만한 개혁 정치였습니다. 한마디로, 아무리 자기중심적 세계관의 전통이 강해도 외부세력의 영향은 여러모로 궁극적으로 긍정적 효과가 컸습니다.

현대 중국도 마찬가지입니다. 1950년대의 중국은 일종의 소련 시대였습니다. 그만큼 소련 문물 제도의 영향력이 컸습니다. 1960년 중소 갈등으로 막을 내렸지만, 11년간 축적된 제도적 복제의 영향은 장기적이었습니다. 당 국가의 기본적 구조, 예컨대 당의 조직부가 당과 국가의 주요 간부들을 임명, 관리, 영전, 좌천시키고 당안을 관리하고 재교육 등을 책임지는 당 중심의 행정국가의 기본 구조는 대체로 소련의 전례를 따랐습니다. 당의 지도부가 국무원 등 국가의 일반 행정 기관에서 고위직을 겸직하는 방식으로 당이 국가를 지배하는 방법도 마찬가지로 소련식입니다. 언론에 대한 당 선전부의 지배적 영향 역시 마찬가지입니다. 공산당의 국가 지배 구조뿐입니까? 수억 명의 중국인들이 《강철은 어떻게 단련되었는가》(1936년) 같은 소련 '당 문학'의 걸작들을 번역본으로 읽었습니다. 시진핑 주석이 푸틴을 만났을 때 가장 어려웠던 시절 니콜라이 체르니셰프스키_{Nikolai Chernyshevsky,} 1828~1889의 혁명 소설 《무엇을 할 것인가》(1863년)를 읽고 감동을 받았다고 종종 이야기했다고 합니다. 고대 불교 문화 전성기의 불경들의 한역과 비슷하게 러어 사회주의적 문학의 고전들이 한역되었습니다.

1950년대가 중국의 소련 시대였다면 1978년 이후부터 2020년대 초반까지는 중국사에서 일종의 미국 시대였습니다. 당 국가 제도는 이미 소련의 영향 밑에서 공고화됐지만, 세계적으로 연결된 당 지배 하의 혼합 경제의 발전, 즉 초고속 개발에서는 미국의 돈과 미국의 기술, 그리고 시장에 대한 미국제 지식 등 제도적 노하우가 필요했습니다. 이미 2011년쯤 장기간 축적된 미국의 중국 직접 투자만 해도 미화 700억 달러 정도였습니다. 2010년대 초반 미국 수출 공장에서 일하는 중국인 노동자가 1100만 명이 넘었습니다. 1978년 이후 미국에서 공부한 중국 유학생은 300만 명에 이릅니다. 사실 대학의 자연과학, 이공계 부문부터 증권, 주식 시장, 대기업의 임원까지 중국으로 돌아온 도미 유학생들은 개혁개방 시대 중국의 동력이었습니다. 그리고 특히 증권 시장 등의 제도적 노하우는 거의 그대로 미국에서 수입한 것이었습니다. 그러니까 시진핑 시대의 중국은 소련의 영향으로 만들어진 당 국가와 미국의 영향으로 조직된 시장을 동시에 갖고 있습니다. 물론 굳이 권력관계를 말하자면 당 국가가 시장을 지배합니다.

한데 1960년 중소 갈등이 소련 시대에 종지부를 찍었듯이, 2010년대 중반부터 지속된 중미 대립은 미국 시대에 종지부를 찍습니다. 모택동이 소련 시대를 끝낼 수 있었던 것은 1950년대 소련식으로 재편된 계획 경제가 이룩한 성과 덕이었듯이, 지금 시진핑이 미국 시대를 끝낼 수 있는 것은 미국의 돈과 기술, 지식 수입으로 발전된 중국의 시장 경제가 이미 이룩한 성과가 있기 때문입니다. 시진핑을 위시한 중국 지도부의 입장에서는, 이미 들여온 돈과 지식 등으로 당 중심의 자기 완결적인 국가 통제하의 시장 경제 구조를 지탱하기에 충분합니다. 즉, 이제부터는 해외로부터의 도입이 아닌 자기 완결성에 중점을 두는 셈입니다. 그리고 소련 시대나 미국 시대에는 중국 유학생들이 소련이나 미국에 가서 지식이나 제도적 노하우를 터득하고 돌아왔지만, 이제는 거의 50만 명에 가까운 외국 유학생들이 중국에 와서 중국의 국가 주도 경제, 사회 구조를 배우고 있습니다. 이런 흐름이 앞으로 중앙아시아나 동남아시아, 그리고 일부 아프리카 국가 등 광의의 '중국 영향권' 나라들의 미래에 어떤 영향을 미칠지는 좀 두고 봐야 합니다. 아마 중국에서 공부한 예컨대 우즈베키스탄이나 라오스, 앙골라 학생들의 입장에서는, 미국식 재벌 자본주의가 아닌 중국식 국가 (관료) 자본주의야말로 세계적 표준으로 보일 것입니다. 글로벌 사우스Global South에서 중국 모델의 인기가 올라가고, 미국의 보호주의 도입 등 선진권에서도 국가의 역할은 계속 높아져 갑니다. 그러니 국가 중심의 자본주의는 아마도 앞으로 후기 산업 사회 시대 전 세계적인, 보편적인 특징일 겁니다.

경쟁에서 이길 수 있을까?

냉전이 본격적으로 가동되는 (한반도가 분단의 아픔을 겪기도 한) 1947
~1948년부터 동구권이 몰락한 1989~1991년까지 미국의 대외 전
략은 딱 한마디로 반공이었습니다. '제1국시'가 반공이었던 냉전 시절
의 대한민국은 미국의 '충실한 후국'에 불과했습니다. 반공은 구호만
도 아니었고 단순히 미국 공산당이나 급진 단체들에 대한 보이지 않
는 탄압에 그치는 것도 아니었습니다. 소련의 페레스트로이카가 시작
된 1985년만 해도, 미국의 군비는 국내총생산에서 약 6.5%로 냉전
최전선의 대한민국과 대동소이했습니다. 주된 명분은 바로 반공이었
습니다. 반공의 이름으로 베트남과 라오스, 캄보디아가 초토화되고,
반공의 이름으로 NASA가 엄청난 예산을 확보해 우주 관련 사업을 진
행하고, 반공의 이름으로 동구권이나 소련의 지식인에게 각종의 포섭

공작들이 진행됐습니다. 반공은 한마디로 대규모 예산이 들어가는 미국 대내외 정책의 알파이자 오메가였습니다.

반공 정책의 효율은 어느 정도였을까요? 반공이 가장 엄중하게 진행된 냉전 초기, 즉 1950년대 소련 경제는 승승장구했습니다. 1956~1961년 소련의 연평균 성장률은 6.9%로 미국 경제의 2배였습니다. 소련 경제가 정말 성장 둔화의 늪에 빠진 것은 오히려 철저한 반공이 완화되고 데탕트 분위기가 본격화한 1970년대였습니다. 반공이 지속되는 동안 미국에 비해 군사적 약자였던 소련은 계속 미국 이상으로 무기 생산에 경제의 몫을 할애해야 했는데, 미국처럼 소련의 군수공업 역시 기술적 혁신의 요람이기도 했습니다. 즉, 미국의 반공에 따른 군비 경쟁으로 소련이 파산했다고 보기는 다소 힘듭니다.

우주 기술 발전 등으로 이어진 군비 지출 이상으로 소련 경제는 두 가지 큰 구조적 문제를 안고 있었습니다. 노동 생산성과 투자의 부족이었습니다. 페레스트로이카가 시작됐던 1985년 소련 노동자 한 명이 생산하는 제품의 양은, 미국 노동자 한 명의 생산량의 39%에 불과했습니다. 생산성이 이처럼 낮았던 이유는 무엇일까요? 1950~1960년대 소련 기업들의 생산성이 비교적 높았던 것은, 1945년 이후 독일의 동부를 점령해 전리품으로 획득한 독일제 정밀 기계들을 가져가서 쓰거나 복제 생산할 수 있었던 데 기인하기도 했습니다. 하지만 1940년대 초반 독일의 정밀 기계들은 1970~1980년대 이미 유효 기간이 지났습니다. 구미권은 컴퓨터 본위의 디지털화 생산 모드로 이동하고 있었는데, 1985년 소련에서는 전체 공장의 8%만이 컴퓨터를 이용했습니다. 컴퓨터 조립에 필요한 반도체 생산에서 소련은 당시의 미국과 약 4~5년의 격차를 보이고 있었습니다. 소련이 최첨단 기기나 반도체 등을 구입하지 못하게 하는 수출 통제 정책이 바로 반공 정책의 중요한 일부분이었는데, 그 정책이 소련의 생산성 발전을 크게 저해했습니다. 이외에 소련은 심각한 투자 부족에 시달렸는데, 대소련 투자를 통제하던 냉전의 반공 질서가 투자 부족을 악화시켰습니다. 즉, 다른 건 몰라도 궁극적으로 반공이 초래한 핵심부 경제들로부터의 상대적 고립은 소련 경제를 고사시키고 있었습니다. 그래서 1985년 이후 고르바초프가 동구권에 대한 지정학적 컨트롤과 발틱 공화국들의 독립이라는 대가를 지불하더라도 고립을 풀어달라고 서방에 호소한 셈입니다. 핵심부로부터 고립된 채 소련은 개발의 미래가 보이지 않았습니다.

지금 과거의 반공처럼 미국 대외 정책의 핵심어로 반중이 부상하고 있습니다. 그러면 과연 과거 반공 정책으로 고립시켜 소련 경제를 고사시킨 것처럼 미국이 새로운 경쟁국인 중국의 경제도 고립시켜 고사시킬 수 있을까요? 결론부터 말하면 이번에는 미국이 실패할 것이라고 보고 있습니다. 일단 경쟁국의 경제 규모부터 다릅니다. 1985년 당시 소련의 경제 규모는 미국의 딱 절반 정도였습니다. 한데 구매력으로 따지자면(국제통화기금의 통계를 그대로 믿자면) 지금 중국 경제는 미국 경제보다 23%나 큽니다. 실물 경제 차원에서 중국이야말로 지금 전 세계적 공급망의 중심 국가입니다. 물론 후발 주자인 만큼 중국 역시 여전히 미국을 포함한 선진권의 돈과 기술이 필요하기도 합니다. 하지만 글로벌 경제에서 중국의 위치가 핵심적인 만큼 중국을 과거의 소련처럼 고립시키기는 불가능합니다. 사실 트럼프 1기 중-미 무역전쟁의 영향으로 2018년 이후 미국의 중국으로부터의 수입량은 소폭 감소했지만, 중국산 제품에 대한 의존 패턴은 별로 바뀌지 않았습니다. 유럽연합의 경우 2022년 이후 중국으로부터의 수입량 역시 소폭 감소했지만, '탈동조화'는 적어도 앞으로 단·중기적으로는 절대 불가능합니다. 지금 중국을 대체할 만한 생산국이 없기 때문입니다. 미국은 전체적 고립화보다는 선택적 고립화, 즉 최첨단 반도체 등의 중국 수출을 통제하는 방식으로 접근하려고 하는데, 그 접근 방식도 유효성이 대단히 의심됩니다. 일례로 미국의 집중적인 통제로 2021년 수익이 전년보다 거의 20%나 떨어진 화웨이는, 최근 새로운 휴대폰 모델을 공개하고 지난 몇 년간 소폭이지만 수익을 계속 올려 왔습니다. 미국이 아무리 반중에 열을 올려도 중국의 기술적 추격을 막기는 역부족으로 보입니다.

소련은 자급자족을 지향하고 미국 규모의 반 정도밖에 안 됐기 때문에, 미국은 반공 정책으로 비교적 효율적으로 소련의 국유 경제를 고사시킬 수 있었습니다. 한데 미국 쪽에서 이제 반중 차원에서 아무리 탈동조화를 거론하고 아무리 '최첨단 기술의 대중국 수출 통제'를 정책 기조로 삼아도, 뾰족한 효과를 지금까지 볼 수 없었으며 앞으로도 볼 것 같지 않습니다. 중국처럼 수출 주도로 발전해온, 미국보다 규모가 훨씬 크고 이미 스스로 최첨단 기술 발전이 가능한 국가 주도의 혼합 경제를, 반중 정책으로 막을 수는 없습니다. 결국 2030~2040년대에는 미-중의 패권 공유랄까, 글로벌 패권의 일종의 '나눠 먹기'가 뚜렷해지고, 중국과의 협업과 경쟁을 겸하는 미-중 관계에서 미국은 앞으로도 지금처럼 수세에 몰려 있을 것으로 보입니다. 특히 트럼프 등 공화당 극우파의 인종주의적 세계관으로서는 이 상황을 수용하기가 쉽지 않겠지만, 세계사의 도도한 흐름을 바꾸기가 쉽지 않습니다. 결국 중국은 제1차 아편전쟁 이전의 그 국제적 위치로 천천히 돌아가고 있다고도 할 수 있습니다.

중국은 미국의 미래?

미국은 많은 면에서 상당히 예외적인 사회입니다. 미국의 민족주의자들이 자주 하는 소리긴 하지만, 사실 틀린 이야기는 아닙니다. 대체로 근대 국가의 기원은 근세의 절대 왕권 국가입니다. 근대와 근세 사이의 연결은, 예컨대 왕정의 형식적 존속 등을 통해서 종종 가시화됩니다. 예컨대 지금 이 글을 쓰고 있는 오늘은 입헌군주국인 노르웨이의 국헌절입니다. 국헌절에는 국왕과 왕족들이 왕궁의 베란다에 서서 국기를 흔드는 시민들에게 인사를 합니다. 물론 국왕에게 권력은 이미 없지만, 국왕이 상징하는 근세 절대 왕권 시대의 지속성이 전혀 의미 없는 건 아닙니다. 오늘날의 노르웨이 관료제는 대체로 덴마크의 속국이었던 17~18세기에 태동합니다. 당시 국가의 가장 중요한 공무원은 국교인 루터교 신부와 공공 의사들이었는데, 그들은 각각 1675년과 1672년부터 일종의 국가 고시를 통과하여 자격증을 취득해야 했습니다. 모든 종류의 공무원들이 시험 통과의 의무를 진 것은 1814년이었습니다. 지금은 자격 부여의 역할을 대학들이 맡고 있지만, 과거처럼 종합대학은 전부 국공립입니다. 근세의 절대 왕권 시대처럼 스칸디나비아 대학은 교육부의 부서에 해당합니다. 즉, 국가의 교육, 연구 기관으로 기능하는 것인데, 영미권의 대학과 크게 다릅니다.

근대 국가 형성의 또 다른 두 가지의 경로는 혁명과 식민화였습니다. 혁명의 경우 혁명에 따를 수밖에 없는 혁명 전쟁 등을 통해서 국가 기능은 매우 강화되고 근대 국가의 시민집단 통합 과정은 매우 빨라집니다. 형식은 다를 수도 있지만, 혁명을 통과해 강성 국가로 나아간 사회에서 국가는 혁명 이후의 프랑스처럼 매우 중앙집권적입니다. 지역에 약간의 자치가 허용될 수 있지만 거기까지입니다. 사회주의적 구호를 내걸고 반제 운동과 결합한 20세기 혁명의 경우에는, 중국이나 북한, 베트남처럼 지배층의 거의 완전한 교체를 의미할 수도 있습니다. 이는 근세 절대 왕권을 이은 근대 국가들과는 상당히 큰 차이점이죠. 예컨대 제가 살고 있는 베룸Baerum시의 가장 큰 지주는 뢰벤스키올드Løvenskiold 가문인데, 가문의 시조인 독일 뤼베크시 상인 헤르만 레오폴두스Herman Leopoldus, 1677~1750는 17~18세기의 자본가입니다. 그러니까 17세기에 흥한 자본가 가문이 여전히 노르웨이 지배층의 핵심입니다. 반대로 중국에서 사회 귀족의 속칭은 홍2대紅二代입니다. 즉, 1949년 혁명에 성공한 뒤 고관이 된 고참 혁명가들의 1960년대쯤 태어난 2대의 자녀라는 말인데, 현 주석 시진핑 역시 그중 한 명입니다. 이 명칭처럼 전형적인 혁명 이후 사회인 중국에서 지배층은 기껏해야 2대밖에 되지 않습니다. 북한의 경우 지금 최룡해崔龍海, 1950~ 같은 2대들은 원로급이고, 실제 권력은 3대로 넘어갔습니다. 좌우간 이런 신흥 엘리트는, 근세 이후 지속적으로 그 자리를 유지해온 구미권의 정통 엘리트와 다릅니다.

한국은 북한과 달리 혁명을 거치지 않고, 결국 근세 왕권과 식민화만 거쳐 현대 국가를 형성합니다. 혁명을 거치지 않았기에 근세에 이미 토지 자본 축적 과정이 시작되고, 식민지 치하에 식민 당국과 협력하면서 본격적인 근대 산업 자본을 축적한 삼성이나 〈동아일보〉, 경성방직 같은 유서 깊은 족벌들이 그 지배층의 핵심을 이룹니다. 또한, 식민지 국가에서는 중앙집권성이 아주 강하고 중앙 관료들의 파워가 전 사회를 압도했기에, 지금도 서울공화국, 관료공화국 그대로입니다. 그러니까 일제 강점기 무소불위의 권력을 휘둘렀던 조선총독부 검사국의 후계 기관인 한국 검찰은 여전히 그 권력을 거의 그대로 유지하고 있습니다. 또한 한국은 식민화 이전에 복수의 토착 정권이 존재했던 인도나 인도네시아와 달리 근세에도 이미 중앙집권적인 국가였습니다. 그만큼 중앙집권의 정도가 세계적 관점에서 아주 높았습니다.

그러면 이 절대 왕권, 혁명 정권, 또는 식민 국가 후속 정권과 미국의 차이는 무엇일까요? 이 국가들과 달리 미국은 본래 복수의 주들이 연합해서 만든, 연방제로 태어난 국가입니다. 통합된 연방(즉, 중앙) 공무원제는 1871년에 이르러서야 최종 정비됐습니다. 현재와 같은 규모(약 270만 명의 연방제 공무원)의 중앙 공무원제는 2차대전 이후에 형성된 것입니다. 그런데 20세기에 혁명을 거친 많은 사회들과 달리 법원들은 중앙집권적 공무원제와 별도로 성립돼 매우 높은 수준의 자율성을 누리고, 또 식민화를 거친 사회나 근세 절대 왕권을 이은 사회들과 달리 미국 대학 대부분은 사립이고 역시 중앙집권적 국가로부터 독립해 있습니다. 또 미국에는 프랑스의 파리나 러시아의 모스크바, 북한의 평양, 한국의 서울처럼 뚜렷한 일원적 중심 자체가 없습니다. 캘리포니아에서 보면 LA가 중심이고 동북부에서 보면 뉴욕이 중심입니다. 그야말로 극도의 다원화 사회인데, 이게 근대 세계로 치면 아주 예외적입니다. 또 혁명을 거친 현대 중국과 달리 미국의 각 주 엘리트들은 대체로 19세기쯤 부를 축적한 옛 엘리트들입니다. 중앙에 쉽게 복종하지 않습니다.

근현대 세계에서 예외적으로 대단히 다원적인 사회이기에 트럼프의 정책은 상당히 파격적입니다. 중국과의 경쟁에서 계속 고전을 면치 못하고 있는 미국은, 트럼프 치하에 거의 중국과 같은 통치 모델을 일부 취하는 듯한 인상을 줄 정도입니다. 예컨대 머스크는 중앙 공무원들을 전형적인 중국식으로 숙청합니다. 중국 거버넌스 시스템에서 중앙집권을 강화하는 통치자가 전형적으로 취하는 방식입니다. 실질적, 또한 잠재적인 반대자들이 잘리고, 나머지는 공포 분위기 속에서 통치자에게 충성을 서약하고 이견 표출 시에 서로서로 밀고하는 시스템입니다. 혁명이나 식민화를 거친 사회들에서 공무원 숙청이 종종 일어나지만, 미국으로서는 매우 이례적인 통치 방식이죠. 더 이례적인 것은 조작된 혐의로 강제 퇴거를 당한 재미 엘살바도르 시민 아브레고 가르시아Abrego Garcia처럼 연방 대법원이 강제 퇴거 취소 처분을 내려도 행정부가 법원의 결정을 상당 기간 동안 집행하지 않았다는 것입니다. 미국의 다원화된 정치체의 기본 중의 기본인 사법부의 독립적 권력을 행정부가 사실상 부정하고 있습니다. 혁명을 거친 국가나 식민화를 거친 국가에서 사법부의 독립성은 대개 상대적이지만, 미국은 지금까지 예외적으로 사법부가 정말로 상당히 독립적이었습니다. 그런데 행정부가 사법부를 무시한다면, 사법부의 독립성은 사실 의미가 없어집니다. '말을 잘 안 듣는' 하버드 같은 사립대에 연방 보조금 지급을 거부하는 등의 일련의 행동 역시 다원적인 사회에서 여태까지 독립적이었던 부문들을 중앙에 복종케 만들려는 움직임입니다.

아마도 트럼프와 트럼프주의자들은 중국과 같은, 미국을 거의 모든 산업, 기술 부문에서 이미 능가하고 있는 거대한 중앙집권적 국가의 효율성에 매료돼 미국 사회에서도 법을 무시하고 공무원이나 교수 등에게 공포를 주면서 군림할 수 있는 강력한 중앙을 만들려고 하는 것 같습니다. 한데 체질적으로 다른 사회에서 공무원을 숙청하고 대학가에서 사상을 탄압하는 것은 사회적 효율성의 제고로 이어질 리 없습니다. 숙청으로 관료계가 혼란에 빠지고 대학가의 반대자 탄압으로 외국인 학생 유입의 감소, 즉 대학의 재정적 위기 심화 등으로 이어지면 중국을 다시 추월하기는 더 어렵습니다. 중국과 경쟁하며 중국을 방불케 하는 수법들을 동원하고 있는 트럼프 정권은, 결국 이 경쟁에서 궁극적으로 패배하고 말 것입니다. 그 정책은 사회적 고통을 더 초래할지 몰라도 그다지 효율적이지 않습니다.

장기적인 적대적 공존

트럼프 2기에 접어들어 중-미 갈등, 대립은 새로운 단계로 진입했습니다. 대개 미국 측에서 1990년대 초반 세계화가 본격화한 이래 거의 경험해 보지 못했던 조치들을 계속 취하고 있습니다. 플로리다에 이어 텍사스도 중국을 포함한 적성 국가 국민(러시아, 중국, 이란, 북한 등)의 부동산 구매를 금지하고, 도미를 원하는 중국 학생들의 유학 비자 발급은 까다로워지고, 무역전쟁 몇 라운드를 거쳐 현재 미국은 대부분의 중국 수입품에 대해 30% 정도의 고율 관세를 부과하고, 중국이 보유하는 미국의 외채 증권의 총액은 피크인 2014년에 비해 거의 2배나 떨어졌습니다. 갈등, 대립이 심화하고 있습니다. 이 갈등에서 중국 내 친미파나 미국 내 친중파는 거의 존재감이 없습니다. 트럼프가 선택한 격화를 민주당 정권은 피했을 수도 있지만, 민주당 정권의 입장에서도 중국은 미국의 전략적 경쟁 국가였습니다. 마찬가지로 중국에서도 극소수의 자유주의자를 제외한다면, 시진핑의 정책에 다소 비판적인 온건파 관료나 지식인들마저도 미국의 불링bullying에 응대해야 한다는 데 그다지 이의를 달지 않습니다. 즉, 대립 상태에서 중-미 양측의 내부 결속은 어느 정도 잘 돼 있습니다.

대립 과정에서 양측은 매우 강력한 이데올로기적 자원들을 동원해 활용하고 있습니다. 미국의 인구 구성은 다양하지만, 미국의 정책 결정권자들은 여전히 대부분 백인입니다. (중남미계를 제외한) 백인들은 미국 총인구의 58% 정도이지만, 미 국회 의원 가운데는 74%나 됩니다. 트럼프를 비롯한 공화당 정권 지도부의 상당수는 사실상 백인 민족주의자white nationalist와 같은 사고 구조를 지니고 있습니다. 그들에게나 그들을 지지하는 상당수 백인 유권자들에게 중국의 부상은 세계적 백인 패권의 종말로 보이는 측면도 만만치 않습니다. 중국은 정식으로 식민화되지 않았지만 19세기 중후반 반쪽 식민지, 주변부로 몰린 적이 있었으며, 공산당은 '100년 국치'와 같은 식으로 그 아픈 집단적 기억을 묶고 있습니다. 공산당이 장려하는 방식으로 해석하자면, 오늘날 미국의 '중국 때리기'는 충분히 100년 국치 때 제국주의적 침탈의 연장선상으로 보일 수 있습니다. 탈식민 민족주의의 엄청난 동원력을 생각한다면, 중국 쪽에서 대미 대립의 내부 결속 효과가 얼마나 강할지 충분히 알 수 있습니다. 즉, 이 대립은 미중 양쪽에서 충분히 실존적existential, 생사를 건 갈등으로 보일 수 있습니다.

생사를 건 대립이니, "그러면 전쟁으로 갈 수 있느냐?"는 질문을 쉽게 할 수 있습니다. 물론 강대국 사이의 대립은 최근 완충지대에서 물리적인 전쟁으로 이어지는 경우가 있어서, 중-미 대립 역시 대만과 같은 회색지대에서 충분히 열전으로 이어질 수 있습니다. 이런 만약의 사태에 어떻게 대처할지, 한국 정부는 심각하게 고민해야 할 것 같습니다. 한데 지금 우크라이나에서 대리전이라고 할 수 있는 전쟁이 이어지고 있긴 하지만, 예컨대 미국(유럽연합)과 러시아는 전면적 충돌로 간 적도 없고, 갈 확률도 거의 없습니다. 대리전이 진행 중인데도 유럽연합과 러시아의 직간접적 무역도 여전히 지속됩니다. 직접 무역액은 2022년 이후 58% 정도로 위축됐지만, 튀르키예나 아르메니아, 또는 걸프 국가들을 통한 간접 무역까지 생각하면 전체 무역액의 하락폭은 그리 크지 않을 수도 있습니다. 일부 유럽 시장에서 러시아는 여전히 상당한 위치를 차지하고 있습니다. 예컨대 유럽의 비료 시장에서 러시아의 점유율은 26%로 여전히 상당합니다(전쟁 발발 이전에는 28%였습니다). 유럽과 러시아 사이의 직통 항로는 막혔지만, 러시아의 상류, 중상층은 이스탄불이나 두바이 등을 통해서 여전히 유럽으로 왕래합니다. 즉, 전체적인 대립과 완충지대에서의 대리전은 직간접적 무역(교류)과 충분히 병행이 가능합니다. 더 중요한 것은, 비서구(중국 등 신흥 국가)의 경제 비중이 커진 상황에서 제3국들은 이 대립에서 꼭 양자택일의 선택을 더는 강요받지 않는다는 점입니다. 예컨대 미국의 동맹국이자 유럽연합의 가까운 파트너인 튀르키예의 대러시아 수출은, 2022년 2월 우크라이나 침공 이후에 오히려 (간접 무역량 등이 가미되어서) 절반 이상 늘어납니다. 즉, 열강 대립의 상황에서도 제3국의 '양다리'는 충분히 가능합니다.

그러니까 중-미 대립이 더 격화해도 과거의 냉전처럼 중화권과 미국권이 영토 권역으로 분리되어 대립하는 일은 없습니다. 예컨대 정치적으로 지금 캄보디아는 분명히 광의의 중화권 일부지만, 캄보디아 무역에서 미국의 비중은 40% 안팎으로, 앞으로도 상당히 클 수밖에 없습니다. 반대로 이스라엘은 미국의 우방 중의 우방이지만, 이스라엘이 가장 많은 수입품을 사오는 나라는 바로 중국입니다. 대립은 무엇보다 미국과 중국의 내부 정치·경제에 결정적인 영향을 미칠 가능성이 큰데, 이 영향을 한마디로 말하면 국가 자본주의(동원)로의 회귀라고 보면 됩니다. 즉, 중국도 미국도 반도체 등 전략 산업에는 국가적 보호, 육성책을 쓰고, 중국도 미국도 예컨대 콩고와 같은 자원지대에서 희토류 등을 확보하기 위해 수단과 방법을 가리지 않는 '총성 없는 조용한 전쟁'을 벌일 것입니다. 중국도 미국도 서로를 겨냥하면서 군비를 늘리고, 국가 지출인 군비는 결국 최첨단 산업 발전을 위한 일종의 보조금 역할을 군사적 케인스주의 교과서대로 할 것입니다. 그리고 생사를 건 대립인 만큼 사회에 대한 양쪽 국가의 동원력은 커집니다. 예컨대 미국에서 노조들은 고율 관세 부과에 대해 대체로 긍정적인데, 그만큼 (특히 백인) 노동계급에 대한 극우들이 주도하는 미국 국가의 동원력이 강해질 수 있습니다.

중-미 대립의 시대는 과거의 냉전과 같고도 다릅니다. 다른 점 중의 하나는 더 이상 동구권 대 서구권과 같은 영토적 권역 대립이 아니라는 점입니다. 같은 점은 우선 중-미 양쪽의 글로벌 자원 패권을 위한 쟁탈전, 군사적 케인스주의 정책, 그리고 국가적 산업 육성책, 사회 동원 정책입니다. 그런데 아무리 상대국에 대한 적대심 등으로 사회를 똘똘 뭉치게 한다 해도, 미국의 경우 고율 관세는 특히 저소득 가정들의 생활 수준 저하를 의미합니다. 즉, 궁극적으로는 트럼프와 같은 극우들이 노리는 거국적 총단결의 효과를 거두기 어렵고, 계급 갈등을 잠재울 수 없습니다. 이 계급 갈등이야말로 앞으로 미국 국내 정치의 가장 중요한 게임 체인저game changer입니다.

가장 본질적인 차이

전 세계적으로 인구에 회자된 2024년 2월 8일자 푸틴의 터커 칼슨 Tucker Carlson, 1969~ 인터뷰를 들으면서 한 가지 아주 뚜렷한 생각을 하게 되었습니다. 현재 러시아와 중국은 그야말로 절친, 일종의 가치 동맹을 맺은 나라들처럼 보이지만, 사실 이 둘의 관계는 앞으로 굉장히 복잡할 수 있고 현재와 같은 준동맹은 얼마든지 일시적일 수도 있습니다. 왜냐하면 아주 본질적인 차원에서 러시아와 중국의 '문화적 배경'이 너무 다르기 때문입니다.

중국은 기본적으로 자기중심의 문화이자 권역입니다. 한나라 시대 이후부터 아편전쟁 시절까지 줄곧 유라시아의 경제적 중심이었던 권역이고, 산업화 이전의 시대에 인류사에 가장 많은 발명을 이룬 권역인 만큼 그럴 수밖에 없습니다. 자기 완결성이 강한 중국권에서는 외

래문화가 들어와도 바로 중국화합니다. 개개인이 스스로 노력으로 해
탈을 얻어 생로병사의 고통을 멀리 해야 한다는 초기 불교와, 효자·
효녀들이 부모님들의 정토왕생을 기원하고 49재를 지내는 중국적 정
토 신앙을 한번 비교해 보죠. 사실 서로 다른 두 개의 종교라고 보아도
됩니다(우열을 가리지 않고 그저 그 둘 사이의 거리만 살피겠습니다). 마찬
가지로 (노동자도 아닌) 학생들을 학부 과정부터 입당시키고 간부로
키우는 중국 공산당의 당 문화는 대공장 노동자들에게 입당 기회를
우선 주었던 소련의 당 문화와도 굉장히 다릅니다.

　모택동에게 가장 중요한 역사 인물은 중국을 통일시킨 진시황제秦始
皇帝, 기원전 259~210였고, 가장 중요한 인생의 책은《수호지》와 함께 사마광司
馬光, 1019~1086의《자치통감資治通鑑》(1084년)이었습니다. 진시황제의 진나
라는 세계사상 최초의 귀족 없는, 능력주의적 관료 선발 본위의 관료
제국이었습니다. 마찬가지로《자치통감》이 다루는 당나라 말기까지
의 통치술은 당시로서는 선진 문화 그 자체였습니다. 그러니까 천하
를 재통일하고 근현대의 세계적인 관료 제국을 세운 모택동이 진시황
제나 사마광을 계승한다는 의식을 가지는 건 당연했습니다. 중국 문화
의 자기 완결성은 일면 중국이라는 국가의 하나의 힘이 될 수밖에 없
습니다. 그 문화에 바탕을 둔 관료 기구들은 중국 자본주의를 비교적
효율적으로 관리, 주도합니다. 그런데 중국 문화와 역사 본위의 이 자
기 완결성은 문화적 배경이 다른 타자에 대한 포용을 상당히 어렵게
만들 수 있습니다. 신강이나 티베트 상황을 보면 알 수 있습니다.

　반면 러시아에는 중국과 같은 '세계 중심'의 과거가 없습니다. 푸틴

이 터커 칼슨과 나눈 인터뷰에서 고대 키이우 루시를 무슨 중앙집권적 국가처럼 묘사했지만, 이건 솔직히 '국뽕'입니다. 모스크바 공국公國의 초보적 관료화는 약 15세기쯤에 시작되는데, 그 과정에서 비잔틴 제도의 영향과 함께 몽골 대제국의 하나의 계승 국가였던 킵차크한국欽察汗國의 영향도 컸습니다. 킵차크한국의 모델 중 하나는 원나라이기도 했습니다. 비잔틴, 킵차크한국, 그리고 그 뒤에는 튀르키예 등 유라시아 대국들의 제자 격이었던 러시아는 18세기 초반부터 서구의 경제, 문화적 주변국으로 완전하게 편입되기에 이릅니다. 실은 경제적 차원을 따지자면 이미 16세기 중후반부터 러시아는 영국과 네덜란드 등에 각종의 자원(모피 등)을 제공하고 그 대가로 유럽의 첨단 화기 등을 수입하는 주변부 국가가 된 것입니다. 반면에 명나라는 영국이나 네덜란드에 자원이 아닌 완제품(자기, 비단, 차 등)을 수출했습니다. 단, 피터 대제 시기인 18세기부터 러시아는 서구의 경제적 주변국으로 편입된 데다가 서구 문화를 표준으로 받아들여 문화적으로도 편입되었습니다. 지금 러시아인들에게 고전은 《자치통감》과 같은 11세기 책이 아니고 19세기 푸시킨Alexander Pushkin, 1799~1837의 시 같은 겁니다. 한데 푸시킨은 다름 아닌 바이런 같은 영국 시인을 벤치마킹했습니다. 습작 시절 푸시킨의 시들은 아예 불어였습니다(당시 러시아 귀족들의 일상 언어는 불어였습니다). 그 시대의 서구 문화를 모르면 푸시킨의 시 세계도 사실 이해하지 못합니다.

그래서 러시아는 늘 '서방으로부터의 인정'을 가장 희망했습니다. 예컨대 소비에트 시대에는 (일급 지식인들이 많이 입당한) 이탈리아, 프랑스 등을 비롯한 유럽 공산당들을 지원하는 것이 주요 국책 중 하나였습니다. 〈우니타l'Unità〉 같은 이탈리아 공산당 기관지나 〈위마니테l'Humanité〉 같은 프랑스 공산당 기관지에서 소련을 호평해 주는 것은 소련 지도자들에게 그 위신 자체였습니다. 이미 소비에트 시대에도 기술 차원에서 서독에서 정밀 기계 기술을, 이탈리아에서 자동차 생산 기술을 계속 수입했습니다. 지금 러시아의 국가 이념이 좌파에서 (극)우파 민족주의로 바뀌어서 지원을 하는 유럽의 우호 정당들은 독일의 '독일을 위한 대안' 같은 극우 조직들인데, 좌우간 미국이나 유럽의 친러파의 존재는 러시아 지도부에게 핵심적으로 중요합니다. 터커 칼슨과의 인터뷰를 통해서 푸틴은 내부적인 통치 명분도 강화할 수 있었습니다. '구미권에서도 알아준다'는 것은 그의 신민들에게 그의 통치를 정당화하는 측면이 큽니다.

통치 명분도 그렇지만, 구미권으로부터의 기술 이전 등에 대한 수요도 러시아에서 아주 큽니다. 마찬가지로 걸프 지역 등 우호적 국가들의 투자만으로 외부의 투자에 대한 러시아의 수요를 다 커버할 수는 없습니다. 그래서 세계적 패권을 둘러싼 미-중 갈등은 아마도 오랫동안 지속되겠지만, 러시아 같은 경우에는 어쩌면 일정한 조건(동유럽 일부 지역에 대한 러시아의 우월적 지위의 비공식적 인정 등) 하에서 앞으로 구미권 지배자들과 어느 정도 야합(?)할 가능성도 상당합니다. 한데 이와 같은 구미권과의 재유착은 결국 '안보꾼' 출신 관료들의 억압적 국내 통치를 장기화시킵니다. 그런 재유착을 원천으로 독재가 힘을 얻어 그 기간이 길어질 겁니다.

21세기 혁명의 모습

저는 직업상 '혁명사 연구자'입니다. 거의 10년 가까이 한국의 1920 ~1930년대 혁명 운동 연구에 몰두했는데, 작업을 하면서 이웃 나라 혁명사, 그리고 지구적 차원의 혁명사 등도 같이 엮어서 공부해야만 했습니다. 그 과정에서 몇 가지 생각을 정리해 보았습니다.

대체로 세계사에서 영향력이 큰 혁명들은 소위 '헤게모니적 과도 기'와 겹칩니다. 세계 체제 패권 세력들의 교체기는 동시에 전란기이 기도 합니다. 예컨대 네덜란드 등 18세기 초반의 패권 세력들이 힘 을 잃어 영국의 패권이 공고화되는 과정은 바로 18세기 말~19세기 초의 전란기인데, 미국 혁명과 프랑스 대혁명 등이 바로 그때 터졌습 니다. 헤게모니 교체기(전란기)에 혁명이 일어난 나라들의 차후 궤도 를 보면 대개 국력이 강화돼 세계 체제 안에서 보통 패권 세력이나 준 패권 세력, 열강으로 부상하기에 이릅니다. 여태까지의 세계 체제 패권 국가(네덜란드, 영국, 미국)나 그 패권에 도전하는 강국(러시아, 중국, 이란 등) 모두 다 혁명을 한 번 거친 사회들입니다. 20세기는 그야말로 혁명의 세기인데, 그렇게 될 수 있었던 이유 중의 하나는 영국과 미국 사이의 패권 교체 시기(전란기)인 1914~1945년 사이, 또는 그 직후에 국제적인 힘의 공백 속에서 일국 혁명이 성공하기가 비교적 쉬웠기 때문입니다. 만약 정상적인 글로벌 패권 시스템이 돌아갔다면 아마도 1917년의 러시아 혁명은 열강 간섭군에 조기에 압살당하고 말았을 것입니다. 한데 제1차 대전 직후의 분위기에서, 이미 전쟁으로 피로해지고 제대만 바라는 영국, 프랑스 징집병들에게 러시아 혁명 압살을 강요하기가 쉽지 않았습니다. 마찬가지로 한국전쟁(1950~1953) 이후 미국의 전 세계적 패권 유지 시스템(군사기지, CIA 간섭 등등)이 어느 정도 제도화되었는데, 그 전이었기에 1949년 중국 혁명은 성공할 수 있었습니다. 그 혁명이 성공하고 나서 미국 정계 안에서는 '우리가 어떻게 중국을 잃었을까'를 놓고 자책하는 분위기가 팽배했고, 나중에 그 자책은 매카시즘 마녀사냥으로 이어졌죠.

일단 패권 교체기와 세계적 전란기는 혁명 세력에는 기회입니다. 한데 그 세력들은 역사적으로 부단히 진화하기도 합니다. 프랑스 혁명의 급진파(자코뱅파)는 주로 수공업자 등 중산 계층의 하층(도심 중하층)을 기반으로 삼았는데, 이미 부분적으로 산업화한 1917년 러시아의 볼셰비키들은 직업 혁명가(중급 이후 당 간부)를 주로 도심 중하층 등을 중심으로 모집했지만, 지지기반은 그 밑의 도심 대공장 숙련공 계층이었습니다. 중국 혁명의 경우 지도층은 대체로 부유층의 주변부(주은래, 등소평, 임표, 아니면 현 시진핑 주석의 부친인 시중쉰 등은 전부 다 중소 지주 집안이나 상인 집안 출신이었습니다)였지만, 지지기반은 빈농 계층이었습니다. 즉, 시대가 내려갈수록 보다 주변적인 계층(중하층에서 숙련공, 숙련공에서 빈농층)이 혁명의 주력 부대가 됩니다. 예컨대 오늘날의 인도를 보면 낙살라이트Naxalite 혁명 운동의 주력 부대는 단순한 빈농층도 아니고 빈농 중에서도 오지의 피차별 부족 집단 등 인도 사회에서 가장 주변화되고 가장 잔혹하게 차별을 받아온 사람들입니다. 혁명 세력들은 진화하고 그 지지기반 역시 '주변으로, 또 주변으로' 계속 옮겨지고 있지만, 혁명이 일어날 나라는 16~17세기나 지금이나 대체로 같은 유형의 나라입니다. 즉, 대개는 자본주의 발전이 막 시작되어, 전 자본주의적 모순들과 자본주의적 모순들이 복잡하게 착종된 사회입니다. 20세기 초반의 러시아나 1920~1930년대의 중국은 바로 그런 사회를 대표합니다. 한데 예컨대 오늘날 중국이나 러시아는 이미 국가 주도의 과독점 자본주의의 발전 수준이 꽤 높은 사회들입니다. 1980년대의 한국에서는 혁명을 연상케 하는 분위기를 감지할 수 있었지만, 1990년대 신자유주의화 이후 한국이 세계 체제 핵심부로 진입하는 과정에서 그 분위기가 싹 사라지고 말았습니다.

일단 세계 체제 차원의 또 하나의 전란기가 지금 시작 단계입니다. 미국의 패권이 약화해 도전 세력들이 곳곳에서 공격을 개시하고 있는 '초전' 단계입니다. 우크라이나는 이미 불타고 있고, 가자 전쟁은 홍해와 레바논 남부, 이라크 일부와 시리아의 영토로, 그리고 예멘으로 퍼진 바 있었습니다. 미·영의 선박과 기지들이 공격을 받았고, 미국 미사일이 예멘과 이라크 내 친이란 민병대를 겨냥해 날아갔습니다. 지중해 지역 북동부(우크라이나)와 남동부(근동)의 완충지대들에서 이미 열강 세력의 대리전이 진행 중이고, 이 세계 전쟁의 화염이 동아시아로 옮겨갈 수도 있습니다. 일종의 '슬로 모션', 각종 대리전 형태의 제3차 대전 속에서 선진권의 의회주의 제도마저도 파열음을 자꾸 냅니다. 이 정도로 과열된, 사법부까지 정치화시킨 이전투구는 전례가 없습니다. 내란 이전까지의 한국 검사 정권의 희비극들도 이 전 세계적인 선진권 민주주의의 위기의 일부입니다. 탈세계화 경향 속에서 국가가 경제의 주된 주체가 되어 국민 경제로의 회귀가 본격화됩니다. 몇 년 지속될지 알 수 없는 이 전 세계적인 난리 속에서 다시 혁명의 기회가 올 수도 있습니다. 어떤 혁명이 어디에서 일어날 가능성이 가장 클까요?

일단 장소부터 이야기하자면 지금 막 산업화가 본격화하거나, 산업화가 폭발적으로 크게 일어나고 있는 아시아 및 북아프리카 지역일 가능성이 가장 농후합니다. 지금 제조업 공장 노동자들의 숫자가 가파르게 늘고, 노동자들이 거의 복지 혜택을 누리지 못하고 잔혹한 착취를 당하는 나라들은 서쪽 튀르키예와 이집트부터 동쪽 인도네시아와 캄보디아, 방글라데시까지 꽤 많습니다. 이 신흥 노동 계층의 상당 부분은 극도로 주변화되어 있는 불안 노동자들입니다. 잃을 게 그다지 없는 수천, 수만 명의 노동자들이 하나의 공업단지 안에서 수년 동안 같이 일하고, 같이 투쟁의 경험을 쌓는 것이 바로 노동 대투쟁 폭발의 조건이 될 수 있다는 점을, 1980년대의 한국 노동운동사를 봐도 알 수 있습니다. 또는 특히 남아시아와 동남아시아 여성 노동자(방직업)의 역할이 클 수 있다는 것을, 여러 가지 역사 경험으로 비추어봤을 때 충분히 추측할 수 있습니다. 또 남아시아와 동남아시아, 북아프리카 등이 특히 기후 위기에 노출돼 있다는 사실을 감안하면, 혁명 운동의 폭발이 어쩌면 기후 위기로 인한 자연조건의 대대적인 악화 등과 연동될 가능성도 생각할 수 있습니다. 한데 기후 위기 해결의 열쇠를, 결국 탄소 배출을 가장 많이 하는 선진권 국가들의 민중이 갖고 있습니다. 구미권에서의 기후 위기 해결, 탈성장을 향한 대중적 운동과 신흥 공업 지대들의 혁명 운동이 만약 서로 연대할 수 있으면 우리는 어쩌면 다시 한번 세계 혁명의 그림자를 볼 수 있을지도 모르겠습니다. 사실, 글로벌 전란기야말로 전쟁을 필수적으로 낳는 자본주의를 왜 폐기해야 하는지 세계인들에게 가장 잘 보여주는 시기입니다.

'포스트 서구 세계'가 온다

2025년 말 네덜란드에서 이른바 '넥스페리아 사태'가 터졌습니다. 넥스페리아Nexperia는 네덜란드에 본사를 둔 첨단 반도체 생산기업으로, 2019년 이후 윙테크Wingtech라는 중국 대기업이 운영해왔습니다. 중국의 반도체 산업 발전을 차단하려고 하는 트럼프 정부는, 유럽 반도체 업체의 경영권을 중국 회사가 쥐고 있는 상황을 부정적으로 여겼습니다. 미국의 압박이 주효했는지 2025년 10월 네덜란드 정부는 '상품 가용성 법'이라는 준계엄 성격의 법률을 긴급 발동하여 넥스페리아의 중국인 최고경영자를 강제로 해임하고 회사의 경영권을 장악하는 사상 초유의 사태를 연출합니다. 말하자면, 행정력을 동원해서 유럽에 소재한 중국 기업을 장악한 것이지요.

중국은 즉각 응전합니다. 넥스페리아 본사가 중국 공장으로 보내던 웨이퍼 출하를 중단하자, 중국 정부는 중국에서 포장한 넥스페리아 칩의 수출을 통제했습니다. 이 칩에 의존해왔던 유럽의 완성차 회사와 부품 공급 업체들이 곧바로 아우성을 쳤습니다. 중국은 여기서 멈추지 않고 문제의 진원지로 지목된 미국을 직접 타격하는 조치를 취했습니다. 즉, 수출통제 대상인 희토류의 종류들을 확대하고, 국외에서 중국산 희토류와 희토류 관련 기술을 활용해 생산하는 제품도 통제 대상에 포함시켰습니다. 또한 고급 리튬이온 배터리와 인조 다이아몬드의 수출통제 계획도 추가합니다. 인조 다이아몬드는 초정밀 반도체, 레이저, 항공우주 장비 등에서 핵심 소재로 쓰이며, 중국은 미국이 소비하는 인조 다이아몬드 분말의 77%를 공급해왔습니다. 즉, 중국의 대응 조치는 바로 미국 첨단산업의 '심장'을 정확히 겨냥했습니다.

중국 정부의 계산은 적중했습니다. '반도체 전쟁'을 일으킨 미국과 이에 부화뇌동한 유럽은 물러설 수밖에 없었습니다. 미국 대통령 도널드 트럼프와 중국의 주석 시진핑이 부산에서 직접 만나 미국에 수출되는 중국 상품에 대한 관세 인하와 중국의 희토류 수출 통제 조치 유예를 뼈대로 한 타협안을 내놓았습니다. 결국 네덜란드 정부 역시 넥스페리아에 대한 압류를 일시 중단하는 타협적 조처를 할 수밖에 없었죠. '중국이 이겼다'는 것이, 이 사태를 열심히 지켜본 유럽 내 전문가들의 일치된 판단입니다.

중국이 이처럼 무역전쟁에서 승리를 거둘 수 있었던 이유는 간단합니다. 2020년대 중반 이후의 세계에서, 구미권 세력은 제1차 아편전쟁 이후 처음으로 '나머지 세계'를 압도할 수 있는 그 어떤 결정적인 우위도 더 이상 갖고 있지 않기 때문입니다. 물론 미국의 군사력은 당분간 여전히 '세계 1위'를 유지하겠지만, 핵보유국인 중국·러시아·북한을 상대로 해서 직접 전쟁을 수행하는 것은 사실상 불가능에 가까운 일입니다. 따라서 '세계 1위의 군사력'은 경쟁 대국들을 압도할 수 있는 압박력을 꼭 의미하지는 않습니다.

미국 달러는 여전히 세계 기축 통화의 역할을 계속하지만, 중국은 독일보다 10배, 일본보다 3배나 더 큰 세계 최대의 외환보유고를 갖고 있습니다. 중국과 아세안이 세계 제조업에서 차지하는 비율(약 35%)은 구미권(약 32%)보다 크며, 넥스페리아 사태가 보여준 것처럼 중국과의 '탈동조화'는 사실상 불가능합니다. 이미 중국은 세계 공급망에서 핵심적 위치를 차지하고 있으며, 한국을 포함해 세계 경제의 약 70%를 차지하는 145개국에 중국은 최대의 무역 파트너입니다. 이 때문에 중국을 상대하는 미국의 외교력은 제한을 받을 수밖에 없습니다. 더구나 서방의 전반적 지원을 받는 이스라엘이 가자에서 벌인 학살 등은 구미권의 도덕적 명분을 땅에 떨어뜨렸습니다. 구미권은 '힘'과 함께 '권위'도 잃은 것입니다.

포스트 서구 세계post-Western world의 출현을 결정적으로 가속화한 것은 1980년대 초반 이후 중국(그리고 상당수의 비서구 국가들)과 구미권이 취한 상반된 정책 노선이었습니다. 중국의 당·국가 주도 자본주의는 산업정책을 통한 첨단공업의 건설, 즉 세계적 제조업 패권의 쟁취를 가능케 했고, 제한적이긴 하지만 재분배 정책을 통한 사회 통합을 이끌어냈습니다. 반면 구미권의 단기 이윤 중심 신자유주의 정책은 제조업 공동화와 인프라 낙후, 그리고 제조업에서 서비스업으로 이동해야 하는 수많은 노동자의 신분 하락을 초래했습니다. 민주주의가 국가 정체성의 핵심인 구미권에서, 신분 하락과 상대적 빈곤화에 분노한 대중은 주류 정치에 대한 신뢰를 접고 트럼프와 같은 극우들에게 권력을 내주었고, 그 순간 민주주의도 무너졌습니다. 트럼프의 미국에서 이민세관단속국 직원들이 합법 체류 외국인까지 무차별적으로 단속하는 광경을 세계인들이 지켜보면서 '이게 깡패 국가지 민주주의 국가냐'와 같은 생각을 떨쳐내지 못합니다. 구미권의 전반적 쇠락을 초래한 신자유주의는, 구미권의 최고 장점인 민주주의도 형해화시키고 말았습니다.

한국에 포스트 서구 세계의 도래는 '위기'라기보다 '기회'에 가깝습니다. 미국의 고립주의로의 회귀와 전체적인 국력의 저하가 '안보 공백'을 초래한다고 보는 시각도 있지만, 어차피 궁극적으로 한국은 자주국방을 전제로 미국의 개입에 의존하지 않는 지역적 안보 구도를 만들어나가는 것이 바람직할 것입니다. 한국의 수출에서 구미권과 일본의 비중보다 중국과 아세안의 비중이 더 크고, 한국의 문화 상품들은 구미권 이상으로 비서구권에서 잘 팔립니다. 발전국가 모델의 경험이 있는 한국은, 필요시에 포스트 서구 세계에서 더 일반화하고 있는 국가 주도의 산업 정책을 펼칠 역량도 갖추고 있습니다.

문제는, 한국 역시 구미권 못지않게 신자유주의의 후유증을 앓고 있다는 것입니다. 내란 국면에서 민주주의를 지켜냈지만, 미래 희망을 빼앗긴 사회에서는 민주주의가 너무나 쉽게 형해화합니다. 지금도 일각에서 구미권 극우들과 전혀 다르지 않은 각종 혐중 감정이나 음모론들이 사그라지지 않고 있습니다. 내란 주범인 윤석열을 비롯한 여러 반민주주의 지향의 극우들이 21세기 한국에서 대통령에 당선될 수 있었던 것도 결국 민생 문제들이 계속 해결되지 않았기 때문입니다. 세계적 위기 속에서 한국 민주주의가 건재하려면, 일단 불안정 노동 문제의 해결과 재분배 정의의 실현, 복지 국가 건설이 선행해야 할 것입니다.

학술에서
'그레이트 아메리카'

트럼프주의자들은 '미국을 다시 위대하게' 하자는 표어를 가장 좋아합니다. 민주당 좌파 계열 인사들은 영아 사망률이나 총기 난사로 인한 인명 피해, 천문학적인 재산 불평등 등으로 볼 때 미국이 한 번이라도 위대한 나라인 적이 있느냐고, 되묻곤 합니다. 물론 이유 있는 반문입니다. 민생, 복지, 치안, 평등의 차원에서는 미국이 세계를 주도한적이 없었습니다. 한데 적어도 한 가지 차원에서는 전후 미국이 위대하긴 했습니다. 1945년 이후 미국이 연구, 과학 등을 주도한 것만큼은 객관적인 사실입니다. 지금은 중국 등 보다 많은 경쟁자가 있지만그래도 아직도 계속 주도한다고 할 수 있는데, 이제는 불안한 1등입니다. 전후 미국의 연구, 과학 리더십의 구조적 원인은 여럿입니다. 일단 경쟁국들이 독일 등처럼 폐허가 되어 그 우수 과학자들이 미국으로 갔거나, 소련처럼 폐쇄적인 자기 완결적 시스템의 나라들이었습니다. 즉, 세계적 리더십을 가질 만한 개방성을 보유하지 못한 나라였습니다. 그에 비해 미국은 전 세계 인재들을 받아들일 수 있는 개방적 시스템을 운영하는 데다, 제2차 세계대전과 냉전 등으로 대학을 포함한 과학, 연구계는 국가의 엄청난 투자를 받게 됐습니다. 그렇게 해서 세계 리더가 되었는데, 그 리더십이 왜 그때는 성립할 수 있었고 지금은 불안하게 됐는지 한 위대한 미국 연구자의 생애와 업적을 보면서 한번 살펴보겠습니다.

제임스 팔레James Palais, 1934~2006는 현대 한국사 연구의 거두였고, 제가 가장 존경하는 미국 학자 중 한 분이었습니다. 존경한다고 해서 그 연구 결론들을 다 수긍하는 것은 물론 아닙니다. 그가 조선시대를 '노예 사회'로 본 것은, 근세 세계에서 각종 비자유 노동력(동유럽의 농노 등)이 어디에서나 많아 조선이 그렇게까지 예외적이지 않았다는 점, 노예와 노비의 차이점 등을 무시한, 다소 편향된 설이었다고 봅니다. 마찬가지로 반계磻溪 유형원柳馨遠, 1622~1673을 단지 성리학자로만 보고 특이한 점, 다소 이례적인 부분들을 대체로 무시한 것도 문제라고 봅니다. 한데 조선시대 경제, 사회, 정치 메커니즘에 대한 그의 전체적인 파악이나《반계수록》에 대한 이해 등은 늘 존경스러웠습니다. 앞서도 얘기했듯이 양심수가 있는 한, 한국 정부의 지원을 받지 않겠다고 한 일화는 유명합니다. 고인이 세상을 떠나기 3년 전 한 번 아주대 학회 현장에서 만나 짧게 대화를 나누며 다시 한번 존경의 마음을 더하기도 했습니다. 팔레 세대의 학자들 덕에 구미권에서 한국 근세사의 이해도가 국내나 일본과 같은 수준에 오를 수 있었습니다. 미국의 위대함을 찾자면 이런 학자들을 길러내고 지원한 것입니다. 그것은 어떻게 가능했을까요?

그는 1950년대 중후반 미군에서 한국어를 배웠습니다. 그때 군대는 징병제였고, 고학력 징집병들의 어학 공부에 군대가 투자한 것입니다. 그다음에 일본학으로 석사를 하고 1960~1967년 하버드대에서 대원군 시대의 정책사로 박사 학위를 받았습니다. 《조선왕조실록朝鮮王朝實錄》이나 《비변사등록備邊司謄錄》 등 공부에 필요한 원자료를 하버드가 이미 갖고 있거나, 국비나 교비로 서울 규장각에 가서 볼 수 있었습니다. 졸업과 함께 직장도 바로 잡을 수 있었습니다. 노퍽주립대를 거쳐 시애틀의 워싱턴주립대에 가서 본격적으로 조선시대 사상사 공부에 몰두합니다. 한데 1968년 취직했는데도, 그의 첫 학술지 논문"Records and Record-Keeping in Nineteenth-Century Korea", 〈Journal of Asian Studies〉은 1971년에 나왔습니다. 그의 학위 논문 〈전통 한국의 정치와 정책Politics and Policies in Traditional Korea〉은 1975년에 책으로 나왔고, 그가 1971년부터 1990년대 초반까지 학술지에 게재한 논문은 10편 안팎이었습니다. 단, 이 논문들은 묵직해서 우리가 지금도 종종 참고하는, 비중이 아주 큰 글들입니다. 그는 논문 양산보다는 다음 책 준비에 더 많은 힘을 기울이는데, 《반계수록》을 기반으로 쓴 책 《유교적 통치술과 조선의 제도: 유형원과 조선 후기Confucian statecraft and Korean Institutions: Yu Hyŏngwŏn and the late Chosŏn Dynasty》는 1995년에야 나왔습니다. 거의 20여 년 동안 자료를 해독해 가면서 책 준비에 올인할 수 있었던 것입니다. 바로 이 책이 그를 위대한 석학으로 만들었습니다.

그렇다면 오늘날 팔레 같은 중하층 이민자 가정 출신이 그와 같은 궤도를 밟아 위대한 석학이 되는 게 가능할까요? 아마도 이제 군에서 군의 돈으로 공짜로 어려운 외국어를 배우는 일은 없을 겁니다. 지금도 명문대라면 해외 희귀 자료를 보거나, 교비 등 공비로 자료 수집을 위한 해외여행을 하는 건 가능합니다. 박사 졸업과 함께 바로 첫 직장을 얻는 것은 극도로 힘들지만 불가능하지는 않습니다. 한데 취직하고 나서 게재 논문 편수만 키우는 대신에 천천히, 그리고 확실하게 자신의 주된 공부에 집중하고 대작을 준비한다는 것은 한국에서는 상상도 못할 일이고, 미국에서도 갈수록 힘이 듭니다. 아직은 미국 학계에서 정말 오래 갈, 중요한 책을 5~10년 정도나 그 이상의 시간을 들여 준비하는 분들을 볼 수 있는데, 신자유주의적 경쟁 속에서 갈수록 그런 학적 태도를 견지하기가 더 힘들어집니다. 그리고 요즘처럼 분초를 다투는 학자들의 전투 같은 일상에서 인권 운동까지 열심히 한다는 것은 극히 어려운 과제입니다. 양심수를 가두는 한국의 연구비를 거절한다는 원칙주의적 태도는 신자유주의 세계에서는 생존 자체를 위협합니다.

한마디로 학술 분야로 보자면 미국은 여전히 학술 대국입니다. 사실 중국처럼 미국 이상으로 더 철저하게 신자유주의적 방식으로 학문을 접하는 국가와의 학술적 경쟁에서 미국의 무기라면 바로 팔레를 위대한 석학으로 키운 유서 깊은 학술 기관들이 갖고 있는 학자들의 여유나 학자에 대한 신뢰, 기초 연구(조선시대 사상사 등)나 원자료 해독의 중요성에 대한 강조 등 그 철저한 아카데미즘의 분위기입니다. 한데 신자유주의는 미국에서도 그 아카데미즘의 분위기를 크게 훼손시키고 있으며, 트럼프주의자들이 득세하면 그 과정은 가속화할 것입니다.

"모든 건 미국 탓이야"

패권 국가의 정책이 세계만방에 막대한 영향을 미친다는 것은 충분히 예상이 가능한 일입니다. 예컨대 중국과 북한을 놓고 보지요. 소련이 망한 1991년 중국의 1인당 GDP는 불과 333달러, 북한보다 훨씬 적었습니다. 한데 머지않아 북한은 '고난의 행군'을 거쳐 동북아에서 가장 가난한 나라로 남았고, 중국은 전례를 찾기 힘든 초고속 성장을 구가하기에 이르렀습니다. 1960년대 문화대혁명의 비이성과 폭력을 피해 재중국 조선족 일부가 북한으로 도피했다면, 1990년대 중반부터 탈북자의 행렬이 중국을 찾았습니다. 중국도 북한도 많은 면에서 서로 비교할 수 있는 역사를 지니고, 둘 다 당 국가 체제입니다. 둘 중에 중국이 세계 최대 부국이 되고 북한이 비록 군사대국이어도 여전히 가난을 벗어나지 못한 데는 미국의 태도가 결정적이었습니다. 만약 미국이 1979년에 중국과 한 것처럼 북한과도 수교해 무역 제재를 풀어 외국의 대북 투자를 가능케 했다면 북한은 이미 고속 성장 중이었을 것입니다. 한데 남한에서 미군 주둔 명분이 필요했기에 계속해서 대북 '딜'을 피했습니다. 하여튼 이 상황을 봐도 미국 정책의 막대한 영향을 실감할 수 있습니다.

문제는 과연 이 세계의 모든 이슈들의 근원을 다 (쇠락해가는) 패권 국가 미국에 찾아야 하느냐입니다. 한국의 상황만 놓고 봐도 꼭 그렇지 않다는 사실이 자명해집니다. 2025년 3월 현재 한국의 최대 국내 문제는 윤 수괴의 내란 시도와 그 후의 헌정 위기인데, 아직까지 최후의 결정적인 역사적 판단을 내리기는 좀 일러도, 적어도 지금까지는 내란범들과 미국의 '내통' 증거는 발견되지 않은 듯합니다. 즉, 내란은 경제적 침체와 정부 실정 속 첨예해진 정치 갈등의 국면, 한국 극우들의 위기의식, 한국 극우들의 반민주적 사고와 행태 등 여러 가지 국내적인 이유들이 있는데, 지금 '살 빼기' 중인 트럼프 초기의 미국과도, 타성적으로 제국 경영을 했던 바이든 말기의 행정부와도 이렇다 할 만한 연결고리는 적어도 아직까지는 보이지 않습니다. 윤 지지자들의 혐중 등은 많은 면에서 트럼프 지지자들을 방불케 한다 해도 트럼프가 그들을 원격 조종한다고 그 누구도 주장하지 않고 있습니다. 한국은 미 제국의 핵심적으로 중요한 군사 보호령인데도 말이죠.

쇠락해가는 미 제국의 대외 간섭 능력의 한계는 아주 분명한데도, 한국의 일부 자칭 진보는 다른 제국들의 행동까지도 다 미국의 공작으로만 설명하려고 합니다. 아마도 이와 같은 지적인 습관은 소련권 바깥에서 미 제국의 정책 방향이 절대적인 무게를 갖고 있었던 냉전 시기의 사고에 그 뿌리를 두고 있는 것 같습니다. 물론 그때도 미국의 군사 보호령에서조차도 일부 상황들은 미국의 의도와 어느 정도 무관할 수 있었습니다. 예컨대 김재규金載圭,1924~1980의 박정희 암살의 배경은 분명히 악화할 대로 악화한 당시의 한미 관계였지만, 미국이 김재규를 직접 조종했다고 주장할 만한 근거는 적어도 아직 발견되지 않고 있습니다. 군대가 미국의 지휘를 받고 있었던 한국과 같은 후국에서 마저도 그렇다는 것이죠. 다른 지역, 예컨대 남아시아나 아프리카 등에 대한 미국의 개입 능력은 더 상대적이었습니다. 그게 미 제국 전성기, 즉 냉전 시대 때의 이야기죠.

지금은 더욱더 그렇습니다. 그런데도 한국의 일부 자칭 진보 논객들은 예컨대 "나토의 동진 때문에 러시아가 우크라이나를 침략했다"는 주장을 습관적으로 내놓습니다. 저는 이런 유의 주장을 보며 늘 아연실색합니다. 동진이라고 하면 아마도 2004년 불가리아와 루마니아, 그리고 발틱 국가들의 나토 가입 이야기일 텐데, 그때까지만 해도 푸틴 정권은 종종 미국에 러시아의 나토 가입 가능성을 문의하는 등 미국의 주니어 파트너로서의 역할을 충실히 했습니다. 국내 친러파들이 절대 언급하지 않으려는 사실이지만, 2015년까지 (레닌이 태어난 도시이기도 한) 울리아노브스크Ulyanovsk 군용 공항을 통한 재아프가니스탄 미군(나토군) 수송로가 정상 가동되고 있었습니다. 즉, 푸틴의 러시아는 2010년대 중반까지 사항별로 나토와 협력하곤 했습니다. 러시아가 미국의 주니어 파트너에서 미국의 경쟁제국이 된 계기는 나토의 동진과 다소 무관합니다. 2008년 세계적 경제 위기와 신자유주의 모델의 가시적 실패, 2009년 미국의 이라크 철수, 2010년대 초기 오바마 정권의 중국 견제로의 전환과 아시아로의 회귀 등을 지켜본 크렘린에서는, 일단 미국의 영향력이 국제적으로 쇠락한다는 것을 눈치채고 이런 의식을 북경과 대체로 공유하기에 이릅니다. 미국의 힘이 빠지자 미국과의 경쟁이 가능해진 것이고, 나토 동진은 아주 손쉬운 명분이 됩니다. 참고로, 러시아의 우크라이나 침공을 앞두고 있었던 2021년 재유럽 주둔 미군은 6만 명 정도에 불과했습니다. 냉전 말기 그 숫자는 30만이었습니다. 아무리 나토가 동진해도 6만 명 정도의 미군이 핵 대국 러시아에 정말로 치명적인 위협이 될 수 있었을까요? 6만 명이라면 주일·주한 미군(약 8만 명)보다 적은 숫자죠.

한국은 여러모로 미국이 오랫동안 영향력을 행사해온 곳이고, 한국의 진보 운동은 미국으로부터 가혹하게 당해온 과거를 지니고 있습니다. 미국은 오랫동안 독재 정권을 뒷받침해 왔으며, 지금도 미국발 대북 제재나 미국이 발의한 유엔 제재는 남북 평화 공존 레짐의 구축을 방해하고 있습니다. 한국에 주둔한 미군의 치외법권적 신분, 범죄, 환경 파괴 등의 문제들이 쌓일 대로 쌓였고, 1997년 이후 신자유주의를 한국에 이식하는 데 미국의 역할은 아주 컸습니다. 그런 상황에서는 미국과 직접적 연관성이 약한 푸틴의 제국 복구 프로젝트와 이웃 나라 침공 등까지도 다 미국 탓이라고 우기고, 러시아 프로파간다 사이트나 텔레그램 채널에서 그 증거를 찾아 한국 독자들에게 제시하면 박수갈채를 받을 수도 있습니다. 미국이 오랫동안 한반도에서 저질러온 악행이 흘러넘쳐 '모든 게 미국 탓'이라고 믿을 사람들이 한국에 적지 않기 때문입니다. 문제는, 이런 접근 방법이 여러 제국들이 미제국이 쇠락하는 틈을 타서 서로 경쟁하고 주변의 판도를 바꾸고 있는 현 상황의 특색, 즉 제국 간의 모순들inter-imperialist contradictions의 심화와 경쟁의 첨예화, 미국 이외 제국들의 상대적 영향력 강화 등을 무시한다는 것입니다. 특히 중국과 러시아의 대외 정책에도 영향을 받을 수밖에 없는 한반도의 경우에는 모든 게 다 미국 탓 식의 접근은 객관적인 상황 파악과 대응에 상당한 방해가 될 수 있습니다. 여러 제국들의 대내외 정책과 이데올로기, 야망, 이해관계의 객관적이고 균형 잡힌 파악이야말로 진보적인 대응을 마련할 수 있는 첫 단계입니다.

쇠약해지는 야수의 발악

지금도 하는지 모르지만, 한때 한국에서 남북전쟁이 터지면 김정은과 그 측근을 제거하기 위한 '참수 작전'을 벌일 특수 부대가 종종 '참수 작전'을 연습하곤 했습니다. 우리가 2026년 1월 3일 카라카스에서 본 것은 바로 전형적인 '참수 작전'에 해당합니다. 아슬아슬한 순간들도 있었지만, 이 '작전'은 표면적으로 성공을 거두었습니다. 사실상 베네수엘라의 영공 및 영토에 대한 불법 침략을 벌인 미군은, 100여 명의 쿠바 및 베네수엘라 군인들을 희생시키고 마두로 대통령 부부를 납치했습니다. 트럼프의 '베네수엘라전'이 성공했다는 뜻일까요?

꼭 그렇지 않습니다. 역사를 통해서 본다면, '참수 작전'만으로 한 나라를 제압해 식민지나 속국을 만드는 것은 불가능합니다. 예컨대 1895년 10월 8일 그 악명 높은 을미사변乙未事變, 즉 일본과 현지 조력자들의 명성황후 시해를 생각해 보지요. 그 시해도 일종의 '참수 작전'이었는데, 그 시해 사건의 여파로 1896년 2월 11일 아관파천俄館播遷이 이루어지고 친일 내각이 붕괴했습니다. 결국 1896년부터 1904년 러-일 전쟁의 발발 시점까지 조선에서 일제의 식민화라기보다는 열강 사이의 일정한 균형, 즉 '균세均勢'가 이루어졌습니다. 또, 명성황후의 친척인 여흥 민씨들의 세도, 즉 요직 독점과 가렴주구 등에 대한 원성이 높았음에도, '국모 시해' 사건으로 일본에 대한 증오심과 복수심이 요동치기 시작했습니다. 한마디로 미우라 고로三浦梧楼, 1847~1926 공사의 당시 '참수 작전'은 조선의 식민화를 앞당기긴커녕 오히려 항일 세력들의 성장에 일조하고, 조선에서 친일파의 통치를 일시적으로 불가능하게 만들었습니다.

제가 잘 기억하는 또 하나의 '참수 작전'은 1979년 12월 27일 아프가니스탄 대통령 하피줄라 아민Hafizullah Amin, 1929~1979의 저택을 습격하여 아민 대통령을 살해한 소련군 특수부대의 소위 '카불 작전'이었습니다. 아민은 공산주의자였지만, 실정으로 아프가니스탄의 친소 정권이 위기에 빠진 데다 소련 지도부는 아민의 충성심을 의심했습니다. 결국 소련 공산당 정치국은 1979년 12월 12일, 한국에서 '12·12 군사 반란'이 일어난 바로 그날, 아민을 제거하고, '확실한 친소파'라고 생각한 바브라크 카르말Babrak Karmal, 1929~1996을 대통령으로 세우고, 아프가니스탄에 소련군을 투입하는 것을 골자로 한 결의를 합니다. 아민 저택의 근위병들이 저항해 기습에 나선 소련 특무 부대 약 700명 중 11명이 전사했지만, 결국 그들은 아민을 죽이는 데 성공했습니다. 그 결과는 그 뒤 10년 동안 이어지며 소련의 국고를 탕진시키고, 그 국제적 평판을 떨어뜨리고, 결국 불명예스러운 철군과 궁극적인 친소 정권의 붕괴로 끝났습니다. 소련의 아프가니스탄 침공(1979~1989)은 이렇게 막을 내립니다. '참수'는 했지만, 결국 아프가니스탄의 산악지대는 소련군의 '무덤'이 되었습니다. 그러니까 당연한 말이지만 '참수'가 능사가 아니란 말입니다.

트럼프와 그 측근들이 지금 "세계는 궁극적으로 힘으로 움직인다"며 "힘이 곧 정의"라는, 을미사건 시대쯤이나 유행했던 제국주의적 '명언'들을 되풀이하지만, 사실 군사력 이외에 미국의 '힘'은 계속 빠지고 있습니다. 고율 관세는 도입됐지만, 미국의 산업 부흥은 전혀 이루어지지 않고 있습니다. 2025년 제조업의 성장률은 2%에도 미달했으며, 제조업 고용은 아예 7만 6000명 정도로 감소했습니다. 고율 관세로 "미국인을 위한 일자리를 만들겠다"던 트럼프의 말은 거짓말로 드러났습니다. 고율 관세를 유럽과 일본, 한국에도 강요할 수 있었지만, 중국은 저항하며 미국과 무역전에서 사실상 승리를 거두었습니다. 가면 갈수록 미래 지향적 최첨단 기술, 특히 재생에너지와 로봇 공학, 반도체 등에서는 중국이 추격에 성공하거나 아예 미국을 능가하고 있습니다. 미국을 제외한 각국의 금은, 외환 보유고는 이제 미국 국채(23%)보다 금(24%)의 비율이 더 높습니다. 미화와 미 국채에 대한 국제 신뢰는, 미화 약세와 트럼프의 비정상적인 정책 속에서 아예 사라져 가고 있습니다. 사실 전후 역사에서 미국 패권의 위기가 지금처럼 깊었던 적이 없었습니다.

한데 그나마 미국의 손에 남은 딱 하나의 '최후의 카드'는 바로 '무적 미군'입니다. 그래서 미국은 베네수엘라 같은 자원 부국을 침공, 자원을 강탈해 추락해가는 경제에 새로운 '휘발유'를 넣으려고 합니다. 하지만 '참수 작전'만으로 자원 강탈을 이룰 수 없습니다. 지금 미국의 방침이란, 마두로를 납치한 뒤 그 부통령을 수반으로 하는 새 정권에 대한 살인 및 납치 협박, 그리고 해상 봉쇄 등을 통해서 베네수엘라의 목을 졸라 자원 강탈의 효과를 거둔다는 것입니다. 한데 해상 봉쇄와 살인, 납치 협박만으로 이런 목적의 달성이 가능할지 다소 의심이 가는 일입니다. 중국 등 베네수엘라 정권의 후견국들은 물론이거니와, 그 이웃 나라들인 콜롬비아나 브라질 등은, 미국의 중남미 자원 강탈을 반길 리가 없습니다. 신규 투자가 미국이 아닌 중국에서 들어오고, 중국과의 무역도 미국 이상인 현재 상황에서 미국에 대한 종속은 더 이상 '개발'의 희망이 그다지 크지 않기 때문입니다. 결국 이런 지역 차원의 협조 등을 통해서 베네수엘라의 새 정권은 미국의 협박에 저항하거나, 정면으로 저항하지는 못해도 면종복배面從腹背하면서 버티는 전략으로 맞설 수 있겠지요. 그리고 미국이 지상군을 투입할 경우, 이라크나 아프가니스탄 전쟁의 악몽은 다시 살아날 것이고, 분명히 끝이 안 보이는 유격전이 벌어질 것입니다.

힘이 빠져가는 괴수인 미 제국은 일대 군사주의 모험을 벌였습니다. 만약 이 모험에 더해 무력으로 그린란드를 장악하기라도 한다면 유럽 나토 동맹국들과 되돌릴 수 없는 적대 상황이 돼 사실 '서방 진영'은 공중 분해할 것입니다. 누차 말하듯이 이 모든 과정은 궁극적으로 미국 패권의 쇠락과 상실의 과정입니다. 단, 이 과정에서 너무나 많은 사람들이 죽고 다치며, 너무나 많은 불법과 약탈, 강탈이 벌어질 것을 생각하면 마음이 아픕니다. 이제 가자 학살 반대 운동에 이어, 미제국의 베네수엘라 침공을 반대하는 국제적인 연대 운동을 벌일 때입니다.

좀 더 큰 목표를 향하여

1920~1930년대의 역사 연구는 싫증이 나지 않고 여전히 너무나 흥미롭고 신이 납니다. 그 시기가 어쩌면 인류역사상 가장 역동적이고 재미있었다고 생각합니다. 동시에 가장 끔찍한 시대이기도 했죠.

1914년 이전까지는 영국 패권의 세계였습니다. 대영제국은 인류의 약 4분의 1을 통치했습니다. 1815~1914년 사이 대영제국에 제대로 도전할 수 있었던 열강은 없었습니다. 소련이 1950~1980년대에 미국과 제3세계에서 경쟁을 벌였듯이, 유라시아대륙의 대국 러시아는 영국과 그레이트 게임great game이라고 하는 중앙아시아, 티베트, 이란, 아프간에서의 경쟁을 벌였지만, 주된 무대인 유럽에서는 감히 영국에 도전장을 내밀지 못했습니다. 1853~1856년 한번 내밀었던 크림전쟁에서 너무 많이 얻어맞았기 때문입니다. 물론 2003~2009년의 이라크 전쟁처럼, 영국은 1899~1901년의 보어전쟁에서 예상과 달리 고전을 면치 못하고 나서 패권 전략을 바꾸었습니다. 동맹을 맺지 않고 홀로 가던 패권 국가 영국이 1902년에 일본을 주니어 파트너로 영입하고(이는 조선 식민화의 가능성을 열어 놓았습니다), 1907년에 숙적 러시아하고도 동맹을 맺어 세상을 깜짝 놀라게 했습니다. 푸틴에 손을 내밀고 있는 트럼프가 던지고 있는 오늘날의 충격파와도 비슷했습니다. 좌우간 1901년 이후 흔들리기는 했지만, 1914년까지는 여전히 대영제국의 세계였습니다.

1914~1918년 전혀 예상치 못했던 규모의 세계대전으로 영국이 여태까지 뒷받침해온 세계 질서가 무너지고 말았습니다. 인도에서는 전후 독립운동이 앙양돼 독립운동 세력이 결집했습니다. 이미 1920년대에, 인도가 언젠가 독립하고, 대영제국이 해체되는 일이 궁극적으로 시간의 문제라는 점이 분명해졌습니다. 러시아에서는 급진 사회주의 세력들이 권력을 잡았는데, 6만 명 규모의 영국군을 필두로 프랑스, 미국, 중국, 일본, 그리스까지 포함한 연합국 간섭군은 4년 동안 무장 간섭을 시도했지만 아무 효과 없이 손실만 보고 철수했습니다. 영국 패권이 무너졌다는 가장 확실한 증거였습니다.

러시아에서 외국군의 간섭 실패에 뒤이어 패권 국가의 통치를 벗어난 세계적 급진 좌파가 폭발적으로 성장했습니다. 사실, 1914년 이전 패권 질서 안에서 유럽 좌파는 그다지 역동적이지 못했습니다. 제2차 인터내셔널의 경우, 일본 이외 비서구 국가들을 아예 대표하지도 못했습니다. 식민지 문제를 토론하긴 했지만, 에두아르트 베른슈타인Eduard Bernstein, 1850~1932을 비롯한 상당수 우파 사회주의자들은 서구 열강의 식민주의를 "자본주의를 이식시키고 발전시키는 이상 객관적으로 진보적 현상"이라고 평가했습니다(이건 오늘날 한국의 뉴라이트 세계관에 가깝습니다). 유럽 사민당들은 의회주의 전략을 열심히 따르고, 제1차 세계대전을 전혀 막지 못하고 말았습니다. 이와 완전히 대조적으로, 1919~1943년의 코민테른은 식민지 해방을 목표로 설정하고 식민지 급진 민족주의자들과의 동맹 전략을 택했습니다. 궁극적으로, 바로 급진 좌파와 급진 민족주의의 동맹은 제국주의의 식민 지배를 무너뜨렸습니다.

영국 위주의 기존 패권 질서의 붕괴와 전 세계적인 해방 지향 세력들의 폭발적 성장은, 정치적 상상력도 창작적 상상력도 풀어 놓았습니다. 코민테른 계열과 종종 전술적 동맹도 맺고 또 어떨 때는 등도 돌리곤 했던 아나키즘 세력들이 전성기를 맞이한 것도 1920~1930년대입니다. 동아시아만 봐도 1920년대에 아나키즘 운동이 가장 번성하고, 1945년 이후에 거의 완전히 쇠퇴한 것을 볼 수 있습니다. 코민테른 못지않게 세계 각국의 문호들이 거의 일제히 좌파적인 색채를 띠고 서로 연결하기 시작했습니다. 소련의 고리키, 프랑스의 로맹 롤랑Romain Rolland, 1866~1944, 독일의 베르톨트 브레히트Bertolt Brecht, 1898~1956와 토마스 만Thomas Mann, 1875~1955, 미국의 시어도어 드라이저Theodore Dreiser, 1871~1945, 중국의 루쉰魯迅, 1881~1936과 라오서老舍, 1899~1966, 조선의 임화林和, 1908~1953와 김남천金南天, 1911~1953. 이들은 모두 지리와 언어의 장벽을 넘어 모종의 좌파적 신념을 공통 분모로 했습니다. 피카소Pablo Picasso, 1881~1973

나 달리Salvador Dalí, 1904~1989 등으로 대표됐던 전위 미술 역시 대체로 좌파적 지향을 공유했습니다. 더 나아가서는, 아인슈타인으로 대표됐던 가장 최첨단의 과학도 좌파 지향과 그리 멀지 않았습니다. 아인슈타인은, 냉전 초기임에도 불구하고 1949년에 〈먼슬리 리뷰〉 창간호에 〈왜 사회주의인가?〉라는 글을 기고하기도 했습니다.

이 패권의 공백기는 1945년에 마감됐습니다. 미국이 새 패권 질서를 잡자마자 매카시즘의 광풍으로 좌파 손보기에 나섰습니다. 전후 패권 질서의 또 하나의 축이었던 소련에서는 조선인을 포함한 각국의 망명 혁명가들과 비주류 좌파들이 일찌감치 1937~1938년 스탈린 대숙청의 와중에 이미 거의 다 사라졌습니다. 결국 냉전 시기 서구의 주류 좌파는 1914년 이전의 의회주의로 퇴보하고 말았습니다. 지금도 비록 다소 급진적인, 독일의 좌파당 같은 좌파 정당이라도 의회주의 전략과 자본주의에 대한 개혁 전략의 틀을 크게 벗어나지 않고 있습니다. 하지만 트럼프 2기 때 미국 패권의 쇠락은 과거에 비해 더 노골적인 형태로 나타나기 시작했습니다. 머지않아 패권 공백기의 세계적 혼란 현상이 더 뚜렷해질 수 있습니다. 이와 함께 세계 좌파들에게 개혁의 한계를 넘어 1920~1930년대처럼 좀 더 큰 목표를 지향해볼 기회가 전쟁과 혼란, 기후 참극, 전 세계적 경제위기와 무질서 속에서 다시 주어질 수 있습니다.

관리자 국가 시대, 민주주의를 어떻게 지킬 것인가?

2020년대, 관리자 국가의 시대

2025년이 저물고 말았습니다. 참 매정하고 무서운 한 해였습니다. 지구촌 구석구석에서 살육이 끊이지 않았습니다. 우크라이나, 가자, 수단에서 수만에서 수십만의 생명이 폭력에 죽어나갔고, 미국은 전쟁 행위에 해당하는 베네수엘라의 해양 봉쇄 등 국제법을 위반했습니다. 도처의 국가 폭력 속에서 세계는 대체로 우향우해왔는데, 그나마 내란 세력 우두머리들을 구속, 재판할 수 있는 한국은 몇 안 되는 행복한 예외였습니다. 내란이 실패하고 윤이 실각한 뒤로 한국 정치의 중심축은 중도우파가 차지했습니다. 한데 한국과 소득 수준이 비슷한 대부분의 국가에서는 중도파보다 극우파가 훨씬 세를 확장한 한 해였습니다.

극우파라고 하면 사실 약간의 어폐가 있습니다. 대개 우리가 극우파라고 하면 1930년대의 파쇼 전성기를 떠올립니다. 한국의 경우, 아마도 유신 시대 정도이겠지요. 길거리에서 극우 행동대나 민간 극우 불량배들의 포그롬과 살인, 각종 대대적인 궐기대회, 아니면 새마을운동과 같은 대대적인 위로부터의 동원들. 밑으로부터의 배타주의적 열정의 폭발과 위로부터의 총동원이 함께 아우러지는 것이 고전적인 극우파의 전형적인 모습이었습니다.

지금 세계는 또다시 극우파의 전성시대긴 하지만, 이런 모습들을 보기란 사실 어렵습니다. 트럼프 치하 암흑의 미국에서 이민자들을 공포에 빠뜨리는 것은 민간 극우들이라기보다는, 국가 공무원 격인 이민단속국ICE 요원들입니다. 민간 극우들이 없지는 않지만, 그들은 그냥 이 인간 사냥 모습을 집에서 텔레비전으로 즐겁게 보고 있습니다. 러시아의 푸틴이 우크라이나에서 최악의 침략 전쟁을 벌이고 있지만, 그 전쟁에 러시아인들이 총동원되고 있지 않습니다. 큰돈을 받고 군에 몸을 파는 것인데, 이렇게 몸을 판 사람들에게 물어보면 십중팔구 '애국심'이 아니라 오로지 '돈'이 유일한 동기였습니다. 러시아의 국가 프로파간다는 "우크라이나 나치"니 "나토 동진"이니 "집단적 서방과의 숙명적 대결"이니 별의별 괴이한 소리를 늘어놓고 있지만, 대다수에게는 이건 그냥 잡음 수준입니다. "집단적 서방" 어쩌고저쩌고 하는 말에 관심이 없고 돈에만 관심이 있는 거죠. 중국에서는 시진핑 주석이 모택동 주석 다음으로 가장 강력한 중앙집권적 권력을 다졌지만, 길거리에서 홍위병들이 돌아다니면서 지도자의 정적(이라고 상상하는 사람)들을 공격하는 일은 전혀 없습니다. 그냥 최첨단의 안면인식 시스템으로 국가가 만인의 일거수일투족을 다 실시간으로 통제할 수 있는 시대가 열린 것입니다. 아무리 생각해도 이건 1930년대와 상당히 다른 극우의 모습입니다.

오늘의 극우들은 총동원이나 민간 궐기를 바라지 않습니다. 그들에게 주민들이란 잠재적인 행동대원이 아니고 그냥 소비자이자 근로자, 그리고 피관리자일 뿐입니다. 신자유주의적 시대, 즉 기업 만능 시대를 거쳐서 성장한 새로운 극우들의 이상을 한마디로 하자면 일종의 관리자 국가managerial state입니다. 불변의 관리자 집단이 한 국가를 기업처럼 관리하고, 모든 노력을 해당 국가 대기업들의 이윤 극대화를 위해 쏟고, 관이 총자본의 고민 해결사 노릇을 해주는 사이에 민民이 열심히 자본에 품을 팔고 내수 강화를 위한 소비활동을 하면서 시키는 대로만 하는 것이 이런 국가가 바라는 사회의 모습입니다. 이 사회에서는 국가와 자본 사이의 벽이 그다지 없습니다. 미국인 하층과 중하층 등을 아우르는 미국 인구 50%보다 더 많은 부를 가진 세계 최고의 부호가 입각하여 공무원 감축 작전을 지휘하는 것은 관리자 국가의 정상입니다. 중-러와 같은 관료 제국에서는 자본이 국가의 '수족'에 가까운 역할을 하지만, 트럼프의 미국에서는 거의 조폭 사회처럼 서로 이해가 얽히고설킨 부자들끼리 정권을 꾸려 운영하는 식입니다. 이런 상황에서는 대러 교섭과 같은 미 국가의 주요 기능을 대통령의 사위와 대통령의 부동산개발업자 파트너에게 전담케 하는 것도 자연스럽습니다. 관리자 국가에서 정치는 비즈니스고 비즈니스는 정치입니다. 이런 구조에서 민주주의는 설 자리가 없습니다. 2025년 트럼프는 225건의 행정명령을 내렸는데, 미 국회가 통과시킨 법률은 61건에 불과합니다. 입법부는 힘이 없고 행정부가 거의 전제정치를 하는 셈입니다.

사실 이런 관리자 국가는 1930년대 이상으로 18세기의 절대 왕권 국가들이 좋아했던 관방주의官房主義, cameralism를 행사하는 것처럼 보입니다. 관방주의란, 절대군주국이 자본가들과 이해를 맞추어가면서 국제경쟁 속에서 자원을 개발하여 공업을 건설하고 국고 소득을 최대화하여 국제무대에서 확장주의를 지향하는 18세기의 국가학 및 국가 경영 방식입니다. 관방주의 국가의 구도에서는 당연히 민주주의가 설 자리는 없었습니다. 국가는 자본가들과 늘 가깝게 지내는 군주와 귀족관료 엘리트에 의해 운영되고, 민은 시키는 대로 복종하고 궁하면 군에 몸을 파는, 그런 신세였습니다. 늘 관방주의 국가들끼리 전쟁을 했는데, 전쟁하는 사이에도 엘리트들끼리의 거래는 멈추지 않았습니다. 서로 대리전을 벌이면서도 계속 이런저런 거래를 하고 있는 유럽, 미국, 러시아를 보면 무슨 말인지 알 수 있습니다. 사실 푸틴의 롤모델이라고 할 러시아 제국의 창시자인 피터 대제야말로 관방주의 절대 군주의 전형이었습니다.

한데 고무적인 점 하나는, 민이 관의 이런 경향에 계속 저항해왔다는 점입니다. 2025년은 가자 제노사이드를 멈추기 위한 국제 행동의 한 해이기도 했습니다. 관과 자본이 관방주의 시대로 퇴행하고 싶어도 거리의 민은 거기에 대한 대대적인 저항에 나선 것이죠. 그런 가두 행동들이야말로 암흑의 시대 속에서 우리에게 일말의 희망을 안겨주는 것입니다.

민주주의는 어떻게 지켜지는가?

한국의 소위 386들도 마찬가지지만, 저도 '민주주의 시대'의 일원입니다. 커가면서 '민주주의'를 만났고, 그 후로는 민주주의와 평생 같이 지내고 있습니다. 고르바초프 총서기장의 연설을 듣다가 "사회주의는 반드시 민주적이어야 한다, 비민주적 정치는 사회주의일 수 없다"는 말을 처음 들은 것은 아마도 15살 때인 것 같습니다. 고르바초프는 비록 실패한 정치인이지만 지금도 그의 그 말은 맞다고 생각합니다. 지금 제가 하는 사회·정치 평론 같은 일은, 민주주의적 환경이 아니라면 제대로 하기가 불가능에 가깝습니다. 물론, 러시아 작가들이 수백 년 동안 해왔듯이 '이솝의 언어'를 구사해 독자에게 '행간의 은근한 뜻'을 전하면 되지만, 평생 그렇게 해온 사람이 아닌, 민주주의 사회에서 살아본 사람이 다시 그런 삶을 강요받게 되면 정말 평생의 감옥으로밖에 느껴지지 않을 것입니다. 민주주의는 제게 '공기'인 만큼 요즘 전 세계에서 민주주의가 위기를 맞고 퇴조하는 상황을 지켜보면 볼수록 우려가 커집니다.

민주화라는 것은 대개 20세기의 현상이었습니다. 본래 자본주의란 전혀 민주적이지 않았습니다. 19세기 초반의 영국이나 19세기 말의 일본에서는 투표권을 얻을 만한 재산을 가진 이들은 전체 인구의 2%에 지나지 않았습니다. 삼성이나 경방/동아일보 등 한국 재벌의 역사만 봐도, 군사독재 비호 밑에서 자라기 이전에 총독부의 군사독재 정치 덕을 많이 보았는데, 이건 '자본주의 역사'의 차원에서는 극히 정상입니다. 원시축적 단계의 자본주의는 보통 과두정oligarchy의 형태를 취합니다. 이 과두정이란 한국처럼 군사독재일 수도 있고, 빅토리아 시대 영국처럼 귀족이나 재산가 등으로 구성된 엘리트 집단 사이의 경쟁 속 정당 정치의 형태일 수도 있는데, 좌우간 본질은 같습니다. 초기 자본주의 사회에서 권력을 독점하는 엘리트들이 보통선거권을 허하고 결국 권력의 재편에 동의한 이유가 무엇인가요?

대개는 '민주화하지 않으면 무정부 상태나 혁명이 일어난다'는 확신 정도가 있어야 기존의 엘리트들이 민주화에 동의합니다. 유럽의 결정적인 민주화의 순간은 제1차 세계대전 직후 몇 년 사이였는데, 그때는 독일, 오스트리아, 헝가리, 러시아 등에서 사회주의 또는 사회주의자들이 적극 참여하는 혁명들이 실제 일어났습니다. 영국이나 미국은 물론이거니와, 스위스 같은 중립국에서마저도 거대한 파업의 물결이 이어졌습니다. 기존 질서가 요동치고 부서질 것 같은 조짐을 보였습니다. 실전을 치르고 막 전선에서 돌아와 무기를 잘 다루는 수백만 명의 퇴역 병사들이 얼마든지 '혁명의 대오'가 될 수 있을 것처럼 보였습니다. 이런 상황에서 1920~1930년대 전시에 남성 대신 공장에 취직해 일했던, 그래서 이미 사회적 동원이 된 여성을 포함한 보편적 보통선거권이 적어도 식민모국의 '내지'에서 가능해지고, 영국 등 일련의 국가에서는 노동당이나 사회민주당 등 대중적 지지를 얻은 비주류 정치세력의 집권이 가능해졌습니다. 한국도 마찬가지로, 1987년에 전두환 등이 민주화에 불가불 동의할 수밖에 없었던 이유는 결국 시위 진압에 군을 동원하거나 실탄을 사용할 경우 전국적 '폭발'이 일어날 수 있었기 때문입니다. 거기에다 노동자 대투쟁 등 동원 상태에 있는 기층사회가 자본의 축적 과정에 타격을 줄 수 있다는 점을 명확히 보여주었습니다. 결국 '밑으로부터의 동원'과 '가두 투쟁' 앞에서 과두정이 한 발 물러선 것입니다.

문제는, 민주화가 한번 이루어지면 '끝'이 나고 영구화하는 것이 결코 아니라는 것입니다. 복지 국가도 그렇지만, 민주화는 일종의 조건부 사회계약입니다. 민의 자발적인 동원 능력과 투쟁 능력이 유지되는 이상 엘리트들은 싫든 좋든 민의 정치 참여를 보장합니다. 폭동이나 혁명을 통한 민의 표현보다 투표를 통한 민의 표현이 '통치성' 차원에서 훨씬 낫기 때문이죠. 한데 민의 동원 능력과 투쟁 능력이 떨어지는 그 순간, 민주주의라는 사회계약은 자동 해약됩니다. 한국에서 2024년 12월 3일에 민주주의 역사가 끝나지 않고 그래도 지속된 이유는 무엇입니까? '계엄' 이야기 나오자마자 민중이 '광장'으로 몰려가고, 그 동원에 힘입은 통치계급의 일부인 야당이 민주주의 사수 노선을 명확히 했기 때문입니다. 통치계급이 이렇게 분열된 상태에서 일부 극우들의 민주주의 전복 시도는 좌절되고 말았습니다. 한데 미국의 경우 계엄이라는 비상 형태가 아닌, 행정부의 통치 행위를 통한 트럼프의 민주주의 전복에 지금 저항이 충분하지 않다는 것도 분명한 사실입니다.

물론 저항이 없다는 것은 절대 아닙니다. 2025년 10월 미국 전역에서 "왕은 없다!"는 반트럼프 시위 참가자 수만 해도 거의 700만 명에 가까웠습니다. 이민단속국의 체포로부터 이민자 이웃을 지켜주는 산발적인 행동들도 곳곳에서 벌어지고 있습니다. 한데 민주당이 반트럼프 투쟁을 적극적으로 하지 않는 상황에서 이 정도로는 트럼프의 '불도저'를 막기에 한참 역부족입니다. 생산, 즉 자본 축적에 가하는 타격은 민의 가장 효율적인 투쟁 형태인데, 미국에서의 파업 건수는 1974년(424건) 이후로는 경향적으로 줄곧 내리막이었습니다. 최근 몇 년간 그나마 약간 반등했지만, 2024년 31건의 파업은 1970년대 말의 10분의 1에 불과합니다. 역시 제조업이 퇴조하고 특히 민영 기업 노조들이 거의 힘을 잃은 상태에서는 '생산 타격 투쟁'도 말처럼 쉽지 않습니다.

우리는 진실을 직시해야 합니다. 100여 년 전 구미권 엘리트들이 민주주의를 좋아해서 민주화에 동의한 게 아닙니다. 부득이, 불가불 동의한 것입니다. '민의 힘'에 밀린 거죠. 트럼프와 트럼프주의자들은 민주주의를 경멸하고 싫어합니다. 트럼프가 가장 믿고 좋아하는 파트너들은 걸프의 절대 군주들입니다. 커티스 야빈Curtis Yarvin 같은, 트럼프주의자들이 좋아하는 사회, 정치 사상가들은 대놓고 민주정을 폐지하고 미국을 하나의 커다란 기업처럼 운영하자고 합니다. 민이 혁명에 준하는 저항에 나서지 않는 이상, 미국 역시 러시아와 같은 선거형 신권위주의 정권으로 변질되는 것은 시간 문제입니다. 1960년대 말~1970년대 초반 수준의 저항만이 이 변질을 막을 수 있습니다.

야만 시대의 귀환

초판 1쇄 인쇄 2026년 1월 30일
초판 1쇄 발행 2026년 2월 20일

지은이 박노자
펴낸이 유강문
인문사회팀 최진우 김효진
마케팅 김한성 조재성 박신영 김애린 오민정 우지윤

펴낸곳 ㈜한겨레엔 www.hanibook.co.kr
등록 2006년 1월 4일 제313-2006-00003호
주소 서울시 마포구 창전로 70(신수동) 화수목빌딩 5층
전화 02-6383-1602~3
팩스 02-6383-1610
대표메일 book@hanien.co.kr
ISBN 979-11-7213-375-7 03300